Dalai Lama, T.N. Hanh, P. Chödrön, Ch. Trungpa,
D. Loy, P. Coyote, J. Goldstein, S. Sahn y otros

POLÍTICA CON CONCIENCIA

La alternativa buddhista
para hacer del mundo
un lugar mejor

Edición a cargo de Melvin McLeod

Traducción del inglés de Ferran Mestanza

editorial Kairós

Título original: MINDFUL POLITICS
Originally Published by Wisdom Publications, Inc.

Anthology © 2006 Melvin McLeod
© de la edición en castellano:
2010 by Editorial Kairós, S. A.

Editorial Kairós, S. A
Numancia, 117-121, 08029 Barcelona, España
www.editorialkairos.com

Nirvana Libros S.A. de C. V.
3.ª Cerrada de Minas, 501-8, CP 01280 México, D.F.
www.nirvanalibros.com.mx

Primera edición: Septiembre 2010

ISBN: 978-84-7245-671-6
Depósito legal: B-29.986/2010

Fotocomposición: Pacmer, S.A. Alcolea, 106-108, 1.º, 08014 Barcelona
Tipografía: Times, cuerpo 11, interlineado 12,8
Impresión y encuadernación: Índice. Fluvià, 81-87. 08019 Barcelona

SUMARIO

INTRODUCCIÓN

Si el Buddha[1] se hubiese presentado alguna vez para un cargo político, podría haber propuesto el siguiente programa en cuatro puntos:

- Que todos los seres puedan gozar de felicidad y la raíz de la felicidad.
- Que estén libres de sufrimiento y la raíz del sufrimiento.
- Que nunca se separen de la gran felicidad sin sufrimiento.
- Que permanezcan en la gran ecuanimidad libres de deseo, agresividad e ignorancia.

«¿Pero qué clase de programa político es éste?», os preguntaréis. «Es ridículo.» Puede ser. «Es mero idealismo ñoño.» Sí, en cierto modo. «El mundo no funciona así.» No,

---

1. Aunque la Real Academia Española de la Lengua normalizó la ortografía de la voz "buda" en 1884, desde al menos 1875 (Máximo Duncker: *Historia de la Antigüedad*, vol. III: "Los aryas. El brahmanismo y la reforma de Buddha.") existe también en castellano otro uso ortográfico que respeta la transliteración correcta de la palabra original sánscrita, esto es "buddha". Este uso, aunque minoritario, está atestado de forma ininterrumpida hasta la actualidad en obras de escritores de especial renombre, como José Ortega y Gasset, Federico García Lorca, Jorge Luis Borges o Ernesto Sábato; en traducciones al castellano de obras clave y en las publicaciones de algunos de los principales orientalistas actuales en lengua castellana, como Raimon Panikkar, Ramon Prats, Òscar Pujol o Abraham Vélez de Cea. La ortografía de los derivados de la palabra "buddha", como "buddhismo", "buddhista" o "búddhico", siguen pues la ortografía de la palabra de la que derivan.

es cierto. «Es demasiado radical, lo cambiaría todo.» Sí y eso sería bueno. «De todos modos, esto es en lo que creen todos los políticos.» No, no lo es, fijaos detenidamente en lo que realmente dicen y hacen. «Ningún gobierno o partido político podría jamás apoyar un programa así.» No en un futuro inmediato, pero quizás vosotros y yo podamos empezar por convertirlo en la base de nuestras propias vidas como ciudadanos. Espero que este libro pueda ser de ayuda para ello.

He dedicado mi vida al estudio de la política. Me licencié en ciencias políticas y durante un tiempo estudié en Washington, D.C. Como periodista, a menudo cubría noticias de política y, finalmente, me gradué en el National Defense College de Canadá, la institución más importante del país para el estudio de la política nacional e internacional. Sin embargo, he aprendido más de política editando este libro que de cualquiera de estas experiencias.

Lo que ahora he aprendido es lo que realmente importa en política. Normalmente cuando pensamos en política, pensamos en problemas, políticas, programas,... las cuestiones del día a día de un gobierno. O bien en la lucha electoral, los partidos, las elecciones, los candidatos, las estrategias,...

Todas éstas son, sin lugar a duda, cuestiones importantes, pero sólo son la manifestación superficial de cuestiones políticas más profundas, cuestiones morales, psicológicas y, en último término, espirituales. La política, en realidad, concierne al modo en que vivimos juntos en tanto que seres humanos, y todas las prácticas espirituales señalan una misma simple y profunda verdad: que sólo el amor lleva a la paz, nunca el odio. Y esto es tan válido para las naciones como para las personas.

Tomemos, por ejemplo, el "programa" en cuatro puntos que he propuesto antes, que se conoce como los *cuatro inconmensurables*. La palabra clave en este ruego es *todos*, puesto que este deseo benéfico no se limita sólo a ciertas personas sino a todos. No sólo a personas de un determinado partido, país, clase social, raza, región, religión, sexo o ideología con las que nos identificamos y cuyos intereses defendemos, sino a todas las personas, sin prejuicios ni discriminaciones. Pensad qué distintos serían nuestros gobiernos, nuestras sociedades, nuestra política, nuestro mundo, si este punto de vista estuviera en el corazón de nuestra política.

Incluso en un plano más convencional, podemos ver que en la política cuentan mucho más las emociones que el intelecto. Alrededor del mundo, guerras interminables se alimentan del ciclo terrible de la venganza, de injusticias cometidas en respuesta de injusticias anteriores. En otros lugares, los conflictos y la opresión se alimentan del miedo, la inseguridad, la envidia, el odio y la codicia, y por todas partes las personas se encuentran separadas de los demás seres humanos por la escisión dualista fundamental entre el yo y el otro, la escisión que el buddhismo afirma ser la raíz de nuestro sufrimiento.

Estas emociones y actitudes, que son la verdadera sustancia de la política, son el terreno de la espiritualidad. Entonces, ¿qué puede aportar el buddhismo o cualquier religión a la política? El buddhismo no nos dice mucho acerca de lo que normalmente consideramos relativo a la política, no nos dice nada en concreto sobre qué políticas o qué partidos es mejor apoyar, pero nos ofrece formas de trabajar con nuestro corazón y nuestra mente para abordar las cuestiones más profundas de nuestra vida todos juntos en tanto que seres humanos. No son los tratados lo que realmente traerá la paz al Oriente Próximo. No es mediante leyes como realmente cambiarán las vidas de aquellos que viven en la pobreza y la miseria. Sólo el perdón, la generosidad, la conciencia, la bondad y el altruismo marcarán realmente la diferencia.

Pienso que el buddhismo es único por el alcance de sus prácticas meditativas, que pueden transformar nuestra forma de vivir juntos, esto es nuestra forma de vivir políticamente. Para mí, *Política con conciencia* es un libro práctico, una ofrenda de la sabiduría, la comprensión y la meditación buddhistas para ayudarnos en nuestro camino como ciudadanos responsables y comprometidos.

Todavía más, creo que encontraréis que los conocimientos y prácticas contenidos en este libro pueden aplicarse a todas vuestras relaciones. Todas las relaciones conllevan cuestiones de poder e intereses conflictivos, toda relación es, en mayor o menor medida, política. Creo que encontraréis este libro útil para vuestro trabajo, vuestro matrimonio, con vuestra familia y vuestros amigos, en todas las situaciones y formas en las que las personas se relacionan entre ellas. Tanto si se trata de asuntos íntimos como de índole internacional, las relaciones humanas funcionan según los mismos principios básicos, es sólo la escala la que cambia.

Debemos reconocer que, en realidad, no podemos cambiar el mundo. No podemos realmente cambiar quiénes son y qué piensan los demás. Sólo podemos trabajar con nuestro propio corazón y mente, aunque el poder transformativo de ello es extraordinario.

Así que aquí no se encontrará lo que uno espera hallar en un libro de política. Las palabras *republicano* y *demócrata* aparecen pocas veces y no hay mucho en cuanto a una ideología o una política específica. He definido la "política" en un sentido muy amplio, como aquello que describe las formas más importantes que tenemos los seres humanos de vivir juntos, por lo que, aunque no se tratan políticas o leyes electorales pasajeras, se abordan seriamente las cuestiones que marcarán a largo plazo el rumbo de la sociedad humana, cuestiones de paz, género, raza, economía y medio ambiente.

Tampoco es este libro lo que uno esperaría de un libro de buddhismo y política. No se trata de un libro específicamente sobre el movimiento del Buddhismo Comprometido, aunque importantes voces de este movimiento tienen cabida aquí. Éste no es un libro erudito ni académico, ni tampoco ahonda en la larga historia del papel político del buddhismo en Asia. Éste es un manual, una guía, un libro práctico, dirigido a aquellas personas que quieran recurrir a los conocimientos y prácticas del buddhismo para que contribuyan a ayudarles a hacer del mundo un lugar mejor. He evitado de forma intencionada asuntos y cuestiones pasajeros con la esperanza de que este libro, como la sabiduría atemporal que ofrece, sea en el futuro tan útil como lo es hoy.

He dividido este libro en tres partes: el punto de vista, la práctica y la acción, según la división tradicional buddhista del camino espiritual.

En la parte sobre el punto de vista, empezamos con la filosofía y comprensión del mundo buddhistas que luego inspirarán nuestra práctica y acción. Enfocamos este punto de vista desde distintos ángulos, desde la serie de principios buddhistas básicos y su relación con la política de Charles Johnson, hasta el incisivo comentario de bell hooks a la cultura de la dominación tanto dentro como fuera del buddhismo; desde la llamada al mundo del Dalai Lama en favor de una responsabilidad universal, hasta el sentido poema de Thich Nhat Hanh "Llamadme por mis verdaderos nombres"; desde el innovador análisis del funcionamiento del ego a nivel colectivo de David Loy, hasta la sorprendente visión de Chögyam Trungpa de una sociedad ilustrada.

En la parte de la práctica, descubrimos varias prácticas de entre la cornucopia de técnicas meditativas del buddhismo. Aquí se encontrarán distintas formas de trabajar con nuestros propios corazón y mente para cambiar el modo en que las personas y las comunidades se relacionan entre sí: las enseñanzas de Pema Chödrön acerca de cómo permanecer en calma frente a nuestro propio miedo e ira, los consejos de Thich Nhat Hanh sobre cómo escuchar de forma abierta y hablar de forma afectuosa, las instrucciones de Gehlek Rinpoche sobre la meditación de la compasión, el artículo de Ezra Bayda acerca de la importancia y la práctica del perdón, la mirada de Thanissaro Bhikkhu a los preceptos del Buddha sobre cómo curar una comunidad dañada y la opinión de Margaret Wheatley acerca de no perder el entusiasmo en un mundo lleno de sufrimiento.

Estas prácticas son el corazón de este libro, son el corazón de la política con conciencia. No se trata de objetivos que conseguir, sino de herramientas con las que trabajar a cada momento en nuestras relaciones, tanto personales como colectivas.

Inspirados por el punto de vista, templados pero también fortalecidos por la práctica, debemos abordar las grandes cuestiones que tenemos delante como ciudadanos. En la parte final del libro sobre la acción, algunos de los más destacados pensadores buddhistas contemporáneos examinan aspectos específicos de interés político. Incluso aquí el análisis sigue siendo bastante general, puesto que el buddhismo no tiene mucho que decir acerca de los detalles de la política, sobre los debates, las leyes o los tratados. Pero creo que encontraréis sus conclusiones acertadas y útiles. Tanto si se trata de los consejos de Rita Gross sobre cómo ser una feminista más efectiva o la discusión del Ministro del Interior de Bhután sobre la Felicidad Interior Bruta, la severa "Carta a un dictador" de Sueng Sahn o la sorprendente conversación telefónica de Gaylon Ferguson sobre el racismo, sus análisis resultan poderosamente efectivos precisamente porque tienen una base espiritual. Es uno de los principios centrales del buddhismo que los medios hábiles surgen de forma natural de la sabiduría. Este punto queda demostrado aquí.

Quisiera dar las gracias a Tim McNeil y Josh Bartok de Wisdom Publications por haberme invitado a editar esta antología. He recibido de ella más de lo que jamás podría haber imaginado. También quisiera dar las gracias a mis compañeros de las revistas *Shambhala Sun* y *Buddhadharma*, donde estudiamos y debatimos y tratamos de practicar juntos el Dharma. Quisiera dar las gracias a mi esposa Pam Rubin, cuyo trabajo en el feminismo y la abogacía admiro enormemente. Mi más profundo aprecio hacia mis maestros, Khenpo Tsultrim Gyamtso Rinpoche y el difunto Chögyam Trungpa Rinpoche, cuya compasión y enseñanzas abarcan toda la humanidad.

No llevo la vida que este libro describe. No quiero a todos los seres por igual, sin aversión ni apego. Pero como padre, quiero totalmente a mi pequeña hija (¡si sólo pudiera querer a todos los seres como la quiero a ella…!). Por la vida que le espera por delante en el siglo XXI a ella y a todos lo que compartirán este siglo con ella, ruego por que todos los seres sean felices, el sufrimiento disminuya y este siglo sea mejor que el pasado o, al menos, no sea peor aún. Para que esto suceda tendremos que emplearnos a fondo y abrir nuestros corazones como nunca antes en la historia. Que este libro pueda contribuir, aunque sea en lo más mínimo, a nuestra vida en común en el siglo XXI.

MELVIN MCLEOD

PRIMERA PARTE

EL PUNTO DE VISTA

Monjes, todo estado mental insano forma parte de lo insano, pertenece a lo insano y tiene a la mente como precursora. Primero surge la mente y luego aparecen los estados mentales insanos.

Monjes, todo estado mental sano forma parte de lo sano, pertenece a lo sano y tiene a la mente como precursora. Primero surge la mente y luego aparecen los estados mentales sanos.

No conozco otra cosa, oh monjes, que sea tan responsable de hacer surgir los estados mentales insanos no manifiestos y disminuir los estados mentales sanos no manifiestos como la negligencia. En aquél que es negligente, los estados mentales insanos todavía no manifiestos surgen y los estados mentales sanos todavía no manifiestos disminuyen.

No conozco otra cosa, oh monjes, que sea tan responsable de hacer surgir los estados mentales sanos no manifiestos y disminuir los estados mentales insanos no manifiestos como la diligencia. En aquél que es diligente, los estados mentales sanos todavía no manifiestos surgen y los estados mentales insanos todavía no manifiestos disminuyen.

El Buddha, *Discursos numéricos*, "capítulo de los unos".

★ ★ ★

Todos somos iguales, afirma el Dalai Lama,
en nuestra búsqueda de la felicidad y la paz.
Sin embargo, como personas y naciones,
valoramos nuestra propia felicidad por encima de la de todos los demás. Esto es lo que
en el buddhismo se llama "ego" y es la raíz
de nuestro sufrimiento, tanto personal como
colectivo. El Dalai Lama nos propone un
nuevo enfoque de la política mundial basado en asumir la responsabilidad de la felicidad de todas las personas.

★ ★ ★

1. UN NUEVO ENFOQUE DE LOS PROBLEMAS GLOBALES

DALAI LAMA

De los múltiples problemas que afrontamos hoy, algunos son catástrofes naturales, que debemos aceptar y abordar con ecuanimidad. Otros, sin embargo, están provocados por nosotros, por malentendidos, y pueden corregirse. Uno de estos tipos surge del conflicto de ideologías políticas o religiosas, cuando las personas luchan entre sí por fines nimios, perdiendo de vista la humanidad básica que nos une a todos como una sola familia humana. Debemos recordar que las distintas religiones, ideologías y sistemas políticos del mundo están dirigidas a que los seres humanos consigan la felicidad. No debemos perder de vista este objetivo fundamental y jamás tendríamos que poner los medios por encima de los fines: la supremacía de la humanidad sobre la materia y la ideología debe mantenerse siempre.

Tanto si pertenecen a especies más desarrolladas como los humanos como si forman parte de especies más simples como los animales, todos los seres buscan ante todo paz, confort y seguridad. La vida es tan querida por el animal mudo como lo es por cualquier ser humano, incluso el insecto más simple lucha por su protección ante los peligros que amenazan su vida. Igual que cada uno de nosotros quiere vivir y no desea morir, lo mismo ocurre con todas las otras criaturas del mundo, aunque su capacidad de lograrlo ya es otro asunto.

En términos generales hay dos tipos de felicidad y sufrimiento, el mental y el físico, y de los dos considero que el sufrimiento y la felicidad *mentales* son los más intensos. Por esto pongo énfasis en el desarrollo de la mente para soportar el sufrimiento y lograr un estado más duradero de felicidad. Sin embargo, también tengo una idea de la felicidad más general y concreta: una combinación de paz interior, desarrollo económico y, sobre todo, paz mundial. Para alcanzar estos objetivos, pienso que es necesario desarrollar un sentido de la *responsabilidad universal*, un profundo interés por todos, sin prejuicio de sus creencias, color, sexo o nacionalidad.

La premisa que se encuentra detrás de esta idea de la responsabilidad universal es el simple hecho de que, en términos generales, los deseos de todos los demás son los mismos que los míos. Todo ser quiere felicidad y no sufrimiento. Pero si nosotros, en tanto que seres humanos inteligentes, no aceptamos este hecho, cada vez habrá más y más sufrimiento en este planeta. Si adoptamos un enfoque de la vida centrado en uno mismo quizás obtengamos beneficios temporales pero, a largo plazo, ni siquiera podremos conseguir nuestra propia felicidad personal y la paz mundial será algo ya completamente imposible.

En su búsqueda de la felicidad, los seres humanos han empleado distintos métodos, que demasiado a menudo han resultado ser crueles y repulsivos. Comportándose de formas absolutamente impropias de su condición humana, infligen sufrimiento a sus iguales humanos y otros seres vivos por sus propios beneficios egoístas. Al final, estas acciones tan cortas de miras conllevan sufrimiento tanto a los demás como a uno mismo. Nacer como ser humano es un hecho excepcional de por sí, por lo que es aconsejable aprovechar esta ocasión de la forma más efectiva y hábil posible. Debemos tener la perspectiva correcta, esto es la del proceso universal de la vida, para no intentar conseguir la felicidad o la gloria de una persona o grupo a expensas de otros.

Todo esto exige un nuevo enfoque de los problemas globales. El mundo se hace más y más pequeño, al mismo tiempo que más y más interdependiente, como resultado de los rápidos avances en materia tecnológica y comercio internacional, así como por el aumento de las relaciones internacionales. Ahora dependemos enormemente los unos de los otros. En los tiempos antiguos, los problemas eran en su mayoría de tipo familiar y se trataban de forma natural a escala familiar, pero la situación ha cambiado. Hoy somos tan interdependientes, estamos tan interconectados entre nosotros, que sin un sentido de la responsabilidad universal, un sentimiento de hermandad universal y la comprensión y creencia de que realmente formamos parte de una gran familia humana, no podemos esperar superar los peligros para nuestra existencia misma, sin mencionar lograr la paz y la felicidad.

Ninguna nación por sí sola puede ya solucionar sus problemas de forma satisfactoria; demasiadas cosas dependen del interés, la actitud y la cooperación de otras naciones. Un enfoque humanitario universal de los problemas mundiales parece la única base sólida para la paz mundial. ¿Qué significa esto? Empezamos con el reconocimiento, que hemos mencionado antes, de que todos los seres aprecian la felicidad y no desean el sufrimiento. Entonces se vuelve moralmente erróneo y pragmáticamente insensato perseguir sólo la propia felicidad, sin tener en cuenta los sentimientos y aspiraciones de todos los demás que nos rodean en tanto que miembros de la misma familia humana. El proceder más sensato es pues pensar también en los demás cuando busquemos nuestra propia felicidad. Esto conducirá a lo que yo llamo "interés propio sensato", que es de esperar que se convierta en "interés propio comprometido" o, todavía mejor, "interés mutuo".

Aunque la creciente interdependencia entre las naciones podría hacer suponer que generara una cooperación más favorable, resulta difícil lograr un espíritu de cooperación genuina mientras las personas permanecen indiferentes a los sentimientos y la felicidad de los demás. Cuando las personas se mueven principalmente por la codicia y la envidia, no pueden conseguir vivir en armonía. Un enfoque espiritual quizás no solucione todos los problemas políticos causados por el enfoque existente centrado en uno mismo, pero a largo plazo superará el fundamento mismo de los problemas con los que nos enfrentamos hoy.

Por otro lado, si la especie humana continúa enfocando sus problemas teniendo en cuenta sólo intereses temporales, las futuras generaciones deberán hacer frente a enormes dificultades. La población mundial está aumentando y nuestros recursos se están agotando rápidamente. Mirad los árboles, por ejemplo. Nadie sabe con exactitud qué efectos adversos tendrá la deforestación masiva sobre el clima, la tierra y la ecología mundial en su conjunto. Estamos sufriendo problemas porque las personas se centran sólo en sus intereses personales a corto plazo, sin pensar en toda la familia humana. No piensan en la Tierra y los efectos a largo plazo sobre la vida universal en su conjunto. Si los de la generación actual no pensamos en esto ahora, puede que las generaciones futuras ya no puedan hacer frente a todo ello.

Según la psicología buddhista, la mayoría de nuestras preocupaciones se deben a nuestro deseo apasionado y a nuestro apego hacia cosas que confundimos con entidades perdurables. La búsqueda de los objetos de nuestro deseo y apego conlleva el uso de la agresividad y la competitividad como supuestos instrumentos eficaces. Estos procesos mentales se traducen con facilidad en acciones, generando beligerancia como efecto obvio. Estos procesos han estado ocurriendo en la mente humana desde tiempos inmemoriales, pero su ejecución se ha vuelto más efectiva con la modernidad. ¿Qué podemos hacer para controlar y regular estos "venenos", la confusión, la codicia y la agresividad? Pues estos venenos están detrás de casi todos los problemas del mundo.

Como alguien educado en la tradición del buddhismo Mahâyâna,[1] pienso que el amor y la compasión constituyen la estructura moral de la paz mundial. Permitidme que defina primero qué entiendo por compasión. Cuando sentís piedad o compasión por una persona muy pobre, mostráis simpatía hacia ella porque es pobre, vuestra compasión se basa en consideraciones altruistas. En cambio, el amor hacia vuestra esposa, vuestro marido, vuestros hijos o un amigo íntimo se basa por lo general en el apego. Así, cuando vuestro apego cambia, vuestra bondad también cambia y puede llegar a desaparecer. Esto no es amor verdadero. El amor verdadero no se basa en el apego, sino en el altruismo. En este caso, vuestra compasión continuará como una respuesta humana al sufrimiento mientras los seres sigan sufriendo.

Este tipo de compasión es lo que debemos esforzarnos por cultivar en nosotros y debemos desarrollar desde un nivel limitado hasta uno ilimitado. Una compasión indiscriminada, espontánea e ilimitada por todos los seres vivos obviamente no es el amor que normalmente sentimos por los amigos o la familia, que se encuentra empañado por la ignorancia, el deseo y el apego. El tipo de amor que deberíamos propugnar es

---

1. Término sánscrito que significa "Gran Vehículo". Tradición buddhista que surgió en el s. I d.n.e. y que se expandió por Asia Central y Oriental. (*N. del T.*)

este amor más amplio que puedes sentir incluso por alguien que te ha hecho daño: tu enemigo.

La lógica de la compasión consiste en que cada uno de nosotros quiere evitar el sufrimiento y conseguir la felicidad. Esto, a su vez, se basa en el sentimiento válido de un "yo", que determina el deseo universal por la felicidad. De hecho, todos los seres nacen con deseos similares y deberían tener el mismo derecho a satisfacerlos. Si me comparo yo mismo con los demás, que son innumerables, pienso que los demás son más importantes porque yo sólo soy una persona, mientras que los demás son muchas. Además, la tradición del buddhismo tibetano nos enseña a considerar a todos los seres vivos como nuestras queridas madres y a mostrar nuestra gratitud queriéndoles a todos. De este modo, consideramos que todos los seres del mundo comparten una relación de familia.

Tanto si uno cree en la religión como si no, no hay nadie que no aprecie el amor y la compasión. Desde el mismo momento en que nacemos, nos encontramos bajo el cuidado de nuestros padres. Más adelante en la vida, cuando padecemos los sufrimientos de las enfermedades y el envejecimiento, de nuevo dependemos de la bondad de los demás. Si al principio y al fin de nuestras vidas dependemos de la bondad de los demás, ¿por qué entonces a la mitad no deberíamos actuar con bondad hacia los demás?

El desarrollo de un corazón bondadoso (un sentimiento de proximidad hacia todos los seres humanos) no implica la religiosidad que normalmente asociamos a la práctica religiosa convencional. No es algo sólo para personas que creen en la religión, sino para toda persona, sin distinción de raza, religión o afiliación política. Es algo para cualquiera que se considere, por encima de todo, miembro de la familia humana y que ve las cosas desde esta mayor perspectiva más amplia. Éste es un sentimiento muy poderoso que deberíamos desarrollar y aplicar; sin embargo a menudo no lo tenemos en cuenta, sobre todo en nuestros primeros años de vida cuando experimentamos un falso sentimiento de seguridad.

Cuando tenemos en cuenta una perspectiva más amplia, esto es el hecho de que todos deseen conseguir la felicidad y evitar el sufrimiento, y recordamos nuestra relativa insignificancia en relación con las innumerables otras personas, llegamos a la conclusión de que vale la pena compartir nuestras posesiones con los demás. Cuando desarrollamos este tipo de punto de vista, un sentimiento verdadero de compasión, un sentimiento verdadero de amor y respeto hacia los demás, resulta posible. La felicidad individual deja de ser un esfuerzo por nuestro propio interés y se convierte en una consecuencia automática y mucho más superior de todo el proceso de amar y servir a los demás.

Otro resultado del desarrollo espiritual, muy útil en la vida cotidiana, es que proporciona una calma y presencia mental. Nuestras vidas están en constante cambio, lo que nos produce muchas dificultades. Cuando se afrontan con una mente calma y clara, los problemas puedan resolverse satisfactoriamente. Pero cuando, en cambio, perdemos el control de nuestra mente ante el odio, el egoísmo, la envidia y la ira, perdemos nuestra capacidad de discernimiento. Nuestra mente se halla cegada y en esos momentos desenfrenados todo puede suceder, incluso la guerra. Por ello, la práctica de la compasión y la sabiduría resulta útil para todos, especialmente para los responsables de dirigir la política nacional, en cuyas manos reside el poder y la oportunidad de crear la estructura de la paz mundial.

Los principios que he tratado hasta aquí están de acuerdo con las enseñanzas éticas de todas las religiones universales. Considero que todas las grandes religiones del mundo, como son el buddhismo, el confucianismo, el cristianismo, el hinduismo, el islam, el jainismo, el judaísmo, el sikhismo, el taoísmo y el zoroastrismo, poseen ideales similares de amor, el mismo objetivo de beneficiar a la humanidad a través de la práctica espiritual y el mismo efecto de hacer de sus seguidores mejores seres humanos. Todas las religiones enseñan preceptos morales para perfeccionar las funciones de la mente, el cuerpo y el habla. Todas nos enseñan a no mentir, robar o tomar la vida de los demás, etc. El objetivo común de todos los preceptos morales que nos han dejado los grandes maestros de la humanidad es el altruismo. Los grandes maestros quisieron dirigir a sus seguidores lejos de los caminos de los actos negativos causados por la ignorancia y llevarlos hacia caminos de bondad.

Todas las religiones están de acuerdo en la necesidad de controlar la mente falta de disciplina que alberga sentimientos egoístas y otras causas de problemas, y cada una muestra un camino que conduce a un estado espiritual de paz, disciplina, ética y sabiduría. Es en este sentido como creo que todas las religiones poseen en esencia el mismo mensaje. Las diferencias de dogma pueden atribuirse a diferencias en el tiempo y las circunstancias, así como a influencias culturales. De hecho, la argumentación escolástica no tiene fin cuando consideramos el lado meramente metafísico de la religión. Sin embargo, es mucho más beneficioso intentar aplicar a la vida cotidiana los preceptos compartidos de bondad que enseñan todas las religiones, en lugar de discutir sobre diferencias menores en el enfoque.

Hay dos tareas principales que afrontan los practicantes de una religión comprometidos con la paz mundial. En primer lugar, debemos promover una mejor comprensión interconfesional para crear un grado factible de unidad entre todas las religiones. Esto puede conseguirse, en parte, respetando las creencias de cada uno y enfatizando nuestro interés común por el bienestar humano. En segundo lugar, debemos lograr un consenso viable sobre valores espirituales fundamentales que lleguen al corazón de todo ser humano y aumenten la felicidad general de las personas. Esto significa que debemos enfatizar el denominador común de todas las religiones universales: los ideales humanitarios. Estos dos pasos nos permitirán actuar tanto de forma individual como colectiva para crear las condiciones espirituales necesarias para la paz mundial.

Practicantes de distintas confesiones podrán trabajar juntos para la paz mundial cuando veamos las distintas religiones esencialmente como instrumentos para desarrollar un buen corazón: amor y respeto por los demás, un verdadero sentido de comunidad. Lo más importante es mirar al propósito de la religión y no a los detalles de la teología y la metafísica, que pueden conducir al mero intelectualismo. Pienso que todas las grandes religiones del mundo pueden contribuir a la paz mundial y trabajar juntas por el bien de la humanidad, si dejamos de lado las sutiles diferencias metafísicas, que en realidad son cuestiones internas de cada religión.

A pesar de la progresiva secularización provocada por la modernización a escala mundial y a pesar de los intentos sistemáticos en algunas partes del mundo por destruir los valores espirituales, la inmensa mayoría de la humanidad sigue creyendo en una u otra religión. La creencia imperecedera en la religión, manifiesta incluso en sistemas políticos laicos, demuestra claramente la fuerza de la religión en sí. Esta energía y fuerza espiritual puede utilizarse con determinación para lograr las condiciones espirituales necesarias para la paz mundial. Los líderes religiosos y las personas humanitarias de todo el mundo tienen un especial papel que jugar a este respecto.

Tanto si llegamos a conseguir la paz mundial como si no, no tenemos más opción que trabajar hacia este objetivo. Si nuestras mentes están dominadas por la ira, perderemos la mejor parte de la inteligencia humana: la sabiduría, la capacidad de decidir entre lo correcto y lo erróneo. La ira es uno de los problemas más graves que afronta hoy el mundo.

La ira tiene un papel destacado en los conflictos actuales. Estos conflictos surgen de la incapacidad de comprender la humanidad de los demás. La solución no consiste en desarrollar y emplear una mayor fuerza militar, ni tampoco emprender una carrera armamentística. Tampoco es una cuestión meramente política o tecnológica, sino que fundamentalmente es de tipo espiritual, en tanto que lo que hace falta es una comprensión sensible a nuestra situación humana común. El odio y la lucha no pueden traer felicidad a nadie, ni siquiera a los vencedores de las batallas. La violencia siempre produce miseria y en esencia es contraproducente. Así pues, ha llegado el momento en que los líderes mundiales aprendan a trascender las diferencias de raza, cultura e ideología y a considerar a los demás desde una perspectiva que tenga en cuenta la situación humana común. Hacerlo beneficiaría a personas, comunidades, naciones y el mundo entero.

Propongo que los líderes mundiales se reúnan aproximadamente una vez al año en un lugar bonito sin ninguna ocupación, sólo para conocerse unos y otros como seres humanos. Luego, más tarde, podrían encontrarse para debatir problemas mutuos y globales. Estoy seguro de que muchos otros comparten mi deseo de que los líderes mundiales se encuentren en las mesas de negociación en esta atmósfera de respeto y comprensión mutua de la humanidad de cada uno.

Para mejorar el contacto de persona a persona en el mundo entero, me gustaría ver un mayor apoyo al turismo internacional. Asimismo, los medios de comunicación, especialmente en las sociedades democráticas, pueden contribuir considerablemente a la paz mundial dando una mayor cobertura a noticias de interés humano que reflejen la unidad en últimos términos de la humanidad. Con el ascenso de unas pocas grandes potencias en la escena internacional, se está evitando y dejando de lado el papel humanitario de las organizaciones internacionales. Espero que se corrija este hecho y que las organizaciones internacionales, especialmente las Naciones Unidas, sean más activas y eficaces garantizando el mayor bien posible para la humanidad y promoviendo el entendimiento internacional. De hecho, sería trágico si los pocos miembros más poderosos continúan haciendo un mal uso de organismos mundiales como las Naciones Unidas para sus intereses unilaterales. Las Naciones Unidas deben convertirse en el instrumento de la paz mundial. Este organismo mundial debe ser respetado por todos, porque las Naciones Unidas son la única fuente de esperanza para las pequeñas naciones oprimidas y, por lo tanto, para el planeta en su conjunto.

Puesto que todas las naciones dependen económicamente unas de otras más que nunca antes, el entendimiento humano debe ir más allá de las fronteras nacionales y abarcar la comunidad internacional entera. De hecho, a menos que podamos generar una atmósfera de verdadera cooperación, obtenida no con la amenaza o el uso real de la fuerza sino con un entendimiento sincero, los problemas mundiales no harán más que aumentar. Si a las personas de los países más pobres se les niega la felicidad que desean y merecen, lógicamente se sentirán insatisfechos y supondrán un problema para los ricos. Si se continúan imponiendo por la fuerza formas sociales, políticas y culturales sobre la gente, parece dudoso que pueda alcanzarse la paz mundial. En cambio, si satisfacemos a las personas a nivel íntimo, seguro que llegará la paz.

En el seno de cada nación, las personas deben tener el derecho a la felicidad, y entre las naciones, debe haber una misma preocupación por el bienestar de incluso las naciones más pequeñas. No estoy sugiriendo que un sistema sea mejor que otro y que todos deban adoptarlo. Por el contrario, es deseable que exista una variedad de sistemas políticos e ideologías, así como acuerdos entre las distintas inclinaciones de la comunidad humana. Esta variedad mejora la búsqueda incesante de la felicidad del ser humano. Por ello, cada comunidad debería ser libre de desarrollar su propio sistema político y socioeconómico, basándose en el principio de autodeterminación.

La consecución de la justicia, la armonía y la paz depende de muchos factores y deberíamos pensar en ellos en términos del beneficio humano que representan a largo plazo, en lugar de a corto plazo. Soy consciente de la enormidad de la tarea que tenemos por delante, pero no veo otra alternativa que la que estoy proponiendo, que se fundamenta en nuestra humanidad común. Las naciones no tienen más remedio que interesarse por el bienestar de los demás, no tanto porque crean en la humanidad sino por el interés mutuo y a largo plazo de todos los implicados.

En la situación actual, sin lugar a dudas existe una creciente necesidad de entendimiento humano y un sentido de responsabilidad universal. Para lograr estas ideas, debemos desarrollar un corazón bondadoso y gentil, porque sin ello, no podremos lograr ni una felicidad universal ni una paz mundial duradera. No podemos crear la paz sobre el papel. Mientras proclamamos una responsabilidad y una fraternidad universales, el hecho es que la humanidad está organizada en entidades separadas en forma de sociedades nacionales, por lo que, siendo realistas, considero que son estas sociedades las que tienen que hacer de ladrillos para construir la paz mundial.

En el pasado se ha intentado crear sociedades más justas e igualitarias, se han fundado instituciones con nobles estatutos para combatir las fuerzas antisociales, pero por desgracia estas ideas han sido burladas por el egoísmo. Hoy somos testigos como nunca antes de cómo la ética y los principios nobles se encuentran ensombrecidos por el interés propio, especialmente en la esfera política. Existe incluso una escuela de pensamiento que nos aconseja abstenernos por completo de la política, en tanto que la política se ha convertido en sinónimo de amoralidad. La política sin ética no fomenta el bienestar humano y la vida sin moralidad reduce a los seres humanos al nivel de las bestias.

Sin embargo, la política no es axiomáticamente "sucia". Por mi parte, yo cuestiono la asunción popular de que la religión y la ética no tienen cabida en la política y que las personas religiosas deben aislarse y vivir como ermitaños. Esta visión de la religión es parcial, carece de una perspectiva adecuada sobre la relación de la persona con la sociedad y el papel de la religión en nuestras vidas. La ética es tan crucial para el político como lo es para el practicante religioso, y cuando políticos y gobernantes olvidan los principios morales se producen consecuencias peligrosas. Tanto si creemos en Dios o en el karma, la ética es la base de toda religión.

Cualidades humanas como la moralidad, la compasión, la dignidad, la sabiduría, etc. han sido la base de todas las civilizaciones. Estas cualidades deben cultivarse y mantenerse mediante una educación moral sistemática en un entorno social propicio, para que pueda surgir un mundo más humano. Las cualidades necesarias para crear un mundo así deben inculcarse desde el principio, en la infancia. Pero no podemos esperar a la próxima generación para realizar este cambio, la generación actual debe intentar llevar a cabo una renovación de los valores humanos fundamentales. Si hay alguna esperanza, será en las generaciones futuras, pero no sin que nosotros emprendamos un cambio a fondo y a escala mundial de nuestro sistema educativo actual. Necesitamos una revolución en nuestro compromiso con los valores humanitarios universales y su puesta en práctica.

En nuestra vida en sociedad deberíamos compartir el sufrimiento de nuestros conciudadanos y practicar la compasión y la tolerancia no sólo con nuestros seres queridos sino también con nuestros enemigos. Ésta es la prueba de nuestra fortaleza moral. Debemos dar ejemplo con nuestra propia práctica, puesto que no podemos esperar convencer a los demás del valor de la religión con meras palabras. Debemos vivir según los mismos niveles altos de integridad y sacrificio que pedimos a los demás, puesto que el propósito último de todas las religiones es servir y beneficiar a la humanidad. Por este motivo es tan importante que la religión se utilice siempre para conseguir la felicidad y la paz de todos los seres y no simplemente para convertir a los demás.

En este sentido, hay dos cosas importantes que debemos tener presentes: examinarnos a nosotros mismos y corregirnos. Debemos revisar constantemente nuestra actitud hacia los demás, examinándonos a nosotros mismos con detenimiento, así como corregirnos inmediatamente cuando vemos que estamos equivocados.

Para terminar, unas palabras sobre el progreso material. He oído muchas quejas por parte de los occidentales en contra del progreso material y, sin embargo, paradójicamente ha sido el gran orgullo del mundo occidental. No veo nada malo en el progreso material *per se*, mientras que siempre se dé prioridad a las personas. Tengo la firme convicción de que para solucionar los problemas humanos en todos sus aspectos, debemos combinar y armonizar el desarrollo económico con el crecimiento espiritual.

Aun así, debemos conocer sus limitaciones. Aunque el conocimiento material en forma de ciencia y tecnología ha contribuido enormemente al bienestar humano, no es capaz de crear una felicidad duradera. En los Estados Unidos, por ejemplo, donde el desarrollo tecnológico quizás sea mayor que en cualquier otro país del mundo, todavía existe un gran sufrimiento mental. Esto sucede porque el conocimiento material sólo puede proporcionar una clase de felicidad que depende de condiciones físicas. No puede proporcionar una felicidad que emane del desarrollo interior, independientemente de factores externos.

Para renovar los valores humanos y alcanzar una felicidad duradera, necesitamos mirar al patrimonio humanitario común de todas las naciones del mundo. Deseo que este escrito sirva de recordatorio urgente para que no olvidemos los valores humanos que nos unen a todos en este planeta como a una misma familia.

He escrito estas líneas
para expresar mi sentir permanente.
Siempre que me encuentro, incluso con un "extranjero",
siempre tengo el mismo sentimiento:
"Estoy ante otro miembro de la familia humana".
Esta actitud ha hecho que mi afecto y respeto
por todos los seres sea más profundo.
Que este deseo natural sea
mi pequeña contribución a la paz mundial.
Ruego para que en este planeta haya una familia humana
más amigable, afectuosa y comprensiva.
Éste es mi sincero llamamiento
a todos aquellos que rechazan el sufrimiento
Y aprecian la felicidad duradera.

★ ★ ★

En el siguiente artículo, el galardonado novelista y ensayista Charles Johnson re-
flexiona sobre algunos de los principios más
importantes del buddhismo: la transitoriedad, el sufrimiento, la vacuidad y la compasión. Y cómo éstos pueden dar forma a una
política con conciencia y una "comunidad
amada".

★ ★ ★

2. ENCARNAR LA PAZ: PRINCIPIOS DE LA POLÍTICA CON CONCIENCIA

CHARLES R. JOHNSON

A mi juicio, las elecciones son la prueba constante más maravillosa de la civilización, definiendo la naturaleza de una república democrática. Porque cuando los artífices de la Constitución de los Estados Unidos declararon que el presidente de la nación "debe ocupar su cargo durante un mandato de cuatro años", ingenuamente garantizaron que cada cuadrienio un saludable nivel de cambio, intriga, revuelo, renovación y debate enérgico quedara grabado en nuestra vida política y social. En otras palabras, los votantes norteamericanos, si se toman en serio su deber cívico, no pueden descansar nunca. Cada cuatro años deben decidir la dirección de su destino colectivo. Veinticinco veces cada siglo deben definir por sí mismos su concepción de la "buena vida" y votar candidatos y propuestas que encarnen su visión sobre cómo debería ser su país y cuál debería ser su influencia en el mundo.

A pesar de sus virtudes, este proceso necesario, que los medios de comunicación presentan a menudo como una "batalla" o "guerra" altamente competitiva, puede alimentar las más horribles emociones partidistas, miedos, frustraciones, incivismo y formas de dualismo que podamos hallar en el mundo del samsara.[1] Si miramos a través del cristal deformador del lenguaje y los conceptos cargados de conflictividad que deliberadamente enfrentan a un ciudadano contra otro ("El discurso tiene algo como una tela de araña", señaló Thomas Hobbes en una ocasión), en la noche electoral la política divide a las personas en "ganadores" y "perdedores" y genera resentimientos y apegos que pueden obnubilar la conciencia y echar a perder cualquier desarrollo espiritual, si bien uno de los mayores líderes norteamericanos, Martin Luther King, demostró una y otra vez la necesidad de que esto no debía ser así.

El 20 de diciembre de 1956, el día que terminó el boicot del autobús de Montgomery,[2] Luther King, cuyo modelo para la desobediencia civil no violenta en Alabama se inspiró en la lucha de Gandhi con los británicos, dijo: «Debemos buscar una integración basada en el respeto mutuo. Cuando regresemos a los autobuses, seamos capaces de amar lo suficiente para convertir a un enemigo en amigo». A pesar de que a los veintiséis años de edad una bomba hizo explosión en su casa, poniendo en peligro la vida de su esposa y su hijo, durante la campaña para acabar con la segregación racial en la "Cuna de la Confederación", el reverendo King nunca olvidó que «toda vida está interrelacionada», ni que todos «estamos atrapados en una red inevitable de reciprocidad, atados en una misma vestidura del destino. Todo cuanto le afecta a uno directa-

---

1. Término sánscrito que en las religiones de la India designa el "ciclo" de las reencarnaciones y que, en términos generales, designa la existencia humana. (*N. del T.*)

2. Célebre boicot de la comunidad negra norteamericana a tomar el autobús a raíz de la detención y condena de Rosa Parks, mujer negra que se negó a ceder su asiento en un autobús según establecían las leyes de segregación racial de Alabama. (*N. del T.*)

mente, afecta a todos indirectamente». Él lo llamaba la "comunidad amada", lo que en mi opinión es simplemente otro nombre de la noción de sangha.[3]

Si, con la clase de conciencia que mostró Luther King durante uno de los momentos más revolucionarios en la historia de los Estados Unidos, pudiésemos recordar que la política no es más que la piel de la vida social bajo la cual encontramos una experiencia más profunda de nosotros mismos y los demás, entonces nuestro mandato constitucional de cambio de gobierno cada cuatro años puede ser potencialmente una experiencia edificante en lugar de empobrecimiento espiritual. Porque como escribió cuatro siglos atrás Jingnuo, monja buddhista de la escuela Chan:[4] «Si tienes una mente despierta en todas las cosas, no te perderás».

El *buddhadharma*[5] capta el despertar a este cambio de rumbo en la concisa descripción de la existencia conocida como las "tres características", en lengua pali: *anicca*, *dukkha* y *anatta*, a menudo traducida como: "La vida es transitoriedad, sufrimiento e inexistencia del yo." En esta formulación esencial de las características que tiñen todos los fenómenos, *anatta* nos recuerda que la creencia en un yo substancial y perdurable es una ilusión, mientras que *dukkha* enfatiza la primera noble verdad del sufrimiento universal basado en el deseo egoísta y el apego a las cosas de este mundo (incluyendo nuestros pensamientos y sentimientos sobre ellas). Los dos últimos términos se fundamentan ambos, lógica y experiencialmente, en la primera característica, *anicca*, que significa "transitoriedad" y hace referencia a la compren-

---

3. Término sánscrito que significa "comunidad" y que designa a los miembros de la comunidad buddhista. (*N. del T.*)
4. Tradición buddhista china que en su forma japonesa se conoce como zen. (*N. del T.*)
5. Las enseñanzas del Buddha. (*N. del T.*)

sión del Buddha Shakyamuni de que «todo cuanto está sujeto a formación debe también estar sujeto a cesación».

Con esta afirmación general, el Buddha se refiere a todas las cosas de nuestra experiencia, todos los objetos materiales e inmateriales, hombres y mujeres, sociedades y estados mentales, leyes y gobiernos. Todo físico añadiría que incluso el universo mismo de trece mil millones de años un día se verá reducido a agujeros negros, que finalmente se desintegrarán en partículas errantes, que a su vez también se descompondrán. Desde el momento de nuestro llamado "nacimiento", hemos estado muriendo. «Cambiando todo el tiempo –dice Thich Nhat Hanh– ni un solo elemento permanece igual durante dos instantes consecutivos». En esencia, somos procesos, no productos. De este modo, el *Sutra del Diamante* termina con este verso memorable:

> *Así debes ver este mundo fugaz:*
> *como una estrella al amanecer, una burbuja en un río;*
> *el destello de un rayo en una nube de verano,*
> *el parpadeo de una vela, un fantasma, un sueño.*

Todos podemos entenderlo, no hay nada especialmente místico en que la naturaleza fundamental de la realidad sea el cambio, el proceso, la transformación. Ni tampoco hay nada de esotérico en el saber que nos equivocamos si deseamos o intentamos aferrarnos a fenómenos evanescentes que cambian antes de que podamos alcanzarlos. En el *buddhadharma* se considera que la naturaleza verdadera de las cosas es *shunyata*, la palabra sánscrita para "vacuidad". Pero nos equivocaríamos si interpretásemos esta vacuidad como una carencia o un vacío. En su excepcional libro *No-dualidad*,[6] el experto

---

6. Editorial Kairós, Barcelona, 1999.

(y autor de un capítulo en este libro) David Loy, nos ofrece una descripción concisa de *shunyata*:

> Proviene de la raíz *shunya*, que significa "hinchar" en dos sentidos: vacío o vacuo, y también como el vientre de una mujer embarazada. Ambos están implicados en el uso Mahayana: el primero niega toda naturaleza propia fija a ninguna cosa; el segundo implica que esto también significa plenitud y potencialidad ilimitada, puesto que la ausencia de cualquier característica fija hace posible la diversidad infinita de los fenómenos transitorios.

Aquellos que experimentan *shunyata* saben que todas las cosas han estado eternamente en un estado perfecto de tranquilidad y que, como Buddhaghosa dice en el *Visuddhimagga*:

> *Sólo existe el sufrimiento, pero nadie que lo sufra;*
> *está la acción, pero ningún actor en ella;*
> *el nirvana existe, pero nadie que lo busque;*
> *está el camino, pero nadie para recorrerlo.*

En *The Buddhist Vision*, Alex Kennedy señala que el reconocimiento de la transitoriedad o la vacuidad conduce necesariamente a la intuición no conceptual de que todas las cosas condicionadas y transitorias que percibimos son interdependientes. El término de Thich Nhat Hanh para ello es "interexistencia", un neologismo que él ha acuñado para expresar la comprensión tradicional del buddhismo acerca de los nexos concatenados en la formación dependiente de los fenómenos. Kennedy dice:

> Cuando analizamos cualquier objeto, nunca podemos llegar a una substancia más allá de la cual no pueda penetrar nues-

tro análisis. Nunca podemos hallar nada que esté condicionado con una realidad substancial subyacente (...) Todas las cosas, tanto sujetos como objetos, son procesos interconectados en una intrincada red de condicionantes mutuos (...) La persona corriente se distrae con la superficie reluciente del mundo y la confunde con la realidad.

Todas las cosas están vacías en sí mismas, sólo existen, como dijo Luther King, en una fina "red de reciprocidad" donde, como se dice en el *Visuddhimagga*, «no resulta fácil encontrar un ser que no haya sido antes tu madre, tu padre, tu hermano, tu hermana, tu hijo, tu hija». Tras el despertar, o la experiencia del *nirvana*, que en sánscrito significa literalmente "apagar" el deseo egoísta y la creencia ilusoria de nuestra vida en tanto que separada, el discípulo de la Vía experimenta la realidad última como una "relación compartida". «La paz perfecta –dijo el Buddha– sólo puede morar allí donde ha desaparecido toda vanidad».

Sin embargo, en el buddhismo hay que reconocer dos niveles de verdad. Primero está la verdad última, la verdad ontológica. En *The Long Discourses of the Buddha*, Maurice Walshe explica que en este nivel la existencia se experimenta como «un mero proceso o fenómeno físico y mental en el que, o más allá del cual, no podemos encontrar ninguna entidad real del ego ni ninguna substancia permanente». En segundo lugar está la verdad convencional o relativa, que Walshe describe como el mundo samsárico «según el cual las personas y las cosas existen tal cual aparecen en un comprensión ingenua». Para mis adentros, me gusta pensar en estas dos verdades en términos de nuestro conocimiento de la existencia del mundo subatómico de electrones y positrones, mientras que en nuestra vida cotidiana nos guiamos necesariamente en términos de la física newtoniana, puesto que si nos precipitamos por una ventana desde un décimo piso o nos ponemos delante de un camión a toda velocidad, haremos ¡chof!

El gran dialéctico indio Nagarjuna, fundador de la escuela Madhyamaka, demostró que estas dos verdades no están en conflicto, porque el samsara es el nirvana, lo sagrado es lo profano, lo cotidiano es lo sagrado. El mundo soñado del samsara, que es este mundo lleno de tanto sufrimiento y el mundo de la verdad relativa, no es más que la proyección de nuestras ilusiones y deseos egoístas sobre el nirvana. Aun así, el samsara es lógicamente anterior y necesario para el despertar al nirvana. La cuestión importante aquí, como dice John Blofeld en *The Zen Teachings of Huang Po*, es que «la persona que ha despertado es capaz de percibir tanto la unidad como la multiplicidad sin la menor contradicción entre ellas». Estas palabras resuenan en el tenue resplandor del verso de Jingnuo, que encontramos en el maravilloso libro editado por Beata Grant: *Daughters of Emptiness: Poems by Buddhist Nuns of China*: «Todo se encuentra en asuntos corrientes del mundo cotidiano». Es decir que si uno actúa con conciencia, lo trascendente se encuentra por igual en tareas cotidianas como servir el té, reparar una motocicleta o disponer las rocas en un jardín de arena, que en la recitación de mantras; al lavar los platos, escribir este artículo o participar activamente en los vivos asuntos de la política, que en los rituales monásticos más antiguos.

En cuanto los practicantes buddhistas sostienen la realidad como una relación compartida, al mismo tiempo experimentan de forma inquebrantable al Otro como uno mismo, por lo que en el mundo social y político del samsara, sólo puede haber una sola reacción apropiada ante todos los seres vivos, sin prejuicio de su filiación o ideología política: la compasión y la bondad. Esta postura ética, que se encuentra codificada en los votos del bodhisattva, la expresa Shantideva en su *Bodhicharyavatara* (*Introducción a la conducta del bodhisattva*):

> *Primero debo esforzarme*
> *en meditar sobre la igualdad entre uno mismo y los demás.*
> *Debo proteger a todos los seres como a mí mismo,*
> *porque todos somos igual en nuestro (deseo) del placer y*
>   *nuestro (rechazo) del dolor.*
> *Así debo disipar el sufrimiento de los demás,*
> *porque es igual al mío.*
> *Y debo actuar por el bien de los demás,*
> *porque son seres vivos como yo.*
> *Cuando tanto yo como los demás*
> *somos iguales en querer ser felices,*
> *¿qué tengo yo entonces de especial?*
> *¿Por qué me esfuerzo en obtener sólo mi felicidad?*

Para aquellos que siguen la Vía, la salvación individual nunca es suficiente: trabajan sin descanso para la liberación no sólo de todos los hombres y mujeres, sino de todos los seres vivos. De este modo, la política ofrece la oportunidad de utilizar medios samsáricos para lograr fines nirvánicos, es decir lo que Shakyamuni llamaría "medios hábiles", que adaptan el Dharma a aquellas herramientas imperfectas con las que estamos obligados a trabajar en el mundo fenoménico relativo. En efecto, la etapa en el Noble Óctuple Sendero llamada "conducta correcta" requiere una concienzuda dedicación en el mundo fenoménico relativo, puesto que somos inseparables de este mundo y no podemos vivir en ninguna otra parte que aquí y ahora. Pero es como el practicante del Dharma trabaja en el mundo, lo que es de mayor importancia.

En mi opinión, él o ella pueden introducir un aspecto del "punto de vista correcto" al ámbito de la política: la comprensión de que nuestra perspectiva y punto de vista sobre un determinado asunto no son los únicos verdaderos o posibles. Aquel que sigue la Vía practicará el civismo y la "palabra correcta", que el *Mahasatipatthana Sutra* describe como «abstenerse de mentir, abstenerse de calumniar, abstenerse de hablar con dureza y abstenerse de hablar frívolamente». Esta persona escuchará con total empatía al Otro, escuchándole detenidamente como si observara su propia respiración y sus propios pensamientos en la práctica de la meditación, puesto que la escucha desinteresada es uno de los atributos del amor.

Quienes siguen la Vía examinarán las pruebas imparcialmente, controlarán sus mentes, sabrán de dónde proceden sus pensamientos y serán capaces de distinguir en sus mentes qué es producto de condicionantes pasados y opiniones recibidas (publicidad política y propaganda), qué pensamientos son realmente suyos y qué es lo que sus deseos están proyectando sobre la realidad.

Y si la paz es su objetivo, en el campo de la política ellos mismos encarnarán la paz. Trabajarán sin descanso en el momento presente, pero sin la mendicidad del que se aferra a la recompensa, el reconocimiento o los resultados futuros. Y cuando se produce la decepción, como tan a menudo les sucedió a los héroes olvidados del movimiento por los Derechos Civiles, los buddhistas en actividad política sabrán no desanimarse pensando: "Hemos perdido, ellos han ganado", sino que recordarán que ninguna victoria de la sangha, o la "comunidad amada", puede durar para siempre (ni tampoco ninguna derrota), porque toda cosa en el mundo se sustenta en *anicca*. En la "derrota", si se produce, hallarán consuelo en la acertada distinción de que "el dolor es algo que sucede en la vida, pero que el sufrimiento es voluntario y opcional" (o en la puerta de su frigorífico pegarán la siguiente cita del maestro Sheng Yen de la escuela Chan: «Tengo cuatro principios: afróntalo, acéptalo, ocúpate de ello y, entonces, déjalo estar»).

Finalmente, seguirán como una guía de confianza para la acción política inspirada en la espiritualidad la afirmación que Martin Luther King pronunció en su conmovedor discurso de aceptación del Premio Nobel, exactamente cuarenta años atrás:

> «La civilización y la violencia son conceptos contrapuestos. La no violencia es la respuesta a la pregunta crucial y moral de nuestro tiempo (...) La base de este método es el amor (...) Tengo la audacia de creer que las personas de todas partes podrán tener tres comidas al día para su cuerpo, educación y cultura para su mente, y dignidad, igualdad y libertad para su espíritu».

Los objetivos políticos de Luther King en 1964 eran, en el fondo, uno con los objetivos del bodhisattva, y complementan bien aquéllos que tradicionalmente han estado intentando alcanzar los buddhistas de los países de Asia Oriental. En *Inner Revolution*, Robert Thurman nos explica que Nagarjuna fue el mentor de un gran rey de una dinastía del sudeste de la India, el rey Udayi Shatavahana, alrededor de los s. I a.n.e. y II d.n.e. Nagarjuna instruyó primero al rey acerca de lo que éste necesitaba saber para lograr su propia liberación y, luego, le aconsejó sobre cómo un gobernante debería llevar una sociedad despierta. Le dijo: «¡Oh, rey! Así como os gusta considerar qué hacer para ayudaros a vos mismo, ¡del mismo modo debe gustaros considerar qué hacer para ayudar a los demás!». Según Thurman, Nagarjuna «le enseñó a su amigo el rey a preocuparse por cada ser de su reino: construyendo escuelas en todas partes y dotándolas de honrados, amables y brillantes profesores; ocupándose de las necesidades de todos sus súbditos; abriendo tabernas y posadas gratuitas para los viajeros; temperando la justicia con clemencia; enviando barberos, médicos y profesores a las prisiones para ocuparse de los internos; considerando a cada recluso como si fuera su propio hijo descarriado, que hubiera que corregir antes de regresar a la sociedad libre y utilizar su preciosa vida humana para alcanzar el despertar».

Thurman añade: «Este activismo está implícito en las enseñanzas más antiguas del Buddha, así como en sus actos, aunque en aquel tiempo su atención se centraba en la transformación individual, el prerrequisito de la transformación social». En nuestro breve paso por esta vida, debemos producir tanto una revolución interior como exterior, puesto que la primera resulta esencial para hacer más profunda la segunda. Cuando ya no dividimos más la gran vacuidad, shunyata, en "esto" y "aquello", estamos capacitados para reducir sin discriminación el sufrimiento de todos los seres vivos de los seis reinos de la existencia,[7] como Thich Nhat Hanh y sus monjes demostraron tan hermosamente durante la Guerra de Vietnam, acudiendo en ayuda de huérfanos, viudas y heridos de ambos lados de la guerra civil que devastó su país.

Por supuesto, los buddhistas laicos necesitarán el apoyo de su sangha al dedicarse a la acción política. Nadie entiende mejor la importancia de buscar refugio en la comunidad de los seguidores del Dharma que Claude Anshin Thomas, monje buddhista y veterano de la Guerra de Vietnam. Él entiende el sufrimiento como un maestro y «el sangha como el ámbito

---

7. En la cosmología buddhista se considera que el ciclo de las reencarnaciones abarca seis reinos o mundos (*loka*), tres mundos superiores: el mundo de los dioses, el mundo de los semidioses y el mundo de los seres humanos; y tres mundos inferiores: el mundo de los animales, el mundo de los espíritus y el mundo de los infiernos. (*N. del T.*)

entero del universo». En su autobiografía *At Hell's Gate: A
Soldier's Journey from War to Peace*, afirma: «En tanto que
buddhista, no puedo pensar en una nueva forma de vivir,
tengo que vivir en una nueva forma de pensar». Esta comprensión se encuentra plasmada de forma concisa en sus reflexiones acerca de cómo los seguidores del Dharma enfocan
el objetivo de la paz:

> «La paz no es una idea. La paz no es un movimiento políti-
> co, ni una teoría ni un dogma. La paz es una forma de vida:
> vivir con conciencia en el momento presente (...) No es una
> cuestión de políticas, sino de acciones. No se trata única-
> mente de mejorar un sistema político o tan siquiera de ocu-
> parse de las personas sin techo. Todo esto es muy valioso
> pero por sí solo no acabará con las guerras y el sufrimiento.
> Debemos simplemente detener las guerras sin fin que asolan
> nuestro interior (...) Imaginad si todas las personas detuvie-
> sen la guerra en ellas mismas: no habría ninguna semilla de
> la que pudiera nacer la guerra.»

★ ★ ★

La política comienza en el corazón, porque es allí donde descubrimos nuestra conexión profunda con todos los otros seres. Junto con la conciencia, este sentimiento de unidad y simpatía es el primer y más importante paso en la transformación de la sociedad. Pero no puede ser selectivo, porque somos uno tanto con nuestros amigos como con nuestros enemigos, con aquellos que sufren y con aquellos que causan sufrimiento. No es algo fácil. Incluso Thich Nhat Hanh, consumado maestro buddhista y fundador del movimiento del Buddhismo Comprometido, tuvo que ahondar en lo profundo de su corazón para realizar este descubrimiento.

★ ★ ★

3. LLAMADME POR MIS VERDADEROS NOMBRES

Thich Nhat Hanh

En 1976 escribí un poema sobre tres personas: una niña de doce años, uno de los pasajeros de una patera que cruzaba el golfo de Siam y que, tras ser violada por un pirata, se lanzó al mar; el pirata, que nació en un pueblo lejano de la costa de Tailandia; y yo mismo. Yo no me hallaba en la embarcación, de hecho me encontraba a miles de kilómetros de allí, pero supe lo que pasó en el Golfo y fui consciente de ello.

Me enfadé cuando recibí la noticia de la muerte de esta niña, pero después de meditar durante varias horas tras haber oído la noticia, me di cuenta de que no podía simplemente tomar partido en contra del pirata. Comprendí que si hubiese nacido en su pueblo y hubiese crecido bajo sus mismas circunstancias, yo habría sido exactamente como él. Tomar partido es demasiado fácil. Procedente de mi sufrimiento, escribí este poema titulado "Por favor, llamadme por mis verdaderos nombres". Poseo muchos nombres y cuando me llamáis por cualquiera de ellos, tengo que responder, "Sí".

No digáis que mañana ya me habré marchado
porque hoy llego todavía.

Mirad en lo profundo: llego a cada instante
para ser un brote en un tallo de primavera,
para ser un pájaro chico, de frágiles alas todavía,
que aprende a cantar en mi nuevo nido,
para ser una oruga en el corazón de una flor,
para ser una joya que se esconde en una piedra.

Llego todavía, para reír y para llorar,
para tener miedo y para tener esperanza,
el ritmo de mi corazón es el nacer y morir
de todos cuantos están vivos.

Soy la efímera
que se transforma sobre la superficie del río.
Y soy el pájaro que, cuando llega la primavera,
llega a tiempo para comerse mi efímera.

Soy la rana que nada felizmente
en las aguas claras de un estanque,
y soy también la culebra que
se acerca en silencio y se alimenta con la rana.

Soy el niño de Uganda, todo piel y huesos,
mis piernas delgadas como cañas de bambú.
Y soy el traficante
que vende armas mortales a Uganda.

Soy la niña de doce años, refugiada en una patera,
que se precipita al océano
tras ser violada por un pirata del mar,
y soy el pirata,
mi corazón aún incapaz de ver y amar.

Soy un miembro del politburó,
con gran poder entre mis manos.
Y soy el hombre
que tiene que pagar su "deuda de sangre" con mi gente
y muere lentamente en un campo de trabajos forzados.

Mi dicha es como la Primavera, tan cálida que las flores hace
[florecer.
Mi pena es como río de lágrimas
tan grande que llena los cuatro océanos.

Por favor, llamadme por mis verdaderos nombres,
para que pueda despertar
y la puerta de mi corazón pueda quedar abierta,
la puerta de la compasión.

Mucha gente cree que necesita a un enemigo. Los gobiernos se esfuerzan para lograr que estemos asustados y tengamos odio y, de este modo, nos unamos a ellos. En caso de no tener un enemigo real, se inventarán uno para que nos movilicemos. Recientemente, fui a Rusia con unos amigos norteamericanos y europeos, y nos dimos cuenta de que los rusos son una gente fantástica. Durante muchos años el gobierno norteamericano le dijo a sus ciudadanos que los rusos eran un "imperio del mal".

No es correcto pensar que la situación del mundo está en manos de los gobiernos y que tan sólo con que los presidentes realicen las políticas correctas, entonces habrá paz. Nuestra vida cotidiana es lo que más tiene que ver con la situación del mundo. Si podemos cambiar nuestra vida cotidiana, podremos cambiar nuestros gobiernos y podremos cambiar el mundo. Nuestros presidentes y nuestros gobiernos somos nosotros: son el reflejo de nuestro modo de vida y nuestro modo de pensar. El modo de sostener una taza de té, de agarrar el periódico e, incluso, de utilizar el papel higiénico tiene que ver con la paz.

Como monje novicio en un monasterio buddhista, se me dijo que fuera consciente de cada cosa que hiciera a lo largo del día. Desde entonces, durante más de cincuenta años he estado practicando el ser consciente de este modo. Cuando empecé, creí que este tipo de práctica era sólo para principiantes, que las personas más avanzadas hacían cosas más importantes, pero ahora sé que la práctica de ser consciente es para todos. La meditación es ver en nuestra propia naturaleza y despertar. Si no somos conscientes de lo que está pasando en nosotros y en el mundo, ¿cómo podemos ver en nuestra propia naturaleza y despertar? ¿Estamos realmente despiertos cuando bebemos un té, leemos el periódico o nos sentamos en el váter?

Nuestra sociedad nos dificulta estar despiertos, ¡hay tantas distracciones...! Sabemos que cada día mueren de hambre 40.000 niños en el Tercer Mundo y, aun así, seguimos olvidándolo. El tipo de sociedad en el que vivimos nos hace ser olvidadizos, por este motivo necesitamos una práctica que nos ayude a ser conscientes. Por ejemplo, conozco varios amigos que dos veces por semana se abstienen de cenar para recordar la situación del Tercer Mundo.

Un día le pregunté a un joven refugiado vietnamita, que estaba comiendo un cuenco de arroz, si los niños de su país comían arroz de tan alta calidad. Él me respondió que no, porque conocía la situación. En Vietnam había pasado hambre, en ocasiones sólo había podido comer patatas secas, mientras soñaba con un cuenco de arroz. En Francia, lleva un año pudiendo comer arroz y ya está empezando a olvidar. Pero cuando yo se lo pregunté, entonces lo recordó. No podía hacerle la misma pregunta a un niño francés o norteamericano, porque ellos no han tenido la experiencia de pasar hambre. Resulta difícil para la gente de Occidente entender la situación del Tercer Mundo. Parece que no tenga nada que ver con su situación. Le conté al chico vietnamita que el arroz que comía en Francia provenía de Tailandia y que la mayoría de niños tailandeses no come un arroz de tan alta calidad, porque el mejor arroz se reserva para exportarlo a Japón y Occidente a cambio de divisas extranjeras. En Vietnam tenemos una variedad de plátano deliciosa llamada *chuôì già*, pero los niños y adultos de Vietnam no tienen el derecho de comer estos plátanos porque también se reservan todos para la exportación. A cambio, Vietnam recibe rifles para matarnos a nosotros mismos y a nuestros hermanos. Algunos de nosotros practicamos este ejercicio de conciencia: esponsorizamos a un niño del Tercer Mundo y recibimos noticias de él o ella, con lo que nos mantenemos en contacto con la realidad de afuera. Intentamos estar despiertos de muchas maneras, pero nuestra sociedad todavía nos sigue haciendo olvidadizos. La meditación sirve para ayudarnos a recordar.

Tenemos otras formas de incrementar la conciencia. Un chico holandés de treinta y un años visitó nuestro centro de retiro y se reunió con nosotros para una comida en silencio. Era la primera vez que comía en silencio y la situación le resultaba violenta. Más tarde, le pregunté si se había sentido incómodo y me respondió que sí. Le expliqué que el motivo por el que comemos en silencio es para estar en contacto con la comida y la presencia de los demás. Si hablamos mucho no podemos disfrutar de estas cosas. Le pregunté si alguna vez apagaba el televisor para disfrutar más de la cena y me dijo que sí.

Más tarde aquel día, le invité a unirse a nosotros para otra comida en silencio y esta vez la disfrutó mucho. La sociedad nos destruye con tanto ruido y distracciones que hemos perdido el gusto por el silencio. Cada vez que tenemos unos minutos, encendemos el televisor o hacemos una llamada de teléfono. No sabemos cómo ser nosotros mismos sin algo que nos distraiga. Así que lo primero que necesitamos hacer es regresar a nosotros mismos y reorganizar nuestra vida cotidiana para no ser meras víctimas de la sociedad y las demás personas.

Muchas organizaciones pacifistas no tienen el espíritu de la paz en sí mismas e incluso les resulta difícil trabajar con otras organizaciones pacifistas. Si los constructores de paz son realmente felices, entonces ellos mismos irradiarán paz. Para educar a la gente para la paz podemos utilizar palabras o podemos hablar con nuestras propias vidas. Si no somos pacíficos, si no nos sentimos bien en nuestra piel, no podemos demostrar una paz verdadera, ni tampoco podemos educar bien a nuestros hijos. Cuidar bien de nuestros hijos significa cuidarnos bien a nosotros mismos, ser conscientes de nuestra situación. Por favor, siéntense con sus hijos y, juntos, contemplen las pequeñas flores que crecen en la hierba. Inspirar y expirar, sonreír juntos: esto es realmente educación para la paz. Cuando podamos aprender a apreciar estas pequeñas y hermosas cosas, ya no tendremos que buscar nada más. Nosotros mismos podemos ser la paz, y podemos hacer la paz con nuestros amigos e, incluso, con nuestros llamados enemigos.

★ ★ ★

Una de las comprensiones más importantes del pensamiento contemporáneo buddhista es que las causas del sufrimiento no son sólo personales, sino que también son sociales y políticas. Aquí, David Loy, provocativo y original pensador buddhista, analiza cómo los tres venenos de la codicia, la aversión y la confusión dirigen nuestros sistemas políticos y económicos.

★ ★ ★

4. EGO COLECTIVO: LAS RAÍCES SOCIALES DEL SUFRIMIENTO

DAVID LOY

El Buddha Shakyamuni, el Buddha histórico, vivió en la India antigua hace al menos 2.400 años. El Buddhismo es pues una religión de la Edad de Hierro, por lo que, ¿cómo podría ayudarnos a comprender y abordar cuestiones modernas como la guerra contra el terrorismo, la globalización económica y la biotecnología?

De lo que el Buddha entendía era del sufrimiento humano: cómo actúa, qué lo causa y cómo terminar con él. Sin embargo, la palabra "sufrimiento" no es una buena traducción del término en lengua pali *dukkha*. El término pali se supone que debe expresar que incluso aquellas personas que gozan de riqueza y salud, aun así, experimentan una insatisfacción fundamental que empeora continuamente. El hecho de que encontremos la vida insatisfactoria, un maldito problema tras otro, no es algo fortuito o casual. Es la naturaleza misma de la mente que no ha despertado el sentirse molesta por las cosas, porque en el corazón de nuestro ser existe una ansiedad que vaga libremente sin un objeto en particular, pero que puede conectarse a cualquier situación problemática.

Para poder entender porqué existe esta ansiedad, debemos relacionar dukkha con otro término buddhista crucial, *anatta*,

o "ausencia de individualidad". Nuestra frustración fundamental se debe principalmente al hecho de que nuestra sensación de ser un individuo aparte, separado del mundo en el
que vivimos, es una ilusión. Otra forma de expresarlo es que
el ego/individuo carece de fundamento y que sentimos esta
ausencia de fundamento como un vacío desagradable o como
un agujero en el corazón mismo de nuestro ser. Vivimos este
problema como un sentimiento de *carencia*, de deficiencia,
de irrealidad, y como contrapartida solemos pasar nuestras
vidas intentando conseguir cosas que creemos que nos harán
más reales.

¿Pero qué tiene que ver todo esto con los desafíos sociales?
¿Acaso no implica que los problemas sociales no son más
que proyecciones de nuestra propia insatisfacción? Por desgracia no es tan sencillo. Al ser seres sociales, tendemos a
agrupar nuestro sentimiento de carencia, incluso cuando nos
esmeramos por contrarrestarlo creando nociones colectivas
de individualidad.

De hecho, muchos de nuestros problemas sociales pueden
remontarse a esta sensación ilusoria de individualidad colectiva, este "ego colectivo" o ego de grupo. Puede definirse
como nuestra propia raza, clase, sexo, nación (el principal
dios laico del mundo moderno), religión o alguna combinación de éstos. En cada caso se crea una identidad colectiva
distinguiendo al propio grupo de otro. Como con el ego personal, lo "interior" se opone a lo "exterior" ajeno, y ello hace
que el conflicto sea inevitable, no sólo por la competencia
con otros grupos, sino porque la formación social de la naturaleza de la identidad de grupo implica que el propio grupo
nunca puede sentirse *suficientemente* a salvo. Así, por ejemplo, decimos que nuestro PIB (Producto Interior Bruto) no es
lo suficientemente alto, que nuestra nación no es lo suficientemente fuerte ("segura") o que no estamos lo suficientemen-

te desarrollados tecnológicamente. Y si éstos son ejemplos de carencias de grupo o de dukkha de grupo, nuestro PIB *nunca* podrá ser lo suficientemente alto, nuestro ejército *nunca* podrá ser lo suficientemente poderoso y nunca podremos tener suficiente tecnología. Esto significa que intentar resolver nuestros problemas económicos, políticos y ecológicos con más de lo mismo no es más que una respuesta ilusoria.

La religión, en el mejor de los casos, nos incita a comprender y socavar el dualismo destructivo entre el individuo y el otro, así como entre el individuo colectivo y el otro colectivo. Este tipo de universalismo sin individualismo o, mejor, esta ausencia de distinción que no nos sitúa a *nosotros* por encima de *ellos*, constituye la base de la acción social buddhista. Sin embargo, en ciertos aspectos, nuestra situación actual es bastante distinta de la del Buddha Shakyamuni. Hoy no sólo contamos con tecnologías científicas más poderosas, sino que también existen instituciones mucho más poderosas.

El problema de las instituciones es que tienden a asumir una vida propia como nuevos tipos de ego colectivo. Pensemos, por ejemplo, cómo funciona una gran corporación empresarial. Para sobrevivir en un mercado competitivo, tiene que adaptarse a las limitaciones establecidas en ese mercado. Incluso si el presidente ejecutivo de una compañía multinacional quiere ser socialmente responsable, se encontrará limitado por las expectativas de los accionistas y los analistas bursátiles: si su preocupación por las cuestiones sociales amenaza los beneficios, probablemente acabará perdiendo su trabajo. Estas corporaciones representan nuevas formas de individualidad impersonal o colectiva, a las que se les da muy bien protegerse a sí mismas y aumentar su poder, bastante al margen de las motivaciones personales de los individuos que trabajan en ellas. Esto nos indica que la respuesta de un Buddhismo Comprometido socialmente también debe cambiar en cierta medida. Nos encontramos ante el reto de hallar nuevas formas de abordar las nuevas formas de dukkha que hoy generan e intensifican las instituciones.

Existe otro principio buddhista que puede ayudarnos a explicar esta conexión entre dukkha y las individualidades colectivas: las tres raíces del mal, también conocidas como los tres venenos. En lugar de enfatizar la dualidad entre el bien y el mal, el buddhismo distingue entre las tendencias sanas y las insanas (*kusala / akusala*). Las fuentes principales de las conductas insanas (las tres raíces del mal) son la codicia, la aversión y la confusión. Para poner fin a dukkha, los tres deben transformarse en sus equivalentes positivos: la codicia en generosidad, la aversión en bondad y la confusión en sabiduría.

Entonces se nos plantea una importante pregunta: ¿actúan también las tres raíces del mal impersonal y estructuralmente en las instituciones modernas? Veamos cómo están arraigadas la codicia, la aversión y la confusión en nuestros sistemas económicos, políticos y sociales.

CODICIA INSTITUCIONALIZADA

En nuestro sistema económico, las corporaciones nunca obtienen suficientes ganancias y la gente nunca consume lo suficiente. Se trata de un proceso circular en el que todos participamos, en tanto que trabajadores, empresarios, consumidores, inversores o pensionistas, pero normalmente tenemos una escasa o nula sensación de responsabilidad moral por lo que sucede. La conciencia se ha diluido tanto que se ha perdido en el anonimato impersonal del sistema económico corporativo.

Sin embargo, contrariamente a lo que se nos dice de forma repetida, este sistema económico ni es natural ni es inevitable. Se fundamenta en una visión del mundo que considera la tierra como fuente de recursos, los seres humanos como mano de obra y el dinero como capital que sirve para producir más capital. Cualquier otra cosa se convierte en un medio para el logro de beneficios, lo que no tiene otro final más que más y más de lo mismo. La codicia ha asumido vida propia.

AVERSIÓN INSTITUCIONALIZADA

En términos buddhistas, muchos de los sufrimientos del mundo son resultado de nuestra forma de pensar sobre el bien y el mal. El problema fundamental del modo simplista de entender los conflictos en bien contra mal es que, al tender a excluir cualquier otro pensamiento, nos impide mirar más al fondo. Una vez algo ha sido identificado como lo malo, ya no hay necesidad de explicarlo, lo que hay que hacer es concentrarse en combatirlo.

Aquí podríamos apuntar al sistema penal de los Estados Unidos, que encarcela una proporción de su población mayor que en cualquier otro país. ¿Pero por qué encerramos a tanta gente? Una razón es que los presos se han convertido para nosotros en una especie de "sombra", en el sentido junguiano, socialmente reprimida: en su conjunto, representan todo lo que está mal en la sociedad norteamericana moderna, por lo que descargamos en ellos nuestra aversión colectiva, expulsándolos y confinándolos fuera de nuestra vista. De este modo no tenemos que pensar en ellos ni en lo que todas estas prisiones implican sobre el tipo de sociedad en el que nos hemos convertido hoy.

Sin embargo, el mejor ejemplo de aversión institucionalizada es, por supuesto, la agresión colectiva: la institucionalización del militarismo. Después de la II Guerra Mundial, los

Estados Unidos no se desmilitarizaron, sino que decidieron mantener una economía de guerra permanente para combatir al comunismo. La caída del comunismo a finales de los años ochenta supuso un problema para el aparato de la industria militar, pero ahora una "guerra contra el terrorismo" de duración indefinida ha ocupado convenientemente su lugar.

CONFUSIÓN INSTITUCIONALIZADA

La confusión más básica, tanto en el plano individual como en el colectivo, es nuestra noción de la dualidad individualidad/alteridad: que "yo" estoy dentro y el resto del mundo está fuera. El nacionalismo es una poderosa versión institucional de este ego colectivo. Por este mismo motivo, también existe la dualidad fundamental en las especies entre el *homo sapiens* y el resto de la biosfera, por la que nos sentimos libres de usar y abusar de la naturaleza mediante la tecnología, sin apenas tener en cuenta las consecuencias para las otras especies.

Existen muchos aspectos referentes a la confusión institucionalizada. Uno de ellos es el enorme nivel de mera ignorancia que existe en los Estados Unidos en cuanto a la historia, la geografía y la ciencia fundamentales. ¿Existe otro país "avanzado" donde la gente que cree en Satán y la inmaculada concepción triplica a la que cree en la evolución de las especies? Resulta difícil no concluir que la función de las escuelas ya no es la educación, en cualquiera de los sentidos amplios del término, sino la formación para un trabajo y el adoctrinamiento en los valores del consumismo, acompañados de mitos patrióticos sobre la superioridad de los valores norteamericanos. Como los principales medios de comunicación son instituciones con fines lucrativos cuyo fundamento son los ingresos provenientes de la publicidad, su propósito consiste en maximizar sus ganancias: "contaminación informativa" en lugar de noticias y moldear la opinión pública en una franja muy estrecha de puntos de vista aceptables. Nunca les conviene cuestionar el apego al consumismo.

Si entendemos este tercer problema colectivo como una *ignorancia institucionalizada,* nos puede ayudar a ver que la vida moderna en los países desarrollados está organizada de un modo que funciona para ocultar el dukkha que ella misma causa. El sistema inflige dukkha en todos nosotros, pero principalmente en personas que no vemos y en las que, por lo tanto, no tenemos porqué pensar, como las que se encuentran encarceladas en las prisiones. Gracias a una publicidad astuta y a la presión de los de su misma edad, mi hijo aprende a anhelar unas zapatillas Nike o unas camisetas Gap sin jamás preguntarse cómo se fabrican. Yo mismo puedo satisfacer mis anhelos de café y chocolate sin ninguna conciencia acerca de las condiciones sociales de los campesinos que cultivan estos productos para mí. De hecho, sin un gran esfuerzo por mi parte, puede que nunca tenga que enfrentarme a la relación existente entre mis adicciones y la a menudo destructiva agricultura de monocultivo que las hace posibles. Mi hijo y yo nos vemos alentados a vivir encerrados en una burbuja de consumismo hedonista.

Esta ignorancia también se perpetúa del lado de la producción. La Bolsa actúa como un agujero negro de responsabilidad ética: en un lado están los accionistas, en forma de personas o instituciones, que conjuntamente generan una presión general para obtener un mayor rendimiento de sus inversiones; y en el otro lado están los presidentes ejecutivos de las corporaciones, que son valorados en función de su capacidad de responder a esta presión, sin tener en cuenta las consecuencias sociales o ecológicas de ello. Los inversores pueden echar mano de la información financiera que ofrecen los analistas bursátiles sin jamás reflexionar en el impacto no económico de las empresas en las que invierten.

El efecto conjunto de esta ignorancia es un ego colectivo que, en gran medida, desconoce y es indiferente a lo que sucede en el resto del mundo. Esta preocupación por uno mismo es cómplice de gran parte del dukkha social, puesto que nuestra forma de vida consumista depende de un tejido global de relaciones sociales injustas e impactos ecológicos destructivos. La suma ironía de todo ello es la constatación incómoda de que, no importa cuánto dinero uno pueda llegar a tener, el consumismo al final es aburrido y desalentador.

Darse cuenta de la naturaleza de estos tres venenos institucionales es tan espiritual y tan importante como cualquier comprensión personal que pueda obtenerse de la práctica buddhista. De hecho, cualquier despertar que podamos experimentar en nuestros cojines de meditación resulta incompleto hasta que no se complementa con este tipo de "despertar social". En ambos casos, lo que se necesita es una mayor consciencia que trascienda los límites de la consciencia del ego (y el ego colectivo). Normalmente, pensamos en la expansión de la consciencia en términos individuales, pero hoy debemos atravesar los velos de la confusión social para alcanzar una mayor comprensión del dualismo presente en realidades de tipo social, económico y ecológico.

Si el paralelismo entre el ego individual y el ego colectivo se muestra válido, resulta difícil evitar concluir que la gran crisis social, económica y ecológica de nuestros días constituye, en primer lugar y ante todo, un desafío *espiritual*, que requiere, por lo tanto, una respuesta que sea (al menos en parte) también espiritual.

Así pues, ¿qué puede decir el buddhismo acerca de la solución a estos problemas? No es suficiente quedarse con la primera y segunda noble verdad: el dukkha social y sus causas sociales. También necesitamos la tercera y cuarta verdad: una visión alternativa de la sociedad y un camino para *realizar*, para hacer realidad, esta visión.

Los sutras buddhistas más antiguos suelen definir el despertar en términos negativos, como el *fin* del anhelo y dukkha. De un modo parecido, podemos imaginar la solución al dukkha social en una sociedad que no institucionalice la codicia, la aversión y la confusión. En su lugar, la que podría llamarse una sociedad dhármica contaría con instituciones que fomentaran sus equivalentes positivos: la generosidad y la compasión fundamentadas en la sabiduría que reconoce nuestra interrelación.

Muy bien hasta aquí, pero este enfoque no nos lleva muy lejos. ¿Se trata de un capitalismo reformado coherente con una sociedad dhármica o, además, necesitamos distintos tipos de instituciones económicas? ¿Se puede revitalizar la democracia representativa con un mayor control de las campañas y la influencia de los lobbys o necesitamos un sistema político más participativo y descentralizado? ¿Se puede transformar la ONU en el tipo de organización internacional que el mundo necesita o la comunidad global emergente reclama algo distinto?

No creo que el buddhismo tenga la respuesta a este tipo de preguntas. No se trata de que al buddhismo le falte algo que debiera tener y, de hecho, no creo que ninguna otra religión o ideología tenga tampoco las respuestas. Así pues, no debe sorprendernos que muchas de las personas más comprometidas con la transformación social tengan reservas acerca de la función de la religión. En este momento crucial de la historia, el desafío de un Buddhismo Comprometido socialmente no es el de convencer a los ciudadanos de que la religión puede jugar un papel positivo, sino mostrárselo.

Sin embargo, creo que esto *no* se plasmará intentando desarrollar un movimiento social buddhista propio. Más bien, el buddhismo puede jugar un papel en el floreciente movimiento "antiglobalización" (o mejor aún, movimiento por la "paz y la justicia social"). Aunque cristalizó como un movimiento con identidad propia durante las manifestaciones en contra de la Organización Mundial del Comercio (OMC) de 1999 en Seattle, y varios de sus representantes se han reunido anualmente en los Foros Sociales Mundiales de Porto Alegre (Brasil) y Mumbai (India), este movimiento sigue estando en buena medida desestructurado. Ésta es su fortaleza, así como su debilidad. Como la mayoría de la teoría social buddhista, hasta el momento se ha mostrado más fuerte en el diagnóstico que en las soluciones.

La globalización comporta muchas cosas, como la interacción del desarrollo económico, tecnológico, cultural y político, pero en su forma actual consiste principalmente en mercantilizar todos los "recursos" naturales (incluyendo la mano de obra) en todos los rincones del planeta y en convertir toda la población mundial al "Evangelio" del Producir/Consumir, de un modo que está acelerando la destrucción ecológica de la biosfera. Como muchos aspectos de este proceso resultan incómodos para aquellos que se benefician de él, el Banco Mundial (BM) y el Fondo Monetario Internacional (FMI) lo promueven bajo la expresión eufemística de "reducción de la pobreza", a pesar del desagradable hecho de que, en realidad, está agravando la brecha entre ricos y pobres a escala mundial. Como se desprende de ello, la globalización favorece los intereses propios de las élites económicas y políticas (no existe una diferencia significativa entre ambas), que cuando lo requieren no dudan en utilizar la policía y el ejército para dominar cualquier resistencia. En resumen, tal como se lleva a cabo la globalización, podemos considerar que actúa para

extender la codicia, la aversión y la confusión institucionalizadas que hemos descrito.

Los dos principios del Buddhismo Comprometido socialmente expuestos arriba (la relación entre el ego colectivo y el
dukkha social, por un lado, y las tres "raíces del mal" institucionalizadas, por otro lado) añaden una dimensión importante a la crítica antiglobalización. ¿Pero qué puede aportar el
buddhismo para el desarrollo de soluciones? Propongo tres
implicaciones.

La importancia de una práctica espiritual personal

La base de una actividad social buddhista radica en la necesidad evidente de trabajar tanto en uno mismo como en el sistema social. Si no hemos comenzado a transformar nuestra
codicia, aversión y confusión, lo más seguro es que todos
nuestros esfuerzos por afrontar sus formas institucionalizadas
sean inútiles o todavía peor. Podemos obtener ciertos éxitos
cuestionando el orden sociopolítico, pero esto no conducirá a
una sociedad más despierta. La historia reciente nos ofrece
muchos ejemplos de líderes revolucionarios, a menudo bienintencionados, que terminaron reproduciendo los males contra los que habían luchado. Al final, una banda de matones ha
sustituido a otra.

Desde una perspectiva espiritual, no hay nada de sorprendente en ello. Si no lucho con la codicia en mi interior, es
muy probable que, una vez en el poder, yo también tienda a
sacar provecho de la situación para satisfacer mis propios
intereses. Si no reconozco la aversión que hay en mi propio
corazón, seguramente proyectaré mi odio hacia aquellos que
obstaculicen mis propósitos. Si no soy consciente de que mi

propia noción de la dualidad constituye una peligrosa confusión, entenderé la cuestión del cambio social como mi propia
necesidad de dominar el orden sociopolítico. Añádanle el
convencimiento de la bondad de las propias intenciones, junto con el de la superioridad de la propia comprensión de la
situación, y obtenemos la receta de un desastre tanto social
como personal.

EL COMPROMISO CON LA NO VIOLENCIA

Luchar primero con uno mismo lleva, de forma natural, a este
segundo principio social. El enfoque no violento es implícito
a nuestra no dualidad con cualquier "otro", incluso aquél
contra el que podamos estar luchando. El énfasis que pone el
buddhismo en la temporalidad supone otra forma de expresar
esta no dualidad: la inseparabilidad de los medios y los fines.
La paz no es sólo el objetivo, también debe ser el camino o,
en palabras de Thich Nhat Hanh, la paz es cada paso. Nosotros mismos debemos ser la paz que queremos crear. Una
comprensión más profunda disminuye nuestra noción de dualidad respecto a las demás personas, incluso respecto a aquellos que ocupan una posición de poder sobre nosotros. Gandhi, por ejemplo, siempre trató con respeto a las autoridades
británicas en la India. Nunca intentó deshumanizarlos, lo que
constituye uno de los motivos de su gran éxito. El énfasis del
buddhismo en la confusión nos proporciona aquí una pauta
muy importante: cuanto más cruel es una persona con nosotros, es que sus actos están más sumidos todavía en la confusión y dukkha. No importa si la persona tiene la menor idea
de esta verdad, para el buddhismo tal ignorancia nunca es
una bendición. El problema fundamental no es el mal, sino la
confusión.

Gandhi nos recuerda otro buen motivo para rechazar la violencia: la no violencia es más probable que sea efectiva. La lucha por el cambio social no es tanto una lucha de poder como una lucha espiritual, un choque de visiones del mundo y puntos de vista morales. Las exitosas revoluciones no violentas contra el comunismo en Europa del Este nos enseñan que las élites caen cuando pierden los corazones y las mentes de la gente.

DESPERTAR JUNTOS

Un tercer principio fundamental, desde una perspectiva buddhista, es que nuestro compromiso social no consiste en sacrificar nuestra propia felicidad para ayudar a otras personas desafortunadas que están sufriendo. Esto sólo refuerza un dualismo contraproducente (y agotador) entre nosotros y los demás. Más bien se trata de unirse para mejorar la situación de todos juntos. Un email reciente contenía una observación de una mujer nativa americana que muestra esta cuestión muy bien: «Si habéis venido aquí para ayudarme, estáis perdiendo vuestro tiempo. Pero si habéis venido porque vuestra liberación está ligada a la mía, entonces trabajemos juntos». Es necesario enfatizar este punto, puesto que a menudo suele entenderse equivocadamente el camino del bodhisattva. Un bodhisattva no sacrifica o atrasa su propio despertar para ayudar a los demás. Más bien, los bodhisattvas profundizan e integran su despertar aprendiendo a vivir de un modo más desinteresado. Se entregan a aliviar el dukkha del mundo porque la liberación espiritual comprende darse cuenta de la no dualidad entre cada uno de nosotros y el mundo. Esto significa que ninguno de nosotros puede despertar completamente hasta que todos los "demás" también lo estén. Así pues, desde una perspectiva buddhista, la crítica situación mundial actual comporta que hoy sean necesarios nuevos tipos de bodhisattvas o, más exactamente, que los bodhisattvas a veces deben manifestar su compasión de formas más comprometidas socialmente. Por "bodhisattvas" me refiero a ti y a mí.

Aunque estos principios fomentan lo que Stephen Batchelor ha llamado una "cultura del despertar", no equivalen a un nuevo programa social. Sin embargo, juntos añaden una dimensión más espiritual al movimiento por la paz y la justicia que ha surgido en todo el mundo en los últimos años. Las élites sociales y las estructuras de poder actuales se han mostrado incapaces de afrontar las distintas crisis que ya amenazan a la humanidad y el futuro de la biosfera. Se ha puesto de manifiesto que estas élites constituyen en sí mismas una gran parte del problema y que las soluciones tendrán que proceder de algún otro lugar. El movimiento global por la paz y la justicia debe jugar un papel cada vez más importante, y un buddhismo más despierto socialmente puede ayudar a que este movimiento tenga una mayor consciencia espiritual.

★ ★ ★

El imperialismo, el racismo, el capitalismo y el patriarcado: bell hooks piensa que el buddhismo constituye la mejor respuesta a las políticas de la dominación. Desarrollado por personas de color[1] que vivían en culturas de la dominación y que afrontaban cuestiones de supervivencia y sufrimiento, el buddhismo es el camino espiritual idóneo para aquellos que sufren la opresión. Pero primero, afirma esta pensadora feminista y política de renombre, el buddhismo occidental debe afrontar su propia cultura de la dominación.

★ ★ ★

---

1.   En referencia a la población de la India. (*N. del T.*)

5. EL BUDDHISMO Y LA POLÍTICA DE LA DOMINACIÓN

BELL HOOKS

Durante mis veintitantos acudí al buddhismo para satisfacer mi deseo de emprender un camino espiritual así como de tener en cuenta el mundo de la política. Como una práctica espiritual profética, el Buddhismo Comprometido ofrecía una concepción del practicante espiritual interviniendo en el mundo, siendo un ejemplo de bondad, compasión, personificación de la paz y consciencia.

El libro que me guió en la comprensión de las infinitas formas en las que el buddhismo podía ayudar a los buscadores preocupados deseosos de participar en la creación de un mundo justo fue *The Raft Is Not the Shore: Conversions Toward A Budddhist Christian Awareness*, de Thich Nhat Hanh y Daniel Berrigan. Estos dos dedicados maestros espirituales estaban involucrados en el complicado mundo de la política antibelicista, al mismo tiempo que ambos dejaban claro que los fundamentos que inspiraban sus actividades era su práctica espiritual. Eran sus creencias espirituales y no ninguna filiación a un partido o ideología política las que guiaban su trabajo por la paz.

En *The Soul of Politics* Jim Wallis explica: «En el núcleo de las religiones proféticas está la transformación: un cambio de corazón, una revolución del espíritu, una conversión

del alma que da lugar a una nueva conducta personal y social».
Con una profunda comprensión, Wallis expresa el modo en
que los valores espirituales y religiosos pueden conducir a una
concepción renovada de la política en tiempos de grave crisis
social. Ahora, después de más de treinta años de compromiso
con el pensamiento y la práctica buddhistas, todavía acudo
una y otra vez al buddhismo para encontrar formas de acabar
con el sufrimiento causado por la política global de la dominación.

En los Estados Unidos, donde la política imperialista, racista y patriarcal incide tanto en nuestra vida diaria, sólo aquellos ciudadanos que viven en contradicción pueden actuar
como si existiera un reino utópico de la práctica espiritual donde la religión y la política nunca se encuentran. Aun así, cuando expreso que me planteo la cuestión del buddhismo y la política, mis colegas y amigos repetidamente me dicen que estos
dos asuntos son completamente distintos. Aunque estoy de
acuerdo en que es posible practicar el buddhismo sin un compromiso político, sé por experiencia que la política siempre
acaba introduciéndose en todas las esferas de nuestra vida.

Por ejemplo, en mis más de treinta años de compromiso
con la práctica buddhista no ha habido un solo momento en
el que un blanco no me haya preguntado «qué atrae a un negro al buddhismo». En ese momento no importaba si yo acu-
día a un encuentro buddhista para centrarme en la práctica
espiritual: no puedo escapar a la política racial. Y aunque creo
que ésta es una cuestión que refleja directamente una mente
ignorante y la política de la supremacía blanca, es poco probable que la persona que me plantee esta pregunta lo vea de
este modo.

Aun así, considero que si estas personas se sentaran a meditar en la pregunta y la examinaran desde el punto de vista
de la práctica espiritual, en lugar de los prejuicios raciales, se

darían cuenta de que las raíces del buddhismo se forjaron entre personas de color que, en un mundo de dominación, se enfrentaban de forma global a la cuestión del sufrimiento y la supervivencia. Esto hace del buddhismo un camino espiritual singularmente apropiado para cualquier negro en la Diáspora que busque una escapatoria al dualismo metafísico occidental que constituye la base ideológica de muchos grupos de opresión en nuestra sociedad y que es la ideología que la mayoría de nosotros hemos aprendido desde una edad temprana en las iglesias cristianas. De hecho, el buddhismo todavía no ha captado la atención de la población negra en los Estados Unidos precisamente debido al modo en que la política de exclusión racial y de clase impregna la difusión del buddhismo en Occidente.

A menudo, en los ambientes buddhistas a los negros se nos trata como si fuésemos los huéspedes de los anfitriones blancos, que se ven a sí mismos infinitamente más cultos, como los buddhistas "auténticos" porque han leído los textos apropiados, han viajado a los países apropiados y han sido consagrados por los maestros apropiados. A aquéllos entre nosotros (la mayoría negros) que no tenemos historias que contar sobre nuestra estancia en el lugar apropiado con los maestros apropiados siempre se nos trata como si no tuviésemos el derecho a sentarnos en las primeras filas bajo el árbol del Bodhi.[2] Se nos trata como si jamás pudiésemos alcanzar el corazón del buddhismo porque simplemente no somos lo suficientemente puros. Sólo aquellos pocos que han estado en el lugar apropiado con el maestro apropiado tienen la buena suerte de ser considerados como los buddhistas negros "auténticos". No importa nuestro linaje ni la dirección de nuestro camino espiritual, nuestra mera presencia (visiblemente negra) en am-

---

2. El árbol bajo el cual el Buddha alcanzó el despertar. (*N. del T.*)

bientes buddhistas occidentales predominantemente blancos provoca pensamientos raciales y/o racistas en aquellos que nos observan, tanto si lo queremos como si no.

La incapacidad de los buddhistas blancos de trascender la raza y simplemente estar con nosotros como compañeros de la práctica es una forma de elitismo de raza y clase. Así pues, no es de extrañar que haya un número creciente de practicantes negros que prefieran ambientes que concentren personas como ellos. Aunque estos entornos pueden ser de utilidad de forma temporal, todavía seguiremos sufriendo si no podemos reunirnos en ambientes donde el racismo no configure la naturaleza de las relaciones.

Al mismo tiempo, cuando individuos de raza negra que son practicantes buddhistas participan en debates buddhistas y hablan abiertamente en contra de la dominación, a menudo se nos ve como no lo suficientemente espirituales, como si estuviésemos llevando el complicado mundo de la política y sus conflictos al buddhismo. Este último año he acudido a varios congresos donde quedaba claro que se autorizaba a las personas de raza negra a hablar sobre cuestiones raciales y sobre el racismo en determinados paneles, pero si sacábamos estos asuntos en otros paneles, en los que se consideraba tratar las cuestiones "auténticas" del buddhismo, nuestros comentarios o bien eran ignorados o bien eran rechazados como irrelevantes.

En muchos aspectos esto me recuerda los desafíos que tuvimos que afrontar años atrás en el movimiento feminista, donde las mujeres negras / mujeres de color comenzaron a desafiar el modo en que la supremacía del pensamiento y la acción de los blancos había configurado la teoría y la práctica del movimiento. Pedíamos un cambio, un replanteamiento y un incremento de la conciencia crítica, una práctica basada en el desaprendizaje del racismo antes de involucrarse con la diferencia. Las mujeres blancas (mayoritariamente con un alto nivel educativo, mayoritariamente originarias de clases privilegiadas), que veían el movimiento feminista como su propio territorio, la mayoría de las veces se mostraron molestas y resistentes al cambio. Sin embargo, la teoría y la práctica del feminismo cambió y se abrió la puerta para que surgiera un feminismo inclusivo y visionario.

Una puerta parecida se ha abierto en los ambientes buddhistas, especialmente entre aquellos practicantes que se toman en serio la práctica de la compasión en una cultura de la dominación. Un aspecto profético de la práctica buddhista es el desafío a dejar atrás el dualismo, el pensamiento binario *o o / o bien* que la cultura dominante socializa en todas las personas para que lo vean normal. En *World as Lover, World as Self,* Joanna Macy expresaba la naturaleza de este movimiento más allá del dualismo cuando describía cómo nos transforma el cultivo de la compasión y la comprensión: «Debes tener compasión porque te dará el combustible, la fuerza para moverte. Cuando te abres al dolor del mundo te mueves, actúas. Pero... puedes quemarte, así que necesitas al otro, necesitas comprender la interdependencia fundamental de todos los fenómenos. Con este conocimiento sabes que no se trata de una batalla entre los buenos y los malos, sino que la línea entre el bien y el mal cruza el horizonte de todo corazón humano».

Thich Nhat Hanh y el Dalai Lama tienen una presencia tan grande en los Estados Unidos en parte debido al modo en que nos enseñan a perdonar, a dejar atrás la culpa. Para la gente de color, o cualquier víctima de la cultura dominante, el dejar atrás la culpa permite una liberación profunda del odio. Para los blancos con poca educación, que se sienten atrapados en la culpabilidad o el miedo de ser culpados, puede representar la liberación que permita surgir una mayor comprensión de la responsabilidad. La idea de no tener un enemigo es

algo que muchos ciudadanos de nuestro país no pueden aceptar, puesto que gran parte de nuestras organizaciones políticas (tanto de la extrema derecha como de la extrema izquierda) se han movido no tanto por el amor o la justicia como por
el odio a los enemigos. La mayoría de las personas que conozco denunciarían a George Bush antes de examinar en qué
modo todos participamos en la perpetuación de la cultura de
la dominación, del patriarcado imperialista de la supremacía
blanca capitalista.

Ahora más que nunca, cuando nuestro país comienza a
proyectar una política que posee todos los ingredientes del
fascismo del s. XX (religioso, patriarcal, basado en el miedo,
nacionalista y racista, respaldado por la ideología de derechas
de la clase dirigente, que se expresa en gran medida a través del
fundamentalismo cristiano), la práctica del buddhismo comprometido ofrece tanto un lugar de refugio como un lugar de
posibilidades alternativas. Todo cuanto hacemos para deshacernos de la idea de un ego individual y reconocer nuestra interdependencia ya representa un paso radical para alejarnos
de las nociones de raza, nacionalidad, afiliación religiosa,
orientación sexual, posición social y nivel educativo, en tanto
que indicadores fijos en nuestra vida.

Al explicar la obra de Thich Nhat Hanh, la hermana Anna-
bel Laity expresa que «nuestro verdadero hogar no es la seguridad de una creencia o ideología en particular. Ni tampoco
la seguridad de una cuenta corriente, una casa, una familia o
un empleo. Nuestro verdadero hogar es la solidez y libertad
de nuestra mente, cultivadas en el contexto de una comunidad». Cuando hemos despertado realmente somos capaces de
aceptar la diversidad, de superar el pensamiento dominante,
construido de forma artificial, que promueve el miedo a lo que
es diferente, el miedo a los extraños. Y, en últimos términos,
aunque las jerarquías de poder en el seno del buddhismo quie-

ran hacernos pensar de otro modo, la práctica buddhista consiste en la liberación y no en estar en el lugar adecuado, en el momento adecuado, con el maestro adecuado.

¡Cuán liberada me sentí cuando Thich Nhat Hanh, al escribir sobre la intersección del buddhismo y la política durante la Guerra de Vietnam en *The Raft Is Not the Shore*, explica que «resultaba bastante evidente que si tienes que escoger entre el buddhismo y la paz, entonces tienes que escoger la paz. Porque si escoges el buddhismo, entonces sacrificas la paz y el buddhismo no acepta esto. Además, el buddhismo no es una serie de templos y organizaciones. El buddhismo está en tu corazón. Incluso si no cuentas con ningún templo ni ningún monje, todavía puedes ser buddhista en tu corazón y en tu vida». Al igual que Thich Nhat Hanh enseña que matar destruye el trabajo del buddhismo, la obediencia a la cultura dominante no nos permite cultivar la mente de la compasión.

Cuando traemos a la política una espiritualidad profética e inclusiva, hemos preparado el terreno en nuestro ser para poder actuar con conciencia. Para los practicantes buddhistas, la atención consciente es el medio hábil gracias al cual nos liberamos del apego al pensamiento y práctica dominantes. En una cultura de supremacía blanca, muchos blancos se oponen a la idea de que tengan nada que aprender de las personas de color. Aunque aceptan ser guiados por maestros de color que vienen de todas partes del mundo, no utilizan la atención consciente para conectar su aceptación de estos maestros con su miedo constante y su no aceptación de las personas de color que puedan vivir y trabajar en sus propias comunidades. ¿Cómo es que los blancos que buscan alcanzar el despertar pueden pasar por alto el color de piel del Dalai Lama o de Thich Nhat Hanh, pero no pueden ver en los rostros de estos dos hombres los rostros de todas las personas de piel morena y negra del mundo que están sufriendo?

Una niña de mi barrio que todavía no sabe leer viene a mi casa y ve la cara del Dalai Lama en la portada de una revista. Inocentemente me pregunta: «¿Es tu primo? Su cara se parece a la tuya». Las dos nos ponemos a reír mientras le cuento que la primera vez que vi al Dalai Lama en un lugar reducido pensé: «Se parece a los hombres de mi familia». Y me pregunté por qué la aceptación sincera de este extraño de color en el mundo de los blancos no se extiende a las personas desconocidas de color que a diario sufren la deshumanización en un mundo que no se ve. Afortunadamente, en el mundo del surgimiento dependiente, de la Interexistencia, ponemos de manifiesto nuestra interdependencia al constatar los vínculos que nos conectan, al darnos cuenta que en todo el mundo la política de la dominación separa a la gente. El camino del bodhisattva es aquel que nos conduce a intervenir en este distanciamiento con la firmeza y la fuerza de la comunidad bondadosa, llevando con nosotros una preocupación por la justicia y una mente firme en la compasión.

* * *

Algunas personas sostienen que el buddhismo no es una religión sino varias religiones, y que las múltiples escuelas del buddhismo difieren ampliamente tanto en cuestiones filosóficas como prácticas, incluyendo la ética y la política. Ciertas escuelas, por ejemplo, prohíben matar, mientras que otras consideran que puede estar justificado en ciertas circunstancias. Siguiendo el sistema tibetano que organiza las distintas escuelas en un único camino progresivo, el profesor y especialista buddhista Reginald Ray analiza distintos enfoques buddhistas de la acción política.

* * *

6. LA POLÍTICA DEL BUDDHA

Reginald A. Ray

El despertar del Buddha tuvo varias "implicaciones políticas" importantes. En primer lugar, el Buddha comprendió que cualquier acción en el samsara es necesariamente política. Definimos "política" como "ponerse del lado de una persona o grupo de personas y realizar actividades que promuevan los objetivos propios y los de aquéllos con los que nos alineamos". En este sentido, incluso el intento de mantener un yo (la definición de samsara) es político, puesto que comporta el esfuerzo por promover, agrandar y protegerse uno mismo y el grupo o grupos que siempre forman parte de la identidad del ego.

En segundo lugar, en su decisión de enseñar y formar una comunidad, el Buddha también actuó de forma política. Trabajaba para promover su propio proyecto en tanto que alguien que había alcanzado el despertar, e influir en aquellos que estaba formando para alcanzar el mismo logro. Pero como el Buddha había ido más allá del samsara, su modo de ser político era distinto de la concepción y práctica convencionales de la política. La política suele suponer la consideración de unas personas o grupos de personas por encima de otras. Cuando la política se entiende de este modo, se presupone que la riqueza, la posición social, el poder y los privilegios pueden llevar a obtener resultados satisfactorios y que, por lo tanto, hay que buscar su obtención. Pero la comprensión a la que llegó el Buddha dejó poco margen para esta concepción convencional de la política. Tras comprender la naturaleza ilusoria de su "yo", no quedó nadie en su bando a quien favorecer. El Buddha se puso del lado de todos los seres vivos, incluyendo a los seres humanos de cualquier raza, condición social o situación kármica. Para él no podía aceptarse privilegiar a un grupo por encima de otro, por lo que emprendió acciones que favorecieran los objetivos de todos los seres, sin ninguna excepción o discriminación.

En tercer lugar, lo que el Buddha buscó para todos los seres era la misma libertad y plenitud que él mismo había encontrado. Pero esto sólo podía lograrse prestando atención al mundo, puesto que, como el buddhismo ha sostenido a lo largo de su historia, la salud física y mental, la seguridad y el bienestar en la vida de uno a menudo determinan la capacidad de seguir el camino buddhista. De este modo, el Buddha dedicó mucho tiempo a establecer comunidades de renunciantes estables y bien organizadas, a ayudar a la población laica a vivir con inteligencia, pragmatismo y bondad, y a aconsejar a los gobernantes sobre el modo de gobernar con sabiduría y compasión.

Por último, del mismo modo que el Buddha fue político, también lo fueron sus discípulos. Éstos también lucharon con la política del ego y fueron llamados a apoyar y favorecer los objetivos de la comunidad buddhista. Así pues, desde este punto de vista, podemos comprender el programa espiritual que el Buddha ofreció a sus seguidores como un aprendizaje político, pero desde una perspectiva completamente no territorial y esclarecida.

La formación que el Buddha desarrolló para sus discípulos recapitulaba el camino que él mismo había seguido. Esta formación puede resumirse según la explicación tibetana de las tres etapas, o "vehículos" (*yanas*), del camino buddhista.

Primero, estudiaban el *Hinayana*, el Vehículo Inmediato que supone el descubrimiento de la inexistencia del yo en uno mismo; luego, estudiaban el *Mahayana*, o Gran Vehículo, en el que uno aprende a actuar desde la experiencia de la ausencia del yo para beneficiar a los demás, y finalmente estudiaban el *Vajrayana*, o Vehículo Indestructible, en el que la comprensión pasa a ser completamente no conceptual y la acción espontánea. A continuación, interpreto las prácticas y puntos de vista de estos tres yanas en términos políticos, poniendo de manifiesto lo que a menudo resulta implícito en las concepciones tradicionales de Asia. De este modo, leo las enseñanzas del Buddha como si se trataran de instrucciones dirigidas a activistas y aspirantes a activistas políticos.

HINAYANA: REVISAR NUESTRO PROPIO PUNTO DE VISTA

Cada una de las tres fases principales del camino posee su propia temática política. El mensaje fundamental del Hinayana es que, para cambiar el mundo, primero debemos cambiarnos a nosotros mismos. Antes de entrar en la política exterior debemos desarrollar cierta madurez en el descubrimiento de la experiencia de la inexistencia del yo en uno mismo. Esto es algo que los maestros buddhistas y los buddhistas comprometidos enfatizan repetidamente. En los años setenta, una de las principales aspiraciones de mi generación era transformar radicalmente la sociedad. Sin embargo, nuestros maestros no paraban de decirnos: «El deseo de cambiar el mundo es algo muy bueno, pero si primero no trabajáis con vosotros mismos, traeréis con vosotros vuestras paranoias, arrogancia, agresividad y prejuicios, y sólo conseguiréis pelearos con aquellos que queréis cambiar».

Según el Buddha, existen cuatro aspectos en los que necesitamos trabajar y cambiarnos a nosotros mismos, esto es cuatro modos de acercarnos al espacio de la inexistencia del yo, antes de poder intentar llevar a cabo cualquier acción política exterior.

– En primer lugar, debemos ser realistas acerca de lo que es posible en la vida. El Buddha dijo que no hay situaciones ideales: todas las circunstancias de la vida de una persona, sin excepción, son conflictivas, aflictivas y llenas de sufrimiento. Esto significa que, si vamos a emprender una iniciativa política, debemos tener claro desde el principio que no estamos luchando para crear una situación ideal. Si realmente creemos que lo ideal es posible, siempre estaremos disgustados, enfadados, confundidos y resentidos. Y habremos emprendido una batalla perdida. Así pues, justo en el comienzo de nuestra formación política, debe producirse un reconocimiento de las imperfecciones y aflicciones necesarias que comporta toda actividad humana. Ésta es, por supuesto, la primera noble verdad.

– El segundo punto es que toda acción política según el Dharma requiere una gran comprensión de las condiciones kármicas. Para trabajar con una situación problemática, tanto si estamos hablando de la tala de secuoyas en California, de la contaminación de los ríos o del poder destructivo del consumismo o el militarismo, lo primero que debemos hacer es comprender las causas y condiciones principales existentes detrás de una situación determinada. No es suficiente con levantarse y decir: «¡Todo esto es una porquería pero nosotros vamos a ofrecer una alternativa». Este tipo de enfoque se basa en la ignoran-

cia (no sabemos con qué nos enfrentamos), la agresividad (no nos damos cuenta de que, si estuviésemos experimentando las mismas condiciones que aquellos que
las padecen, seguramente estaríamos haciendo lo mismo) y la arrogancia (creemos tener todas las respuestas).

El Dalai Lama a menudo afirma que «todos los seres
humanos sólo quieren ser felices». Si la gente hace cosas que les hacen ser infelices, es porque existen razones para ello. No es que quieran ser infelices, sino que
sus vidas han llegado a un punto en el que están haciendo cosas que les hacen ser desdichados a ellos mismos y
a los demás. Cuanto más comprendemos este hecho y
vemos con exactitud el porqué sucede esto en cada situación, más podremos intervenir de un modo constructivo y efectivo. Ésta es la segunda noble verdad, la causa
del sufrimiento.

– El siguiente punto, correspondiente a la tercera noble
verdad, es que la libertad total no se fundamenta en condiciones externas. La libertad que anhelamos ya se encuentra en nosotros. Esto no significa que las circunstancias externas no tengan un impacto importante en
nuestra capacidad de lograr la libertad interior, porque
sí lo hacen. Pero la libertad misma es independiente de
cualquier causa y condición, y está al alcance de cualquiera en cualquier situación.

Resulta interesante pensar en los líderes del movimiento por la independencia de la India, que fueron en-
viados a prisión por parte de los británicos durante la
ocupación. Cuando los británicos encarcelaron a Nehru,
Gandhi y a otros como ellos, cometieron su mayor equi-
vocación, porque en la prisión estos líderes practicaron,
meditaron y obtuvieron cierta experiencia de la libertad

interior. Cuando salieron se convirtieron en una fuerza que no podía ser detenida. Poco después la India sería independiente y el Imperio Británico recibiría un golpe mortal, debido a estas pocas personas encarceladas, meditando. Gandhi ejemplificó cuán poderosa puede ser la libertad interior en el mundo de la política.

Mientras que la libertad interior se encuentra libre de cualquier circunstancia condicionada, nuestra capacidad de lograrla, a menudo, se halla atada por las circunstancias de nuestra vida. Por ejemplo, cuando las personas son esclavizadas, sus estados mentales se reafirman enormemente de formas negativas y, a menudo, destructivas, y suelen ser incapaces de hallar su propia dignidad, fuerza y creatividad humanas. Cuando comprendemos que la verdadera libertad se encuentra en nosotros y cuando tenemos cierta experiencia de ella mediante la meditación, entonces podemos mirar de un modo muy perspicaz las cosas que esclavizan a las personas y que les hacen tan difícil lograr la libertad interior. Esto nos permite evitar confundir la libertad interior con la exterior. Así pues, no pensamos que simplemente deshaciéndonos de un régimen o cambiando una estructura política, esto, por sí mismo, vaya a proporcionarle a la gente la libertad interior básica que todos buscamos.

– El cuarto punto, correspondiente a la cuarta noble verdad del camino, incluye varios aspectos. En primer lugar, cuando nos sentimos llamados a emprender una actividad política exterior, nuestro compromiso fundamental siempre tiene que ser trabajar en nosotros mismos. Éste tiene que permanecer como la base de todos nuestros intentos de transformar cualquier situación exterior.

En segundo lugar, debemos comprender que la meditación, el eje del camino buddhista, es en sí misma la acción política más radical que se pueda imaginar. ¿Por qué? En la meditación nos salimos del sistema de valores del mundo convencional y empezamos a mirar las cosas desde una nueva perspectiva. No sabemos con qué nos encontraremos, pero sí que sabemos que en ningún caso seremos partidarios incondicionales del orden establecido. La meditación tiende a hacer salir nuestra inteligencia y comprensión, fomenta nuestra independencia, nuestra capacidad de romper con las convenciones y nuestro sentido de la compasión. La meditación no es la forma de activismo como normalmente la concebimos, aunque cumple con su definición de forma radical, puesto que se trata de una actividad cuyo objetivo fundamental es cambiar el mundo.

Por último, siempre hay que tener presente que nuestras actividades políticas son en sí mismas un modo de trabajar con nosotros mismos. Cuando entramos en política, nuestra arrogancia, agresividad, mente cerrada y egocentrismo saldrán a la luz. Debemos tomárnoslo como oportunidades de oro que nos ofrecen la posibilidad de desarrollar formas más instruidas y humildes, y menos preocupadas por uno mismo, de trabajar con los demás.

MAHAYANA: CAMBIAR LA POLÍTICA HABITUAL

El Hinayana proporciona unos preliminares y una base necesarios para emprender una actividad política exterior. Nos permite liberarnos de la política del ego y enfocar las situaciones de un modo abierto, libre y no territorial. El estado mental de sosiego, tranquilidad y plenitud resultante da lugar de forma natural a la bondad y la compasión hacia los demás, por lo que ahora, en el Mahayana, podemos disponernos a actuar desde la comprensión de la inexistencia del ego en nuestro intento de ser de ayuda para los demás. El Mahayana ofrece seis prácticas que nos ayudan en la acción política y que corresponden a las prácticas clásicas de las seis *paramitas* o acciones trascendentes.

– La primera es la *generosidad*. Cuando afrontamos el mundo a partir del descubrimiento Hinayana de la inexistencia del yo, podemos cultivar una actitud de apertura, respeto, imparcialidad y altruismo universales, sin intentar favorecer un grupo de personas por encima de otro. Aquí es donde aquellos entre nosotros que estamos involucrados en el activismo político podemos encontrarnos con un problema, puesto que solemos ver a un grupo como bueno y otro como malo. Aunque un grupo pueda ser realmente la víctima y el otro el agresor, ambos están confundidos, perdidos y afligidos, y nuestra acción para reparar los desequilibrios beneficiará a ambas partes.

Al dirigirnos a personas que están ocasionando problemas a otras, no podremos ser de ayuda si no las respetamos y no reconocemos su situación, experiencia y punto de vista. Debemos encontrarnos con ellas y conocerlas, sólo entonces es posible la comunicación. Es cierto que todos nos equivocamos constantemente e interpretamos mal a la gente. Esto queda claro, pero siempre debemos regresar a esta idea de la práctica ilimitada e incondicional de la generosidad.

– A continuación viene la *disciplina*. Consiste en tener un compromiso inquebrantable con la acción política como un modo de ayudar a los demás y no para beneficiarse principalmente a uno mismo. En un cierto momento de nuestro trabajo político puede resultar muy difícil seguir avanzando. Nos damos cuenta de que las expectativas no se cumplen según lo esperado, las personas con las que trabajamos se sienten frustradas y nos encontramos con que perdemos nuestra inspiración inicial. En esta situación, que es más la regla que la excepción, la voluntad de seguir adelante, sin tener en cuenta nuestro propio sentimiento de realización o frustración, resulta fundamental. Sin ello, nunca conseguiremos ningún resultado.

– La siguiente práctica, la *paciencia*, también surge de nuestro descubrimiento Hinayana de la inexistencia del yo. Abandonando nuestros prejuicios y ambiciones, observando la situación en su totalidad, podemos ver a los demás y aquello por lo que están pasando con respeto, comprensión e imparcialidad. Sin actuar por reacción, les ofrecemos un espacio psicológico para que puedan verse a sí mismos, como en un espejo. Todavía más, podemos permanecer pacientemente, a la espera del momento en que la comunicación genuina sea posible y podamos abordar la situación de un modo preciso y efectivo.

– De la paciencia emana directamente la *fuerza* o empeño. Es típico que las personas que intentan ayudar a los demás experimenten agotamiento y depresión, lo que solemos llamar "quemarse". Así pues, en lugar de pensar que debemos generar una fuerza propia para dominar el sufrimiento, nos damos cuenta de que cada situación con la que nos encontramos posee su propia textura, fuerza y dinámica. Cuando abrimos nuestra mente y

nuestro corazón a lo que está sucediendo, a menudo descubrimos posibilidades y oportunidades que no había-
mos visto antes. Hasta puede que la misma situación, que
nos parecía tan negativa, inmanejable o incluso hostil,
ahora se suavice y se abra a nosotros. Para conseguirlo,
por supuesto, hay que ser enormemente paciente y abandonar todos los prejuicios.

– La quinta práctica del Mahayana es la *meditación*. A
diferencia de la práctica del Hinayana, aquí la meditación no se practica principalmente para el desarrollo de
uno mismo, sino por razones políticas. En el Mahayana
desarrollamos y profundizamos la mente carente de yo
por el bien de los demás. Aquí no nos referimos a la práctica de la meditación por motivos políticos habituales,
sino a la meditación como un modo de abrirse a las propias profundidades. Bajo la personalidad superficial se
encuentran recursos como la inspiración, la compasión,
la generosidad, el amor, la simpatía y la valentía. La
meditación es el modo de abrirse a estas profundidades
de nuestro propio ser. Si quieres ser una persona efectiva en el mundo, necesitas saber cómo recurrir a algo
más profundo que tu percepción inmediata y autoconsciente del "yo". En el Mahayana, la meditación es el
modo de hacerlo.

– La última práctica del Mahayana es la *sabiduría trascendente*. Cuanto más investigamos una situación y ahondamos en sus causas y condiciones, más inconsistentes
e inexplicables se hacen. Cuanto más ahondamos, las
cosas empiezan a adoptar una cualidad más ilimitada e
insondable. Pero en lugar de producir confusión, esto
nos lleva a una mayor claridad de los innumerables y, en

últimos términos, inefables elementos que componen el infinito complejo de todo cuanto existe. Esta comprensión nos libera de tener que juzgar o determinar las cosas de forma sólida y nos permite afrontar las situaciones con una total apertura, frescor y precisión.

Podríamos resumir estas prácticas del Mahayana afirmando que "transmutan la política." Cuando nos encontramos en una situación en la que nos sentimos tentados de manipular a alguien, simplemente boicoteamos este impulso. De repente sucede algo y sentimos la necesidad imperiosa de dominar o atacar a alguien, pero transmutamos completamente la situación y, en cambio, quizás decimos algo amable. ¡Transmutar la política puede ser tan poderoso…! Es poderoso para nosotros, porque las seis prácticas del Mahayana no sólo se vuelven posibles sino que pasan a estar al orden del día. Y también es poderoso para los demás porque tiene la capacidad de impactarles en el mismo espacio de apertura, generosidad y receptividad. Entonces, puede que hallen la calidez y la conexión necesaria para cambiar completamente la situación.

En el Mahayana no seguimos nuestras expectativas. De hecho, hacemos lo contrario de lo que nosotros mismos esperamos, que resulta ser también lo contrario de lo que los demás esperan. Por supuesto, actuar así puede asustarnos bastante. Cuando nos comportamos de este modo no convencional, es como si mirásemos desde arriba un pozo inmenso, vacío y oscuro. Sin embargo, saltar a este espacio abierto puede ser fascinante, divertido y liberador. Llegado cierto punto, actuar con un altruismo incondicional hacia los demás es el único modo de liberarnos verdadera y completamente y, de este modo, llegar a ser quienes somos en el fondo.

Vajrayana: la acción más allá del pensamiento conceptual

Las diez prácticas del Hinayana y el Mahayana requieren de una intención, técnica y esfuerzo deliberados. En el Vajrayana entramos en un campo totalmente nuevo donde la acción política va más allá de la intención y el esfuerzo deliberados. De hecho, va más allá incluso del pensamiento conceptual.

El tipo de compromiso que requiere el Vajrayana no es posible cumplirlo sin una gran preparación meditativa e, incluso, en retiro. Aun así, es importante incluirlo en este análisis porque nos muestra dónde culminan finalmente el "buddhismo y la política."

En el Vajrayana se aprende a abrir completamente la consciencia, hasta convertirla en un espejo imparcial que todo lo incluye y en el que todas las situaciones se reflejan al instante. Esta consciencia hace fructificar la práctica del Hinayana y el Mahayana: es sumamente realista porque se fundamenta en la realidad tal cual es; es pura comprensión, porque se integran todas las causas y condiciones kármicas sin excepción, y es el despertar mismo, porque en este estado mental no hay cabida para ningún yo o ningún prejuicio restrictivo en absoluto.

La naturaleza de esta conciencia similar a un espejo es, según el Vajrayana, alegre y dichosa. La alegría es la experiencia interior de la libertad total, y la dicha es ver las cosas exactamente como son, sin ninguna traba, reserva o distorsión. Además, el estado despierto está en constante surgir, por lo que en él siempre hay movimiento y dinamismo: del espacio infinito interior de la mente original emana una inspiración hacia el sufrimiento del mundo de forma espontánea y completamente desinteresada.

Esta inspiración no surge de forma abstracta. Se manifiesta como la respuesta concreta de la consciencia natural (llegado este punto, no se puede hablar de un yo o un sujeto en ningún sentido) a la situación reflejada en el espejo de la mente. Por extraño que pueda parecer, cuando la totalidad de las situaciones políticas se convierte en el objeto de respuesta y cuando esta respuesta no procede de un sujeto autoconsciente, entonces cada aspecto de la situación se afronta del modo más adecuado y efectivo posible.

Éste es el modo como el Vajrayana concibe la renuncia. Cuando el ego abandona la escena, aunque sea momentáneamente, descubrimos una "mente" interior que es inmensa, no tiene miedo y posee sorprendentes recursos. Entonces, la mente en acción no somos "nosotros", sino la naturaleza búddhica, y las acciones resultantes son lo que se conoce como actividad búddhica. Como el Buddha hizo antes que nosotros, al abandonar por completo el "mundo", liberamos nuestra sabiduría interior y ésta se implica completamente con el sufrimiento del mundo, por lo que las personas a nuestro alrededor se benefician directamente de este compromiso político.

El Vajrayana nos lleva gradualmente a una visión del mundo que resulta bastante distinta de cualquier otra que hayamos conocido previamente. En tanto que seres humanos, tenemos un trabajo que hacer. Tenemos muchos problemas y éste es el campo de nuestra actividad, como debe ser, incluso en términos de política dhármica. Pero, como siempre, existe una visión mayor y es que existe una especie de perfección en el universo que incluye toda la felicidad y todo el sufrimiento, todo el dolor y el placer, todos nuestros logros y fracasos e, incluso, nuestra muerte. A partir de un cierto momento, empezamos a experimentarlo todo cuanto sucede como parte de un despliegue perfecto, continuo e intachable de las cosas tal cual son.

Podemos preguntarnos, ¿qué tiene que ver esto con la política? Creo que tiene que ver con la política en algo muy importante, porque cuando comprendes este aspecto de la vida, te ayuda a relajarte, te ayuda a soltarte de tu "yo", que no es poco. Cuando te implicas en algo lo haces menos neuróticamente, menos preocupado por el éxito o fracaso de lo que haces. Relajarse de este modo no significa dejar de intentar conseguir las cosas, sino que uno todavía lo intenta con más fuerza y asume mayores riesgos.

Podemos hacerlo porque sentimos que existe esta visión superior, que, de algún modo, algo mayor que nosotros nos sostiene a todos. Es muy misterioso: en cierto modo, nos sentimos menos implicados en todo cuanto sucede, pero, al mismo tiempo, estamos más implicados, porque hay algo que nos atraviesa y que sólo podemos observar con sobrecogimiento y devoción. Nos sentimos irresistiblemente llamados a servir este "otro", que en cierto modo es al mismo tiempo nuestro yo más interior, a cada respiración y latido de nuestra vida, y en la muerte también. En este proceso, empezamos a ver que nuestra tan a menudo degradada política no es más que un reflejo confuso y distorsionado de algo más: la realidad misma es "política" y ésta es inseparable de un amor imparcial en continuo despliegue hacia todo cuanto existe.

★ ★ ★

Jerry Brown, antiguo gobernador de California y actual alcalde de Oakland, ha estado en contacto con el Zen y es uno de los políticos más interesantes de los Estados Unidos. Roshi Bernie Glass es un maestro zen que ha fundado una serie de exitosas organizaciones de servicio social y construcción de paz. James Gimian es un experto en *El Arte de la Guerra*, que ha estudiado el enfoque buddhista de la política y el conflicto con Chögyam Trungpa Rinpoche. Tuve la suerte de hablar sobre el choque entre los ideales buddhistas y la realidad política con estas tres interesantes y tan diferentes personalidades del mundo de la política.

★ ★ ★

7. UNIR EL CIELO Y LA TIERRA: IDEALES NOBLES FRENTE A LA DURA REALIDAD

UN DEBATE CON JERRY BROWN, BERNIE GLASSMAN
Y JAMES GIMIAN

MELVIN MCLEOD: Quizás el mejor punto para iniciar esta conversación sea buscar una definición básica de la palabra "política".

JERRY BROWN: La política es aquello que concierne a un colectivo: una nación, un estado, una ciudad o una comunidad. No se trata de elecciones personales («Quiero hacer esto» o «Quiero hacer aquello»), sino de actuar junto con otras personas para llegar a un cierto acuerdo práctico sobre una cuestión importante.

La política es distinta de la contemplación o de la amistad personal, aunque la política implica que personas con ideas afines compartan ciertas creencias y ciertas concepciones de lo que está bien y lo que está mal. La política consiste en sortear cuestiones controvertidas, puesto que en una democracia, por definición, se producen muchos desacuerdos. La política se refiere a un proceso de lucha, de competición, de debate y, finalmente, de acordar ciertas acciones mediante ciertos métodos. La política requiere que la gente se escuche entre sí y llegue a un acuerdo para vivir en paz en el mismo lugar.

BERNIE GLASSMAN: Mucha gente habla de la existencia de tres sectores en la sociedad: el gobierno, las grandes corporaciones empresariales y las organizaciones no gubernamentales y los grupos religiosos, que constituyen el sector en el que trabaja nuestra organización. La política de cada uno de estos sectores puede ser muy variada y entre estos tres sectores resulta muy difícil saber quién tiene realmente el control.

JAMES GIMIAN: Cuando preguntáis sobre una definición básica de la *política*, me hace pensar en la experiencia fundamental de la dualidad. Desde el punto de vista buddhista, la dualidad aparece cuando uno experimenta una separación respecto del llamado mundo exterior. En una sociedad, esto significa que siempre que uno se relaciona con otra persona, ésta tendrá necesidades, deseos o aspiraciones que no siempre coincidirán con las propias. Y el proceso para resolver esta situación para que ambas personas puedan ocupar un mismo espacio es básicamente política.

Resulta útil partir desde este punto de vista, puesto que para los buddhistas la cuestión es la siguiente: ¿cómo actuar en el mundo de la política puede convertirse en una continuación de mi práctica? El alcalde Brown ha dicho que la contemplación era diferente de la política, pero yo diría que si la política consiste en resolver asuntos que surgen de la dualidad, lo que en esencia comporta disputas y conflictos, entonces cualquiera que emprende un profunda práctica meditativa para superar la falsa creencia en el ego está llevando a cabo un ejercicio profundamente político. Esto se debe a que está tratando con la causa raíz del dualismo de base, que es lo que conduce al conflicto y origina la necesidad de la política. Aunque pueda parecer muy teórico, creo que éste es el fundamento del ejercicio político en el que el alcalde Brown y el roshi Glassman están profundamente involucrados y que saben expresar tan bien.

Melvin McLeod: La implicación de la religión en la política puede tener un efecto positivo o, como estamos viendo en muchas partes del mundo, puede tener consecuencias muy negativas. Así pues, ¿qué es lo que puede hacer que la incorporación de principios espirituales en la política sea beneficioso y no destructivo?

Bernie Glassman: En nuestro trabajo tenemos tres principios básicos que provienen directamente del aprendizaje buddhista. En primer lugar, cuando entramos en el mundo de la política partimos de la premisa de *no saber*: no empezamos con una solución ya pensada, sino que comenzamos con una profunda escucha y un espacio abierto. El segundo principio es *observar*, conociendo plenamente la situación en la que nos encontramos. Y el tercer principio es *tomar acción*: no contemplamos simplemente cuanto sucede, sino que nos empleamos en tomar acción, aunque a partiendo del no saber y ser testigo. Esto es muy distinto a encontrarse con una situación y decir: «Tengo la respuesta, tiene que ser así». Para mí, esto lo convierte en un enfoque espiritual.

Jerry Brown: En efecto, comenzar con una postura de no saber representa una apertura, mientras que comenzar con una postura de convicción deja menos espacio para la escucha y el aprendizaje de personas que son distintas a ti, por lo que no saber y la apertura son principios muy importantes. Desde luego, en la política no es fácil ser admitido como alguien que "no sabe". La gente espera de las personas a las que vota que sepan a dónde van, incluso si no lo saben, incluso si están llenas de dudas. Pero como principio general, creo que no saber constituye un buen punto de partida.

Creo que lo que la religión y la espiritualidad deberían aportar a la política es un mayor arraigamiento en la sabiduría perenne (como se suele llamar en ciertos círculos), un arraigamiento en las tradiciones de la gente. En función del lugar donde vive la gente y cuál es su educación, existen principios que se transmiten de una generación a otra y éstos representan los cimientos de la identidad de la gente. En el corazón de estas tradiciones se hallan comprensiones acerca del modo como debemos tratarnos los unos a los otros y el modo como debemos vivir. Estas comprensiones son más básicas que los principios de una campaña electoral, que no son más que ideas tácticas y principios económicos fundamentados en premisas limitadas como la carestía y la optimización de los recursos. La economía domina la política, pero estoy convencido de que la experiencia espiritual directa y los axiomas fundamentales de la tradición religiosa constituyen una serie de puntos de referencia mucho más básicos y globales. Esto es lo que necesitamos hoy, puesto que el análisis costes/beneficios, esto es la reducción a la eficiencia, se vuelve inhumano, hostil y destructor del entorno cuando se lleva más allá de cierto punto. Veo nuestra experiencia espiritual directa y la sabiduría tradicional con la que la gente ha crecido como un contrapunto a la hegemonía del pensamiento económico.

MELVIN McLEOD: Que no es más que un nihilismo radical, una visión mecanicista de las relaciones humanas...

JERRY BROWN: Pensaba que es muy ilustrador que cuando se introdujo la vacuna de la varicela, el razonamiento fue el siguiente: las madres asalariadas pierden *X* días de trabajo debido a que sus hijos padecen la varicela y ello tiene un coste de una cantidad *Y* de dinero. Como la vacuna cuesta considerablemente menos, deberíamos introducirla. No hubo ningún comentario sobre la reducción del sufrimiento o el aspecto humano, sino sólo la propuesta abstracta de su impacto en el producto nacional bruto. Esto es a lo que me refiero.

JAMES GIMIAN: Un modo de enfocar esta cuestión consiste en distinguir entre *religión* y *espiritualidad*. Si por religión nos referimos a una organización establecida o un sistema de creencias que una persona utiliza para dar sentido a su existencia, entonces sólo se está utilizando la religión para crear más territorio y ello dificulta actuar con eficacia en política, porque si intentas solidificar tu noción de la identidad personal, entonces se crea más dualidad y más conflicto, a diferencia de lo que podríamos llamar espiritualidad y que intenta crear una mayor apertura. Entonces te dispones a buscar una solución que trascienda tus propios propósitos e incluya los objetivos de todas las partes, con lo que el desenlace puede ir más allá de lo que habías creído posible.

Existe una interesante dinámica entre el espacio abierto inicial y el primer momento en que empiezas a actuar. Mientras que la apertura y no saber resultan básicos para crear una base en la que poder resolver un conflicto, ello también se hace con algún tipo de dirección o visión determinada. Así pues, en cuanto inicias una acción, la gente empieza a posicionarse en relación a ella y se pregunta: «¿Qué se propone?» Así que, ¿cómo expones una determinada concepción y, al mismo tiempo, mantienes una apertura?

BERNIE GLASSMAN: Yo utilizo la metáfora de un carpintero. El carpintero tiene una caja de herramientas que ha ido acumulando a lo largo de su vida. Un día, alguien le llama y le dice que su puerta está estropeada. Ir con un punto de vista de saber sería como llegar agarrando una herramienta en particular. Quizás sea un martillo, por lo que uno llega y empieza a darle martillazos a la puerta. La postura de no saber consiste en que uno llega con todas sus herramientas y observa la puerta. ¿Dónde está atascada? ¿Cuál es el problema? Entonces uno saca la herramienta adecuada.

Es muy importante tener muchas herramientas, tener las concepciones e ideas a las que hacías referencia, pero no en el sentido de que cuando uno afronta una situación ya sostiene una en particular. Uno llega con una profunda escucha, con una profunda apertura y, entonces, utiliza las herramientas adecuadas.

JAMES GIMIAN: ¿A caso no aparece el conflicto si uno no está dispuesto a reparar la puerta del modo que el propietario desea? Si ambos tenéis una discrepancia fundamental, ¿querrás entonces arreglar esa puerta sea cual sea el modo en que lo quiera el propietario? ¿Tanto si es el mejor modo de repararla como si no?

BERNIE GLASSMAN: En primer lugar, no creo en una utopía de ausencia de conflicto. Hagas lo que hagas provocará conflicto en cierto modo y paz en otro. Estamos considerando la reducción general del sufrimiento, pero es imposible que lo que uno hace no sea causa de conflicto en algún lugar. No se puede empezar diciendo que se van a eliminar todos los conflictos. Pienso que el enfoque de no saber y observar es el modo más efectivo de reducir el sufrimiento, pero tan pronto como se actúa se genera todo tipo de conflictos. Cualquier acción que se realice provocará algún conflicto, con tu esposa, con tu comunidad o con cualquier otro.

Jerry Brown: Oliver Wendell Holmes, en su gran obra sobre el derecho consuetudinario, dijo: «Los hombres deben actuar y, cuando actúan, hay consecuencias.» Creo que existen ciertos puntos de referencia de los que nos podemos servir para elegir cómo actuar. Uno es el bienestar de todas las personas. Existe cierto nivel de bienestar material y de posibilidades intelectuales e imaginativas que cada niño trae al mundo, y éste es un punto de referencia que podemos usar para medir qué tal va nuestra comunidad, nuestro país o nuestro mundo.

En segundo lugar, está el medio ambiente: los océanos, los ríos, la tierra, el aire, todos estos sistemas interconectados que están siendo alterados en mayor o menor medida. El medio ambiente puede ser un punto de referencia para lo que deberíamos hacer en referencia a la producción, los empleos, la movilidad o la obtención de bienes. Así pues, existen dos puntos de referencia que podemos utilizar para juzgar nuestras acciones: su impacto en cada persona y su impacto en otras formas de vida y la ecología en general.

Melvin McLeod: Nos encontramos con uno de los mayores problemas de la acción política desde un punto de vista espiritual. La política es un terreno intrínsecamente conflictivo y dualista, y para actuar políticamente hay que tomar una postura determinada. Pero, ¿cómo hacerlo sin contribuir al conflicto y la división que radica en el corazón del problema? ¿Cómo se toma partido sin tomar partido?

Bernie Glassman: En mi libro *Instructions to Cook*, basado en la obra clásica del maestro zen del s. xiii Dôgen, el tema principal es que para cocinar primero hay que ver los ingredientes con la mayor claridad posible y, entonces, preparar el mejor plato con esos ingredientes: no con los ingredientes que no tenemos, sino con los que disponemos. Preparamos el mejor plato que podemos y lo ofrecemos. Puede ser asqueroso o delicioso, no podemos saberlo de antemano ni éste es nuestro papel.

No tengo que esperar tener un determinado ingrediente adecuado, tanto si se trata de dinero, la iluminación, el conocimiento de un chef o cualquier otro. Debo arreglármelas con los ingredientes de que dispongo y saber que ciertas personas detestarán ese plato y otras lo adorarán. Mi trabajo consiste en tomar esos ingredientes, hacer lo mejor que pueda con ellos y ofrecer mi plato. No creo en ninguna utopía, ni en esperar a que aparezca un mundo sin dualidad, una realidad iluminada o que yo mismo alcance plenamente la iluminación, o cualquiera de estas cosas. A cada momento suceden cosas y yo tengo que hacerlo lo mejor que sepa.

JAMES GIMIAN: Lo que conecta la práctica personal a la cuestión de cómo actuar en el mundo sin perpetuar la confusión fundamental de la dualidad es incluirse uno mismo en el proceso. Hay que actuar sobre uno mismo y no pensar que uno simplemente actúa en una realidad externa. Cuando hablamos del voto del bodhisattva y de anteponer los demás a uno mismo, lo hacemos a partir de la experiencia de la vacuidad. Se comprende que las acciones que uno realiza no están destinadas a satisfacer el propio apego y posición. Al mismo tiempo, se comprende que uno actúa para favorecer un bien mayor. Si estas dos comprensiones van de la mano, entonces no hay que esperar a que llegue el momento perfecto. Se empieza justo donde se está.

MELVIN MCLEOD: Alcalde Brown, usted es la única persona en esta conversación que puede ser identificada claramente como miembro de un partido político. Se le conoce por representar un determinado polo en el espectro político, un territorio o posición determinada. ¿Por qué cree usted que afiliarse a un partido político es el mejor modo de actuar políticamente?

JERRY BROWN: Bueno, el hecho es que es el mejor modo porque corresponde con las condiciones actuales en los Estados Unidos. Un 75% de los votantes lo hace por uno de los dos grandes partidos, lo que deja un espacio muy pequeño para un candidato independiente. El partido es un marco que simplifica las cosas, pero ningún partido puede creerse depositario de la verdad. Como dijo Nietzsche: «El hombre que piensa no es un hombre de partido». Creo que probablemente sea cierto. Si uno es miembro de un partido político, lo único que sucede es que se da una cierta orientación de cuáles son las preferencias de uno. Los republicanos tienden a querer mantener los impuestos bajos y a proteger la riqueza y la propiedad. Los demócratas tienden a intentar igualar las cosas a través de la instrumentalización del gobierno. Pero ambos enfoques conllevan numerosas consecuencias negativas cuando se llevan demasiado lejos o en la dirección errónea, por lo que se trata de una confrontación entre aproximaciones imperfectas.

Muchas de las cosas que se hacen en política no son más que pequeños ajustes del flujo constante de la actividad económica y política. No es como si pudiésemos mirar en nuestra caja de herramientas y cambiar el mundo. No se puede programar a los seres humanos, ni debería hacerse. En política nos encontramos con una determinada situación y elegimos de un modo relativamente limitado.

Así pues, diría que debemos tener un cierto grado de modestia en cuanto a qué es posible en política y reconocer que los partidos no son profundamente distintos. Si observamos las diferencias entre la gente, los partidos son sólo una parte de ellas. El origen étnico es otra parte, la procedencia geográfica es otra y, quizás, el sexo sea otra parte. Todos poseemos estas categorías en las que nos encontramos inmersos y que chocan entre ellas. Pero incluso si uno se encuentra en una de estas categorías (eres un hombre o una mujer, estás por encima de los 65 o por debajo, eres demócrata o conservador), todas ellas no son más que meras aproximaciones. Nos dicen cosas importantes acerca de las personas, pero el ser humano las trasciende todas. Y esto es lo que deberíamos tener en cuenta a la hora de tomar las decisiones realmente importantes.

MELVIN MCLEOD: Los buddhistas norteamericanos, o al menos sus miembros más destacados, suelen orientarse hacia el lado liberal del espectro político. ¿Se trata de un reflejo de los valores propios del buddhismo o simplemente del tipo de occidentales que se han sentido atraídos por el buddhismo en los últimos años?

JAMES GIMIAN: Mucho de lo que estamos viendo en los Estados Unidos se debe a una determinada generación, a la que podemos referirnos en general como los hijos del *baby boom* y que han formado y encabezado ampliamente las comunidades buddhistas norteamericanas. Además, el buddhismo todavía es un fenómeno nuevo y marginal en Occidente. No está integrado en la sociedad, como lo está en Asia. Quizás en un par de generaciones, si crece y sobrevive, si se integra en la sociedad y ésta se lo hace suyo, quizás veamos distintos valores reflejados en la comunidad buddhista, valores conservadores relacionados con el mantenimiento de una tradición. Pero por ahora, los buddhistas son, por lo general, personas que reaccionaron frente a un determinado momento en la historia y buscaron soluciones espirituales para problemas que eran profundamente políticos, profundamente sociales.

Melvin McLeod: Roshi Glassman, ¿cree usted que los valores buddhistas implican tener una determinada postura política, como ser liberal?

Bernie Glassman: No lo creo. Si observamos la historia, por ejemplo la de Japón, el buddhismo no tuvo un papel liberal. No pienso que podamos decir del buddhismo en general lo que usted ha dicho del buddhismo en Occidente. En los años sesenta, el buddhismo atrajo a un determinado sector de la población occidental que provenía del ala liberal. Pero estoy de acuerdo con Jim en que, con el tiempo, cuando esté más asentado, el buddhismo no será sólo liberal, sino que incluirá todo el espectro de la población.

Jerry Brown: En política muchos acuerdos e ideas son pasajeros, durante un tiempo están de moda y luego dejan de estar en boga. No creo que podamos evitar posicionarnos en relación a ciertos acuerdos temporales (ello forma parte de lo que significa ser humano), pero no considero que el buddhismo vaya a alinearse con una determinada categoría política que irá cambiando con el tiempo. Me parece que debemos ir más allá de estas cosas, aunque cada una de las formas de ser buddhista (desde el Tibet hasta California, pasando por Japón) desarrollará sus propios rituales, liturgias y costumbres como expresión de su propia experiencia del buddhismo.

Bernie Glassman: En efecto, ¡la diferencia entre el buddhismo de Tejas y el buddhismo de California será enorme!

Melvin McLeod: Más allá de las cuestiones administrativas, existen problemas profundos en la acción política, como el partidismo despiadado y el sentimiento de desencanto general de los votantes, ¿Qué podríamos hacer para dar a la acción política cierta dignidad, cortesía y respeto?

JERRY BROWN: Uno de los motivos por los que la política tiene tan mala reputación es que los políticos, para poder seguir con su trabajo, deben asumir intereses muy dispares y tamizarlos, puesto que gente con ideas muy distintas debe sentirse representada por ellos. De este modo, los políticos no pueden siempre ser del todo precisos y, así, se ganan la reputación de hablar de forma poco sincera. Aunque la propia gente a la que representan no es capaz de ponerse de acuerdo entre sí, ésta cuenta con un solo representante, lo que requiere que la acción política deba ser habilidosa y ello puede dar lugar a una visión desconfiada de los políticos.

Pienso que los fundamentos de la no violencia y el trato a las personas con un mayor cuidado son ideas poderosas que habría que introducir para poder sobrellevar el bullicio de la política. La naturaleza conflictiva de la competitividad política siempre requiere de la función correctiva de la interrelación, de la no violencia.

BERNIE GLASSMAN: Las prácticas de no saber y la escucha profunda me han llevado a intentar poner todas las opiniones encima de la mesa. No es algo especial del buddhismo, pero creo que si uno viene de una visión profunda del buddhismo y se reconoce la interconexión de la vida, hay que escuchar todas las opiniones, todos los aspectos de uno mismo. Esto cambia radicalmente la acción política. Cuando construí Greyston Mandala para el desarrollo comunitario y el servicio social, involucré a demócratas y republicanos. La gente me decía: «No trates con las iglesias, lo fastidiarán todo». Y yo involucré a las iglesias. Me dijeron: «No trates con el Gobierno». Y yo involucré al Gobierno. Intenté incluir a todas las opiniones en el debate. No siempre resulta fácil sentar a la gente en una misma mesa, pero es algo extremadamente útil que el buddhismo puede aportar a la acción política.

James Gimian: Si la pregunta es cuál puede ser la contribución especial del buddhismo a la política, pienso que podría consistir en mantener una perspectiva radical en toda acción política. Por radical me refiero a volver siempre a las raíces. Desde una perspectiva buddhista, la realidad fundamental tiene que ver con la verdad del sufrimiento. Aceptamos que habrá una cierta insatisfacción y no intentamos ignorarlo ni ocultarlo, porque a menudo la ocultación de algo es lo que perpetúa el conflicto.

Junto con el sufrimiento, tenemos la ausencia de ego y la transitoriedad de todas las cosas, que son las otras dos de las tres marcas de la existencia. Las cosas cambian constantemente y esto asusta a mucha gente. Además, en el ámbito de la política, a la gente no le gustan los cambios, pero que las cosas fluyen constantemente (cambiando tanto desde un punto de vista interior como exterior) es una verdad fundamental de la existencia humana, y si nos damos cuenta de ello, ayudaremos a la gente a sentirse más cómoda con este hecho.

Todo esto nos conduce a una amabilidad más natural y pienso que al final esto es de lo que se trata. La consecuencia de este tipo de perspectiva radical es una amabilidad natural que hace posible trabajar con distintos grupos de personas y llegar a soluciones que ni siquiera éstas podían imaginar en un principio.

Melvin McLeod: El buddhismo afirma que la verdadera respuesta al sufrimiento humano es de tipo espiritual. Así pues, ¿cuáles son los límites de lo que puede conseguirse en la política? Lo contrario sería: si realmente queremos cambiar las cosas, ¿tendremos que exponer un punto de vista espiritual? Por ejemplo, Roshi Glassman, puede usted influir decisivamente en la situación del Oriente Próximo con medios meramente políticos, o tendría que actuar en cierto modo en tanto que maestro espiritual?

BERNIE GLASSMAN: No creo que deba actuar como maestro espiritual para ello. Tengo la impresión de que para influir realmente hay que tratar con todos los aspectos de la situación. No se puede dejar de lado ningún aspecto. En Oriente Próximo nos encontramos ante el ámbito de la política, el ámbito de la acción social, el ámbito de la religión, el ámbito de la cultura. Creo que habría que tratar con cada una de estas esferas. Sea cual sea la que se deje de lado, ésa será la que destruirá todo progreso.

JERRY BROWN: Debo decir un par de cosas. En primer lugar, creo que la idea de que podemos tener un gran impacto en esta realidad tan complicada llamada mundo (con todos sus miles de millones de personas y todos estos complicados sistemas de los que nosotros sólo formamos una pequeña parte) es algo disparatada. No sé qué decir sobre esto. Sin embargo, al mismo tiempo, trabajo con la idea de que estoy haciendo algo que tiene algún impacto positivo. Así que nos encontramos ante una postura paradójica de impotencia y al mismo tiempo de sentirse capaz.

En segundo lugar, no resulta fácil presentarse ante la gente con enseñanzas espirituales cuando se es un político y se ocupa un cargo electo. Sería difícil que te escucharan, a menos que se hablara con mucho cuidado. Todavía me acuerdo de Koun Yamada Roshi, que decía cuando viví en Kamakura: «Ustedes mismos están completamente vacíos». No creo que vaya a decir algo así en un pleno del Ayuntamiento y mucho menos en una campaña electoral o en "Hardball".[1]

Cuanto más podamos hablar en un sentido llano, cuanto más podamos decir verdades sencillas y directas, más nos es-

---

1. "Hardball" es un popular programa televisivo de actualidad política que emite la cadena norteamericana MSNBC. (*N. del T.*)

cuchará la gente. Tampoco podemos quedarnos atrapados en las expresiones de moda. Existe una gran jerga política. Lo importante es hablar utilizando las mismas palabras que cuando se habla con un amigo o cualquier otra persona. Las palabras más llanas tienen una gran fuerza porque no son ni abstractas ni están distorsionadas. El hablar llano es muy poco frecuente, pero posee una fuerza que debe emplearse constantemente para afrontar la política de nuestro tiempo.

James Gimian: Pienso que lo que acaba de expresar el alcalde Brown representa una perspectiva muy buddhista, que no tiene que ver con una religión sino con nuestra experiencia humana fundamental. Si uno puede expresarlo desde lo más hondo de uno mismo, será una gran contribución al mundo de la política.

★ ★ ★

Único entre los maestros buddhistas modernos, el difunto Chögyam Trungpa Rinpoche ofreció al mundo una visión política y social global basada en el conocimiento de la práctica meditativa. Su visión de una sociedad humana despierta se basaba en un conjunto de enseñanzas conocidas como Shambhala, un reino legendario donde la espiritualidad, la política y la cultura estaban perfectamente unidas. El biógrafo de Chögyam Trungpa, Fabrice Midal, hace un resumen de las enseñanzas de Trungpa acerca de cómo una sociedad despierta puede convertirse en una realidad.

★ ★ ★

8. CREAR UNA SOCIEDAD DESPIERTA: LAS ENSEÑANZAS DE SHAMBHALA DE CHÖGYAM TRUNGPA

Fabrice Midal

En la Ruta de la Seda que transcurría por Asia Central, existen muchas leyendas y relatos míticos e históricos acerca de la existencia de un reino pacífico y próspero llamado Shambhala. Sus habitantes vivían dignamente y en completa armonía entre sí. Esta tierra ha sido una fuente de inspiración para tradiciones culturales, artísticas, políticas y militares a lo largo de gran parte de Asia.

Supuestamente, Shambhala se localiza al norte de la India y el Himalaya, pasado el río Sita, en lo que hoy es el Turkestán oriental. Pero, básicamente, como explicaba Chögyam Trungpa Rinpoche, hay que buscarlo «en el centro de Asia, en el centro o corazón de Oriente». Se trata del eje físico y espiritual de esta región del mundo. Allí la gente goza de excelentes cosechas y grandes riquezas, vive en la felicidad y libres de enfermedad. Todos sus habitantes se entregan a la práctica de la meditación. El camino a Shambhala es sobre todo espiritual.

La visión de Shambhala enseñada por Chögyam Trungpa muestra la unidad fundamental existente entre la perspectiva espiritual y la vida social. En sus palabras: «Se podría decir que el reino de Shambhala fue un reino mítico o real [...] La espiritualidad se secularizó, lo que significa que las situaciones de la vida cotidiana se manejaban de forma adecuada. La vida no se basaba en el culto a una divinidad o en una práctica religiosa intensiva, como tal. En cambio, el maravilloso mundo de Shambhala se basaba en relacionarse de una forma real con la vida, el cuerpo, la comida, la casa, la situación del matrimonio, la respiración, el medio ambiente, el estado de ánimo».

Mientras que muchas enseñanzas buddhistas enfatizan la necesidad de renunciar a la sociedad civil (como ejemplifica la vida del propio Buddha, quien alcanzó el despertar después de abdicar el trono y abandonar su hogar), la visión de Shambhala nos invita a trabajar para construir un reino así. Como señalaba Rinpoche: «Muchas religiones han alentado a las personas a convertirse en monjes o monjas [...] Aunque el monacato es algo muy común, en cierto modo también es un nivel de existencia exaltado o sublimado. En las enseñanzas de Shambhala nuestra principal preocupación es trabajar con la sociedad. Queremos desarrollar una sociedad despierta que esté basada en la idea del dejarse ir puro».

Cuando les pedía a sus propios discípulos que se casaran y se buscaran un trabajo, Trungpa Rinpoche no estaba renunciando a parte de la tradición auténtica del buddhismo. No estaba suavizándola, ni tampoco la estaba adaptando, sino que estaba resaltando su fin último. Estaba pidiendo a sus discípulos que vieran todas las apariencias, todo cuanto percibimos, desde el punto de vista de la sabiduría, para, de este modo, desarrollar una visión sagrada que les permitiese comprender la pureza primordial de todos los fenómenos. Las enseñanzas de Shambhala no nos piden que abandonemos el mundo de la verdad relativa por el de la verdad última, puesto que ambos son intrínsecamente uno.

LA CRISIS ESPIRITUAL DE OCCIDENTE

En nuestra época, nos encontramos completamente alienados de nosotros mismos y hemos perdido la conexión con las tradiciones iniciáticas, esto es la transmisión de la influencia espiritual o las enseñanzas tradicionales. Esto es lo que se conoce comúnmente como la crisis espiritual de Occidente.

Las distintas formas de transmisión ya no llegan hasta nosotros, parecen tan remotas y abstractas que ya nadie sabe cómo incorporarlas en su vida. Su capacidad de transformar las existencias de aquellos que las reciben se ha visto reducida considerablemente. Se ha roto la cadena tradicional de iniciación.

Las enseñanzas de Shambhala ofrecen la posibilidad de redescubrir un camino espiritual que no depende de ningún dogma, a pesar de estar profundamente arraigado en una tradición antigua. Aunque se trata de enseñanzas tradicionales, no son de tipo religioso. En cambio, nos invitan a todos nosotros a descubrir el camino en *nosotros mismos*. En este sentido, la afirmación de que el Reino de Shambhala existe realmente en el corazón de cada persona no es una mera figuración, sino que describe con precisión las aspiraciones más profundas de toda persona.

En la "noche sagrada" que se cierne sobre Occidente, como la describe el poeta alemán Friedrich Hölderlin, la espiritualidad auténtica ya no es algo común. A continuación, existen distintas posibilidades. Podemos inventar nuevos caminos que se adecuen a nuestras demandas escuchando nuestra propia "voz interior", con lo que se corre el riesgo de reducir esta oportunidad a un mero proceso psicológico individual, desprovisto de cualquier disciplina real. También se pueden adoptar los dogmas de una religión y, de este modo, contar con los puntos de referencia necesarios para tener la certitud de que se está en el camino correcto. O, en cambio, en uno mismo puede descubrirse el camino de una tradición completamente distinta.

Se trata de esta última posibilidad la que Chögyam Trungpa ofrecía de un modo tan sorprendente en sus enseñanzas de Shambhala. Por encima y más allá de cualquier moral y de toda norma de conducta, la gente debe hallar su propio camino íntimo a casa, lo que significa redescubrir su propio corazón. Este descubrimiento es inseparable de cualquier disciplina verdadera y sólo puede hacerse renunciando a nuestra frivolidad. Sin embargo, este aprendizaje no soluciona ningún problema, sino que abre el camino y nos empuja a explorar con mayor profundidad nuestra relación con nosotros mismos y el mundo, por lo que un camino así no nos protege de la dureza de la realidad y las aflicciones de nuestra época, sino que nos arrastra a su interior de un modo más completo.

Trungpa Rinpoche era consciente de la crisis que afecta a Occidente e intentó comprender cómo podían resolverse sus problemas sociales. Su interés por la política era una respuesta a las aflicciones de nuestra época. Pensaba que las cosas habían llegado a tal punto y la confusión de nuestro mundo estaba tan profundamente arraigada que sería un error trabajar sólo en la práctica espiritual. Rinpoche disuadía a sus discípulos de aislarse o separarse completamente del mundo, por lo que no recomendaba hacer retiros de larga duración, aunque reconocía la importancia de la práctica del retiro como un medio para desvelar la confusión y conectar con la simplicidad como base de toda acción.

Chögyam Trungpa se dio cuenta de que la cultura occidental contemporánea no estaba encaminada a promover el despertar o la salud en los seres humanos, sino que muchos aspectos de la cultura occidental tendían a adormecer a la gente, especialmente debido al énfasis que ponía en un mayor confort material, psicológico e incluso espiritual. La búsqueda del confort hace que las personas sean incapaces de realizarse en tanto que verdaderos seres humanos e imposibilita que desarrollen una disciplina auténtica, que es la fuente de la verdadera felicidad.

LA BONDAD FUNDAMENTAL

El corazón humano es el "centro invariable" donde puede hallarse el Reino de Shambhala. Éste no puede contaminarse ni ensuciarse. Siempre que nos encontramos con él en su desnudez fundamental, experimentamos lo que Chögyam Trungpa llamaba la *bondad fundamental*. Esta expresión es uno de los conceptos centrales de sus enseñanzas. Ahora debemos intentar comprenderlo, porque se trata del terreno sobre el que podremos sembrar la semilla de una sociedad despierta.

La bondad fundamental es la pureza inherente en todas las experiencias, la apertura que se presenta en cada situación, por lo que no se ve condicionada por las circunstancias en las que nos encontremos. Este estado primordial se encuentra libre de cualquier impureza, de cualquier duda o conceptuación que pueda alejarlo de su experiencia espontánea y directa. Incluso si la apertura fundamental se halla cubierta, como el cielo por las nubes, jamás puede ser alterada, al igual que las nubes nunca afectan al cielo. La bondad fundamental se manifiesta en cada instante de pura presencia. Incluso si son fugaces, estos instantes forman una continuidad en nuestra experiencia que nos pone en contacto con algo más allá de toda medida.

La palabra importante en esta expresión es *fundamental*, puesto que indica el aspecto primordial de la experiencia, independientemente de cualquier circunstancia. En cuanto a la palabra *bondad*, nos resulta sorprendente, incluso molesta, dado todo el mal, engaño, cobardía e hipocresía que observamos constantemente en nosotros y el mundo. Pero no se trata de un concepto moral. Decir que todos somos buenos no es la expresión de la opinión personal de Trungpa Rinpoche, ello sería tremendamente inocente. Por el contrario, se trata de que nos demos cuenta de nuestra tendencia a no ver la apertura, fundamental y bondadosa a la vez, que nos constituye.

La palabra *bondad* acentúa todavía más la palabra *fundamental* y nos hace percibir su verdadera implicación. Nos invita a dejar que el espacio primordial de nuestra propia naturaleza se desvele en toda su plenitud. Cuando nos relajamos en lo que es fundamental, aparece su "bondad", si bien, a decir verdad, el buen corazón en esencia no es ni bueno ni malo. Simplemente es lo que es.

Chögyam Trungpa utilizaba el término "bondad" con una gran precisión, puesto que etimológicamente significa "sin falta". La bondad fundamental es sin tacha porque es nonata y, por lo tanto, no puede morir. Es incondicional, no depende de nada. En una entrevista de 1985, Trungpa Rinpoche decía: «Normalmente, la religión se relaciona con castigarse a uno mismo. La gente todavía tiende a tomarse en serio el pecado original, pero deberían abandonar esta idea. ¡Quizás la bondad fundamental llegue a reemplazar el pecado original!» Antes de realizar ningún juicio, antes de cualquier doctrina, es posible contactar con nuestra propia inteligencia, así como con la verdadera realidad, y descubrir los recursos que contiene.

Otro aspecto de este estado de despertar, esta apertura que constituye al ser humano, es la afectuosidad y la receptividad. Sea cual sea nuestra cultura, nuestra raza o educación, los seres humanos nacemos con esta ternura fundamental, esta capacidad de sentirnos emocionados por el mundo, de sentirnos tristes y llorar, de sentirnos alegres. Se trata de cualidades tremendamente sencillas, pero que podemos reconocer y cultivar o no. Cuando somos auténticos, apreciamos el mundo. Puede tratarse de algo tan simple como ver a un perro sarnoso mordiéndose la cola o las nubes cruzando el cielo en señal de nevada, el hecho de perder un tren que se pone en marcha justo en el momento en que llegamos al andén o una interpretación musical especialmente maravillosa. De repente, nos emocionamos. Ésta es la semilla de una apertura que puede llamarse como la experiencia de la bondad fundamental.

Así pues, esta expresión designa un estado de presencia y atención desnuda, la ternura y la afectuosidad de un corazón abierto y la experiencia suprema del despertar con su benevolencia hacia los demás. En estos momentos el mundo se muestra más preciso e inocente: «Cuando las cosas se vuelven tan mezquinas y miserables, es que el reconocimiento de la sencillez se ha perdido por completo –escribía Chögyam Trungpa–. Entonces hay que introducir una mayor dignidad y bondad en la situación. Las personas han perdido su fortaleza y se han vuelto débiles». En este sentido, todas las percepciones sensoriales que surgen de forma espontánea representan oportunidades para conectar con la bondad fundamental.

La bondad fundamental se halla en el corazón de las enseñanzas de Shambhala. Para muchas personas se trata de un auténtico koan cuyas implicaciones sólo pueden captarse en la práctica de la meditación. Se trata tanto de la base del camino como su resultado. Después del aprendizaje del reconocimiento, una y otra vez, de cada momento de nuestra experiencia particular, descubrimos la posibilidad incondicional de confiar en nuestro corazón.

Éste es el comienzo de lo que Trungpa Rinpoche llama el "camino del guerrero" y que constituye la base para crear una sociedad despierta. Aquí, una sociedad despierta no se refiere necesariamente a una sociedad en particular, sino que hay que entenderla en primer lugar como una inspiración que puede enriquecer todos los aspectos de nuestra relación con el mundo, una inspiración que ha tomado distintos nombres en distintas épocas de nuestra historia. Una sociedad despierta no es algo que haya que alcanzar o por lo que se deba luchar, sino más bien una fuente de inspiración en nuestro momento presente.

LA NECESIDAD DE UNIR LA ESPIRITUALIDAD Y LA POLÍTICA PARA AYUDAR A LOS DEMÁS

Chögyam Trungpa era consciente de las limitaciones de cualquier enseñanza que no profundizara en las estructuras más recónditas de la mente. Especialmente en relación a sus discípulos más próximos, aquéllos a quienes encomendaría continuar la tradición que les estaba transmitiendo, no era suficiente practicar la meditación unos minutos cada día o seguir algunas enseñanzas durante las vacaciones o los fines de semana. Ni siquiera era suficiente vivir con una actitud altruista. Él esperaba que el buddhismo y las enseñanzas de Shambhala fueran incorporados en cada esfera de la vida, no sólo transformando nuestras mentes, sino también los detalles de nuestra forma de vivir. Esta visión de gran alcance, esta perspectiva que sacude nuestras creencias habituales, está relacionada con la idea de fundar una sociedad orientada hacia la realización del despertar.

Para comprender las bases de sus objetivos "políticos" y su conexión intrínseca con su visión del desarrollo espiritual, primero debemos examinar cuáles son las motivaciones del practicante del camino de Shambhala y el camino buddhista del Mahayana. El modelo Mahayana del practicante sabio y realizado es el bodhisattva, cuya motivación siempre es ayudar a todos los seres.

Desde el punto de vista del Mahayana, el sentido de disminuir nuestra confusión es que ello nos posibilita trabajar de un modo más coherente y efectivo por el bien de todo el mundo. En palabras de Rinpoche: «El punto de vista fundamental del Mahayana consiste en trabajar por el bien de los demás y crear unas condiciones que sean beneficiosas para los demás. De este modo se adopta la actitud de querer entregarse a los demás y cuando se tiene esta actitud se empieza a comprender que los demás son más importantes que uno mismo». Gracias a esta motivación, el camino del practicante se vuelve auténtico y vivo y deja de ser algo teórico. El compromiso social de Chögyam Trungpa procedía de este principio.

Para él, había una profunda unión entre el mundo espiritual y el mundo político, hasta tal punto que separarlos significaba perder de vista su armonía original. Su proyecto "místico", siguiendo el término utilizado por el filósofo Charles Péguy, tenía en cuenta esta unión original. Su propósito era incorporar la dignidad humana en la propia vida, de un modo que no se limitaba a la espiritualidad. Trungpa Rinpoche decía: «Las personas que están involucradas con una disciplina espiritual tienden a no querer saber nada de sus vidas ordinarias y ven la política como algo mundano e indeseable, sucio». Sin embargo, para Chögyam Trungpa, la política tenía una importancia fundamental. Quería crear un ámbito en el que la espiritualidad y la política ya no estuvieran separadas.

Entre 1976 y 1978, ya empezó a hablar de su concepción de la sociedad. Además de exponer las enseñanzas fundamentales del buddhismo y crear las condiciones apropiadas para la práctica y el estudio del buddhismo y de Shambhala, también tenía la intención de crear una comunidad auténtica. En este sentido, se mostró como un revolucionario social y, en el mejor sentido de la palabra, como un político. El último gran proyecto y, quizás, más visionario en la vida de Trungpa Rinpoche fue impulsar el desarrollo de una sociedad despierta, que él describía como el Reino de Shambhala. Y él quería ver realizado este proyecto, no sólo en términos metafóricos, sino encarnado en la sociedad humana, en la Tierra.

Esto revela el carácter único de la obra de Chögyam Trungpa, puesto que, a mi conocimiento, ningún otro maestro buddhista en Occidente ha intentado realizar un proyecto tan radical, ni siquiera en un grado mucho menor. No se limitó a aconsejar a la gente cómo podía llevar su vida. Sin duda no quiso hacerse el sabio, no inventó ninguna teoría política nueva ni soñó en una nueva utopía. En cambio, mostró cómo crear una sociedad auténtica en términos concretos. Enseñó que un gran proyecto o visión "universal" no es más que un concepto intelectual si no toca de pies en el suelo de un modo concreto e individual. «La idea de una sociedad despierta proviene del nivel del fregadero, del dormitorio –decía–. Si no, no hay ninguna sociedad despierta y todo no es más que una patraña.»

En otras palabras, Chögyam Trungpa no se veía a sí mismo como un filósofo político. Por encima de todo, él era un hombre de acción que quería transformar el mundo con la transformación de la percepción de las personas y su modo de vivir. Por muy bien formulada que resultara su crítica de nuestra sociedad, su propósito principal era cambiar nuestra forma de vivir, de un modo que era bastante radical para Occidente.

CREAR UNA SOCIEDAD DESPIERTA

Pero, entonces, ¿cómo es posible unir la necesidad de una transformación interior auténtica, una disciplina tan rigurosa como profunda, con el deseo de actuar en el mundo y dedicar nuestras vidas a los demás?

Allen Ginsberg, poeta de la generación beat, participó activamente en las manifestaciones en contra de la guerra de Vietnam y estuvo involucrado en otros movimientos políticos que buscaban transformar el mundo. Por ejemplo, como un buddhista activo, el 11 de junio de 1978, en la planta de armamento nuclear de Rocky Flats, fue uno de los manifestantes que se sentó a meditar en la vía del tren para impedir la entrega de material nuclear destinado a la fábrica de armamento.

Rinpoche pensaba que este tipo de acciones comportaban ciertos problemas y que eran más bien inefectivas y limitadas. Comentando la máxima del Mahayana que afirma: «Cuando el mundo está lleno de maldad, transforma todas las desgracias en el camino del bodhi», él decía: «Cualquier cosa que suceda en tu vida (problemas medioambientales, problemas políticos o problemas psicológicos) debe transformarse en parte de tu lucidez o bodhi (...) [Los manifestantes] sólo reaccionan en contra de un mundo lleno de maldad y no son capaces de transformar las desgracias en el camino del bodhi».

Para Trungpa Rinpoche, este tipo de manifestaciones a menudo contenían una expresión de agresividad que no puede conducir a un cambio social verdadero. Para él era mucho más importante actuar en un plano realmente político.

Una de las características del mundo moderno es que refuerza el individualismo. Tras algunos años en Occidente, se dio cuenta que este individualismo obsesivo, basado en el culto a la subjetividad de cada persona, estaba contribuyendo a la creación de un clima de aflicción y alienación que todavía dificultaba más establecer una sociedad verdadera.

¿Cómo podemos vivir juntos si constantemente nos movemos por la competitividad como un modo de autoafirmarnos? La relajación esencial que podemos experimentar en la práctica de la meditación transforma esta lucha por la independencia. Podemos dejar de luchar por afirmar nuestra individualidad y empezar a confiar en la naturaleza fundamental de lo que es. No se trata de renunciar a nuestra libertad, sino de aceptarla.

Es sobre estas bases como puede establecerse una sociedad auténtica. Para Chögyam Trungpa sería una "sociedad despierta". Un aspecto importante de esta sociedad que hace de ella especialmente despierta es la capacidad de vivir juntos de un modo armonioso. Entonces, la suma (todos juntos) supera a las partes.

No se puede construir una sociedad auténtica si se empieza por el individualismo agresivo. Por el contrario, hay que empezar deseando la ausencia de ego. Uno de los objetivos de las enseñanzas buddhistas y de Shambhala es hacernos más conscientes para que podamos darnos cuenta de que «nuestros caparazones personales son obviamente duros, pesados, impuros y llenos de mierda», como él decía.

Una vez reconocemos el problema, podemos esperar llegar a poner fin a la contaminación del mundo. Chögyam Trungpa Rinpoche no era un alegre soñador que pensara que la doctrina de la bondad fundamental haría que todo el mundo fuese milagrosamente bueno con los demás. Una sociedad despierta no es una sociedad formada por personas que han alcanzado el despertar, sino que está hecha de aquellos que tienen el coraje de trabajar para desarrollar una sociedad en la que cada persona trabaja en su propia salud y se ocupa de los demás. Incluso entonces, no es algo fácil dedicarse a los demás. Hay que querer compartir la vida con otras personas, lo que significa dejar atrás una gran parte de la privacidad y los puntos de vista egocéntricos. Hay que comprometerse, real y personalmente, a hacerlo. En cambio, si se deja a un lado este compromiso y nos relacionamos con los recursos humanos, sociales, económicos o naturales solamente en un plano conceptual, como suele suceder hoy, entonces perdemos la posibilidad de desarrollar una sociedad real. Todo debe importarnos y toda persona es importante y vale la pena: esto es lo que enseñó Chögyam Trungpa y que se encuentra a kilómetros de distancia de nuestra situación habitual, en la que, por encima de todo, nos ocupamos de nuestra propia existencia.

★ ★ ★

En este escrito sobre las enseñanzas de
Shambhala, Chögyam Trungpa describe una
sabiduría humana universal que puede ayudar a solventar los problemas del mundo.
Esta bondad fundamental está al alcance en
todo momento en nuestras percepciones del
mundo que nos rodea. Se trata de descubrir
que nuestras vidas, a pesar de todos los problemas que encontramos, son moldeables y
buenas en esencia. Es porque podemos experimentar nuestras vidas de este modo,
porque no nos asusta quiénes somos, por lo
que podemos crear una sociedad despierta.

★ ★ ★

9. DESCUBRIR LA BONDAD FUNDAMENTAL

CHÖGYAM TRUNGPA

Aunque la tradición de Shambhala se basa en la salud y la afectuosidad de la tradición buddhista, al mismo tiempo, también posee una base independiente, que consiste en cultivar quiénes y qué somos como seres humanos. Con los grandes problemas que se encuentra ahora la sociedad humana, cada vez parece más importante hallar formas sencillas y no sectarias de trabajar con nosotros mismos y compartir nuestra comprensión con los demás. Las enseñanzas de Shambhala, o la "visión de Shambhala", como se conoce en general este enfoque, pretenden fomentar una existencia sana para nosotros y los demás.

El estado actual de la situación mundial es una fuente de preocupación para todos nosotros: la amenaza de la guerra nuclear, la generalización de la pobreza y la inestabilidad económica, el desorden social y político, y los trastornos psicológicos de distinta índole. El mundo se encuentra en un estado de agitación completa. Las enseñanzas de Shambhala se basan en la premisa de que *hay* una sabiduría humana fundamental que puede ayudarnos a solucionar los problemas del mundo. Esta sabiduría no pertenece a ninguna cultura o religión, ni proviene exclusivamente de Occidente o de Oriente, sino que se trata de una tradición de principios del guerrero que ha existido en muchas culturas en muchas épocas distintas a lo largo de la historia.

Aquí, *principios del guerrero* no hace referencia a hacer la guerra. La agresividad es la fuente de nuestros problemas, no la solución. Aquí, la palabra *guerrero* proviene del término tibetano *pawo*, que literalmente significa "valiente". Los principios del guerrero, en este contexto, se refieren a la tradición de la valentía humana o la tradición de la ausencia de miedo. En nuestro planeta Tierra han existido muchos magníficos ejemplos de principios del guerrero.

La llave de los principios del guerrero y el primer fundamento de la visión de Shambhala es no tener miedo de quien eres. En últimos términos, ésta es la definición de la valentía: no tener miedo de uno mismo. La visión de Shambhala enseña que, ante los problemas del mundo, podemos ser heroicos y benévolos al mismo tiempo. La visión de Shambhala es lo contrario del egoísmo. Cuando estamos asustados de nosotros mismos y de la aparente amenaza que representa el mundo, entonces nos volvemos extremadamente egoístas. Queremos construirnos nuestros propios pequeños nidos, nos encerramos en nuestro pequeño capullo, para poder vivir por nuestra cuenta y sentirnos más seguros.

Sin embargo, podemos ser mucho más valientes. Debemos intentar pensar más allá de nuestra casa, más allá del fuego que arde en el hogar, más allá de llevar a nuestros hijos al colegio y llegar al trabajo por la mañana. Debemos intentar pensar cómo podemos ayudar a este mundo, porque si no lo hacemos nosotros, nadie lo hará. Nos toca a nosotros ahora ayudar al mundo. Al mismo tiempo, ayudar a los demás no significa abandonar nuestra propia vida. No hay que salir corriendo con la intención de ser el alcalde de tu ciudad o el presidente de los Estados Unidos para poder ayudar a los demás, sino que se puede empezar con los miembros de nuestra familia, nuestros amigos y aquellas personas a nuestro alrededor. De hecho, se puede empezar por uno mismo. Lo más importante es darse cuenta de que nunca estamos fuera de servicio, nunca podemos bajar la guardia, porque el mundo entero necesita ayuda.

Aunque todas las personas tienen la responsabilidad de ayudar al mundo, podemos crear un desorden todavía mayor si intentamos imponer a los demás nuestras ideas o nuestra ayuda. Mucha gente tiene su teoría acerca de lo que necesita el mundo. Unos opinan que lo que el mundo necesita es comunismo, otros que lo que el mundo necesita es democracia. Unos opinan que la tecnología salvará al mundo y otros que lo destruirá.

Pero las enseñanzas de Shambhala no tratan de convertir al mundo a otra teoría. La premisa de la visión de Shambhala es que, para poder establecer una sociedad despierta para los demás, debemos descubrir qué poseemos en nuestro interior para ofrecer al mundo. Así pues, para empezar, deberíamos esforzarnos por examinar nuestra experiencia con el fin de ver qué contiene que pueda servir para ayudarnos a nosotros mismos y los demás a mejorar su vida.

Si queremos adoptar una perspectiva imparcial, descubriremos que, en lugar de todos nuestros problemas y confusiones, todos nuestros altibajos emocionales y psicológicos, hay algo fundamentalmente bueno en nuestra existencia como seres humanos. A menos que podamos descubrir esta base de bondad en nuestras propias vidas, no podemos esperar poder mejorar las vidas de los demás. Si nos limitamos a ser personas míseras y ruines, ¿cómo podemos tan siquiera imaginar, por no decir lograr, una sociedad despierta?

El descubrimiento de la auténtica bondad viene de apreciar experiencias muy sencillas. No nos referimos a lo bien que nos sentiríamos al ganar un millón de dólares o al obtener la graduación en la universidad o al comprar una casa nueva. A lo que aquí nos referimos es a la bondad fundamental de estar vivos, que no depende de nuestros logros o de satisfacer nuestros deseos. En todo momento experimentamos destellos de bondad, aunque no solemos ser capaces de reconocerlos. Cuando vemos un color brillante, estamos presenciando nuestra bondad inherente. Cuando oímos un sonido hermoso, estamos oyendo nuestra bondad fundamental. Cuando salimos de la ducha, nos sentimos frescos y limpios, y cuando abandonamos una habitación con el aire cargado, sentimos el olor repentino del aire fresco. Estos hechos pueden durar una fracción de segundo, pero se trata de experiencias auténticas de la bondad. Suceden todo el tiempo, pero solemos ignorarlas como algo trivial o meramente accidental. Sin embargo, según los principios de Shambhala, es conveniente reconocer y aprovechar estos momentos, puesto que nos muestran la ausencia de agresividad y el frescor fundamentales de nuestras vidas, esto es nuestra bondad fundamental.

Todo ser humano posee una naturaleza fundamental de bondad, que permanece pura e inalterada. Esta bondad posee una afectuosidad y lucidez tremendas. Como seres humanos, podemos hacer el amor, podemos acariciar a alguien con un gesto suave, podemos besar a alguien con una afectuosa comprensión, podemos reconocer la belleza, podemos apreciar lo mejor de este mundo, podemos apreciar su intensidad: la rojez del rojo, el verdor del verde, el violáceo del violeta. Nuestra experiencia es algo real. Cuando el amarillo es amarillo, ¿acaso podemos decir que es rojo porque no nos guste el color amarillo? Esto contradeciría la realidad. ¿Cuando hace un día radiante, podemos negarlo y decir que hace un día horrible? ¿Realmente podemos decirlo? Cuando brilla el sol o cae una maravillosa nevada, lo reconocemos, y cuando reconocemos la realidad, ésta puede producir un efecto real en nosotros. Puede que tengamos que levantarnos por la mañana tras unas pocas horas de sueño, pero si miramos por la ventana y vemos que brilla el sol, puede que nos anime. Podemos curarnos realmente de la depresión si nos damos cuenta de que el mundo en el que estamos es bueno.

Como seres humanos, en el fondo estamos despiertos y *podemos* comprender la realidad. No somos esclavos de nuestras vidas, somos libres. Ser libres, aquí, simplemente significa que tenemos un cuerpo y una mente, y que podemos levantar nuestro ánimo para trabajar con la realidad de un modo digno y divertido. Si empezamos a animarnos, nos daremos cuenta de que el universo entero (incluyendo las estaciones, las nevadas, el hielo y el barro) está actuando con fuerza en nosotros. La vida es una situación divertida, pero no se ríe de nosotros. Al final nos damos cuenta de que podemos manejar nuestro mundo, de que podemos manejar apropiada y completamente nuestro universo con una buena disposición de ánimo.

El descubrimiento de la bondad fundamental no es una experiencia específicamente religiosa, sino que es la comprensión de que podemos experimentar directamente y trabajar con la realidad, con el mundo real en el que nos encontramos. La experiencia de la bondad fundamental de nuestras vidas hace que nos sintamos personas inteligentes y amables, y que el mundo no es una amenaza. Cuando sentimos que nuestras vidas son auténticas y buenas, ya no tenemos por qué engañarnos a nosotros mismos o a los demás. Podemos ver nuestros defectos sin sentirnos culpables o incompetentes y, al mismo tiempo, podemos ver nuestro potencial de expandir la bondad a los demás. Podemos decir la verdad de forma directa y ser totalmente francos, pero firmes al mismo tiempo.

La esencia de los principios del guerrero, o la esencia de la valentía humana, consiste en negarse a abandonar ante nada ni nadie. Nunca podemos decir que simplemente nos estamos desmoronando o que alguien se está desmoronando, ni tampoco podemos decir lo mismo del mundo. En nuestra vida surgirán graves problemas en el mundo, pero debemos cerciorarnos de que no suceda ningún desastre. Podemos evitarlos, depende de nosotros. Para empezar, podemos salvar al mundo de su destrucción. Es por este motivo por lo que existe la visión de Shambhala. Se trata de una idea centenaria: sirviendo al mundo, podemos salvarlo. Pero no es suficiente con salvar al mundo, también debemos trabajar para construir una sociedad despierta.

★ ★ ★

He aquí ocho artículos breves de un grupo
variado de personas que reflexionan sobre
el buddhismo y la política. Desde el polifa-
cético actor y escritor Peter Coyote, al profesor afroamericano de buddhismo Jan Willis
o al autocalificado "punki del dharma" Noah
Levine. Se trata de una serie de reflexiones
fascinantes sobre los distintos modos como
el buddhismo aborda las cuestiones políticas
y los distintos estilos de pensamiento que están emergiendo en el buddhismo occidental.

★ ★ ★

10. SIN UN LUGAR DONDE ESCUPIR

La política de la interdependencia
Peter Coyote[1]

Habitualmente, la *palabra* política significa la "competencia entre distintos grupos o personas con intereses rivales en busca de poder y liderazgo". Ésta es, de hecho, la cuarta entre las ocho definiciones de la palabra recogidas en la tercera edición del diccionario internacional Webster. La primera definición, que me parece más útil, define la política como el "arte de *regular* y *ordenar* las relaciones entre individuos y grupos en una comunidad política". Las palabras *regular* y *ordenar* enfatizan la idea de relación e interdependencia, mientras que *competencia* implica dominación y jerarquía.

Las relaciones y la interdependencia "surgen en dependencia mutua", el núcleo de la comprensión del Buddha. Esta comprensión central implica ciertos procedimientos y objetivos en cuanto al ejercicio de la política que podrían modificar de forma beneficiosa nuestra forma actual de entenderlo y, por lo menos, nos ofrece la oportunidad de considerar el ejercicio de la política desde la perspectiva del Buddha.

El primer principio podría expresarse de este modo: *las acciones y las soluciones políticas deberían ofrecer a todos*

---

1. Peter Coyote es escritor, actor, buddhista comprometido y autor de *Sleeping Where I Fall*.

los seres la mayor oportunidad de realizar sus destinos evolutivos (en este contexto, por "seres" debería incluir a los insectos, las plantas, los animales y la tierra misma). En la práctica, ello comporta tener en cuenta las necesidades de todos los seres al evaluar los objetivos y las estrategias de la política. Decir: «No pueden haber más fábricas en tal y tal lugar», es una negación categórica que genera conflicto, puesto que habrá gente que necesitará el trabajo y otros que necesitarán los productos. Un tipo de afirmaciones alternativas e inclusivas sería el siguiente: «Necesitamos fábricas y centrales eléctricas, pero tendrán que construirse de un modo que no sea dañino. Además, deberán ubicarse allí donde los intereses de las plantas, los animales y los seres humanos no se vean afectados de forma negativa, y sus productos deberán venderse a un coste que no oprima aquellos que los necesitan para su supervivencia». Esto comporta un mayor grado de complejidad y resolución de conflictos, lo que, a su vez, comporta una mayor participación.

El segundo principio podría ser el siguiente: *si no hay individualidad, no hay diferencia.* Nuestro "oponente", por muy desagradable que sea, está destacando un aspecto de la mente que puede resultarnos difícil de aceptar, pero un aspecto que debe comprenderse y afrontarse si queremos avanzar. Sólo podemos acercarnos a la situación desde la intimidad. La resistencia aumenta la fuerza (como sucede en el gimnasio) y sólo endurece la posición de nuestro adversario. Por el contrario, la consideración detenida del primer principio sacará a la luz y pondrá de manifiesto los "intereses" y los deseos contrarios del defensor. Estos intereses deben reseguirse hasta sus raíces en nuestra propia psique hasta que podamos encararlos sin el enfado y el juicio de valor que infravalora a nuestro oponente. Si actuamos de este modo, como mínimo obtendremos el respeto de aquéllos con los que nos enfrentamos y este respeto incrementa la intimidad y el sentido de relación, el objetivo profundo de todo ejercicio político.

El tercer principio podría ser éste: *los procedimientos y las soluciones que comprometen la dignidad (el "valor intrínseco") de nuestro oponente comportan dominación y jerarquía, no relación. En consecuencia, deberían ser excluidos del discurso político.*

Resulta difícil imaginar que pueda producirse mucho daño con una práctica concienzuda de estos principios. Nada funcionará en todas las situaciones y un corolario de cualquier ejercicio político debe ser: "Nadie gana siempre". Puesto que los efectos están fuera de nuestro control, lo que sí podemos controlar son nuestras intenciones y nuestra propia conducta. Si cumplimos con estos tres principios, configuraremos el mundo que deseamos construir a través de la política y esto jamás puede considerarse como una derrota.

Por qué la democracia necesita el Dharma
David Kaczynski[2]

Para dedicarse a una actividad política hoy es necesario prestar atención al sufrimiento, sin embargo demasiado a menudo la atención de los políticos está sumida en su propio poder. En lugar de en la conciencia, los políticos y burócratas ponen un gran cuidado en evitar una metedura de pata que destruya sus campañas. Existe un descaro generalizado de los candidatos a altos cargos en cuanto a aceptar donaciones para sus campañas por parte de poderosos intereses y a mejorar su po-

2. David Kaczynski es director ejecutivo de Neoyorquinos Contra la Pena de Muerte. Él y su mujer Linda Patrik fueron conocidos a escala nacional cuando en 1996 se desveló que el hermano de David, Theodore, conocido como el "Unabomber", había sido entregado por su propia familia.

sición mediante la destrucción de la reputación y la carrera de sus adversarios. La percepción de los votantes se encuentra constantemente sometida a la manipulación de las campañas publicitarias electorales y las noticias de los medios de comunicación. El juego político se alimenta del dinero, y sus participantes saben que un voto procedente de la ignorancia, el miedo o el mero interés propio cuenta igual que un voto meditado en pro del bien de los demás. En este juego de suma nula de dinero, influencias e imagen, la victoria es para los vencedores.

¿Es posible una política "progresista" en el samsara?

La práctica buddhista es una mezcla única de paciencia, pragmatismo, idealismo y apertura. La vida de un buddhista incluye su práctica y es en sí misma la práctica de aspirar a alcanzar el despertar. Dedicar la propia práctica en beneficio de todos los seres vivos representa el reconocimiento de una profunda conexión: la conexión kármica de los seres mediante el origen interdependiente y la conexión última de los seres en nuestra naturaleza búddhica común. En el estudio y la práctica del buddhismo descubrimos las limitaciones de nuestras concepciones, no sólo de nuestra concepción de la gente y las situaciones, sino de nuestra concepción de lo que deberían o no deberían ser.

Mediante la práctica, nos situamos en una conexión abierta con los demás, al mismo tiempo que evitamos la impaciente precipitación de los conceptos en relación a un desenlace imaginario. Cuando trabajamos por el bien de los demás, los medios hábiles emergen de la comprensión que deriva de la práctica buddhista y de una consideración profunda de la naturaleza búddhica de los demás. Éste es el tipo de "liberación" del que hablan los buddhistas.

El ideal democrático de Occidente, con su énfasis en la metodología, la inclusión y la dignidad humana, está impregnado de muchas de las cualidades y comprensiones del dharma. Como buddhistas, nos damos cuenta de que no puede haber verdad ni sabiduría sin compasión. El Buddhismo Comprometido constituye un antídoto para la política del miedo, el odio, la violencia y la división. Somos conscientes de que, en el camino hacia el despertar, nadie debe quedar atrás. La práctica y el estudio nos ayudan a evitar las trampas del pensamiento polarizado. Nos oponemos a la guerra, pero honramos el dolor y el sacrificio del soldado. Nos oponemos a la pena de muerte, pero abrimos nuestros corazones a los miembros de las familias de las víctimas. Sabemos que la verdad y la transformación pueden alcanzarse con la escucha y la atención, así como mediante la palabra y la acción. Somos de aquellos que no miran hacia otro lado, que no se desalientan y que evitan convertirse en un espejo de sus enemigos, porque en definitiva no tenemos enemigos.

¿Puede existir una política realmente democrática sin dharma, en sentido amplio? ¿Hay algo más necesario en la vida pública que el dharma?

Un mundo pacífico empieza por pequeñas acciones pacíficas
Jan Willis[3]

Todos nosotros somos seres interconectados, compartimos este planeta diminuto en medio de un universo inmenso, privados del más pequeño instante de independencia. Aun así, llevamos nuestras vidas como si cada uno tuviésemos un control máximo y total sobre nuestro universo individual y

---

3. Jan Willis es profesor de religión en la Wesleyan University y autor de *Dreaming Me: From Baptist to Buddhist, One Woman's Spiritual Journey*.

aislado. Imaginamos enemigos y competidores y luchamos por lo nuestro. Aunque, en ocasiones, nos imaginemos un mundo en paz, casi resulta natural ver la violencia como algo inevitable y la paz como algo imposible. Pero no es así.

Todos sabemos en lo más profundo de nuestros corazones que la violencia no lleva a la paz, que el odio genera más odio y que sólo con amor y compasión se puede apaciguar realmente el odio. Parece que sabemos de forma innata, en nuestro corazón, qué es lo correcto, lo apropiado y lo justo. Como seres humanos, reconocemos que todos queremos ser felices y evitar el sufrimiento. Si pudiésemos, cambiaríamos el mundo para que todos los seres gozaran de respeto, paz y confort. Sin embargo, a menudo parece que no sabemos cómo o por dónde empezar.

Pienso que debemos empezar por acciones muy pequeñas. Quizás no podamos, nosotros solos, cambiar el mundo entero de golpe, pero sí que podemos empezar a cambiar una diminuta parte de él en nuestro entorno cotidiano.

Contamos con muchas pautas sabias. El reverendo Martin Luther King, por ejemplo, ese bodhisattva afroamericano de nuestro tiempo, nos recordó que no podemos ser realmente libres hasta que todos los seres humanos sean libres. En una ocasión dijo: «Mientras exista pobreza en el mundo, nunca podré ser totalmente rico (...) Mientras la gente se vea afectada por extenuantes enfermedades, nunca podré estar totalmente sano (...) Nunca podré ser lo que debería ser hasta que vosotros seáis lo que debéis ser». Pero el doctor King también sabía, y así lo demostró, que cualquier guerra por la libertad tiene que ser una guerra librada con amor.

En 1963, cuando todavía era un adolescente, tuve la suerte de poder participar en la "batalla de Birmingham" por los derechos civiles dirigida por el reverendo King. Fue un momento de esperanza. Sentías que formabas parte de una comunidad mayor de manifestantes no violentos de ideas afines. Me sentía reconfortado por la posibilidad de vencer a la injusticia. Pero más tarde, cuando líderes como Malcom X, Martin Luther King o los hermanos Kennedy fueron abatidos por la violencia, se instaló un período de desánimo.

Para muchos de nosotros, este desánimo todavía prevalece en la actualidad. Así pues, antes de proponernos cambiar el mundo, debemos encender de nuevo la llama de la esperanza. Sin embargo, lo que he aprendido sobre la esperanza es que ésta surge de la acción, no de las ideas. Si queremos ver un mundo despierto de paz y justicia para todos, debemos pasar del mero hecho de imaginarlo a las acciones no violentas, por muy pequeñas que sean, que puedan ayudar a conducirnos a él. Esto va por los políticos también.

LA PRÁCTICA ES POLÍTICA
Noah Levine

La práctica buddhista es una acción política. Formar nuestras mentes, corazones y acciones en la sabiduría y la compasión es la forma máxima de rebeldía política. El camino espiritual es un acto comprometido de ir en contra de la ignorancia y la opresión. Quizás es por este motivo por lo que el Buddha se refirió al camino hacia el despertar como un camino "contra corriente".

Desde la perspectiva del buddhismo, hemos reencarnado en el reino de los seres humanos del samsara. Este reino se caracteriza por lo que a veces se llama los tres fuegos de la codicia, el odio y la confusión. Con un esfuerzo y aprendizaje personal empezamos a extinguir los tres fuegos, sólo para, a continuación, mirar a nuestro alrededor y darnos cuenta de que, aunque nosotros ya no nos encontramos envueltos en llamas, el mundo entero se encuentra atrapado en un infierno ardiendo de sufrimiento.

Incluso la valoración más superficial de la situación política de nuestro mundo hace que la visión buddhista del mundo resulte convincente. Podemos ver fácilmente cómo la codicia, el odio y la confusión dominan las opiniones y acciones de aquellos que se encuentran en el poder.

La práctica buddhista muestra que la compasión es la única respuesta racional a la confusión y la aflicción que impregna el reino de los seres humanos. Cuando vemos que cada una de nuestras acciones puede causar sufrimiento o puede aliviarlo, entonces la elección de la no violencia y la no codicia son evidentes. La expresión natural del proceso de la liberación consiste en actuar de un modo que extinga más que alimente los fuegos que causan el sufrimiento.

Esto nos plantea un dilema personal y político. Sabemos que el samsara es un lugar de confusión, pero, al mismo tiempo, también sabemos que es posible comprender esta confusión y hallar una libertad personal en este mismo reino. Sabemos que debemos responder con amor y compasión ante el sufrimiento causado por aquellos que no comprenden estas verdades universales. De este modo, debemos considerar las implicaciones de dar el poder a unos líderes que ignoran la naturaleza de la realidad y las consecuencias de sus acciones.

Puede que en la era moderna jamás tengamos la oportunidad de dar el poder a un ser despierto o, tan siquiera, *sabio* en la arena política americana. Puede que quizás siempre estemos atados a tener que elegir entre el menos iluso entre dos ilusos. Puede que quizás todo cuanto podamos hacer es elegir quién creemos que provocará menos sufrimiento y confusión en el mundo. Desde el punto de vista de la no agresión, podemos ver que la no elección es lo correcto, pero no hacer ninguna elección en absoluto puede ser incluso peor.

Así pues, aquí es donde nuestra práctica buddhista se convierte en una forma comprometida de rebeldía interior y exterior: liberándonos de la codicia, el odio y la confusión, y haciendo todo cuanto podamos para disminuir el sufrimiento en el mundo causado por el miedo, la ignorancia y la opresión.

CUATRO NOBLES VERDADES POLÍTICAS
KEN JONES[4]

Cuando observamos el estado del mundo político y social, podemos ver Cuatro Nobles Verdades Políticas que, como los principios básicos del buddhismo que reflejan, nos conducen del sufrimiento y el sometimiento a la liberación.

En primer lugar, está la verdad que el sufrimiento y el engaño individuales están sobrealimentados por la sociedad. Colectivamente cometemos tremendas locuras que, si cometiéramos individualmente, serían patológicas.

En segundo lugar, está la verdad de que las fuerzas que dirigen la historia y la política son, en últimos términos, las que mismas que dirigen propiamente al individuo. Éste experimenta un profundo sentimiento de carencia que procede de la inconstancia y la insubstancialidad de este débil yo. Parte de la respuesta social a este hecho ha consistido en ligarse a otros individuos para crear una identidad de *pertenencia*. Puede ser nuestra raza, nuestra nacionalidad, nuestra religión, nuestra clase social o cualquier otra cosa.

Esta identidad colectiva se ve reforzada al enfatizar las diferencias respecto a otros grupos similares o, mejor aún,

---

4. Ken Jones es secretario de la Red de Buddhistas Comprometidos del Reino Unido (UK Network of Engaged Buddhists) y autor de *The New Social Face of Buddhism*.

mediante nuestra superioridad o, incluso mejor todavía, señalando la amenaza que otros grupos suponen para nosotros. Las ideologías añaden un vigoroso sentimiento de rectitud a esta imagen en blanco y negro. El odio que es aprobado por nuestra comunidad nos permite éticamente proyectar todo nuestro rencor y frustración a otras comunidades. De aquí vienen las guerras salvajes, la explotación económica despiadada y el expolio del entorno natural que ocupan una parte tan grande de la historia de la humanidad. De aquí la facilidad con que antiguos vecinos y compañeros de escuela se han masacrado mutuamente en incontables campos de batalla.

El proceso hasta aquí descrito lo llamo la "esclavitud antitética", el corazón del engaño social y, según el buddhismo, la piedra angular de la sociedad y la historia. El concepto que expresan estas dos palabras es fácil de comprender. Todo ciudadano cansado de la política convencional sabe lo que significan.

En tercer lugar, existe una salida al sufrimiento social. Reformistas, radicales y revolucionarios nos han dicho esto mismo durante siglos. Los resultados han sido tibios, en el mejor de los casos, y catastróficos en el peor de los casos. En principio, en la actualidad contamos con todos los recursos materiales necesarios para proporcionar a todos los ciudadanos del planeta un nivel de vida digno básico. Sin embargo, somos incapaces de hacerlo. La última de las ideologías, el capitalismo del mercado libre gratis para todo el mundo, en realidad está haciendo *más pobre* a la mayoría de la población mundial. Aporta una base al consumismo avaricioso de una minoría que está destruyendo el planeta. Pero tiene que haber algo más, algo necesario que nos permita hallar el modo de salir del sufrimiento social.

En cuarto lugar, está la verdad de que debemos cortar las raíces de nuestra problemática social, las raíces de la agresividad, la codicia y la ignorancia hasta donde seamos capaces.

UNA PELEA BUDDHISTA
RICHARD REOCH[5]

En una ocasión, en un templo buddhista estalló una pelea en la que estuvo involucrado un amigo mío y en la que el responsable del retiro fue agredido y necesitó asistencia médica. Todo sucedió en un centro de retiros maravilloso que se encuentra cerca de donde vivo. Estaban pasando un fin de semana dedicado a la no violencia y habían invitado a un facilitador para dirigir el retiro. No era buddhista pero era experto en dinámicas de grupo.

El segundo día, el facilitador invitado que dirigía el retiro propuso un role-play. Dos de los participantes serían "secuestrados" por un grupo terrorista y el resto debería negociar para liberarlos. El responsable del retiro interpretaría al terrorista con el que deberían negociar. Entonces, éste abrió una paquete de cigarrillos, cogió una cerilla y la encendió.

–Disculpe –dijo uno de los participantes–, no se puede fumar en el templo.

Pero el facilitador no le hizo caso y empezó a fumar en silencio.

–Por favor, apague el cigarrillo; no fumamos en el templo.

–Me importan un carajo sus reglas sobre el tabaco –dijo fríamente el terrorista–. ¿Quieren que hablemos sobre fumar o quieren recuperar a sus amigos?

5. Richard Reoch es presidente de Shambhala y miembro del Grupo de Trabajo Internacional para Sri Lanka, que trabaja para acabar con la guerra más larga del mundo buddhista.

–No negociaremos con usted hasta que respete nuestro templo –dijo alguien que se estaba erigiendo en portavoz por su cuenta.

–De acuerdo –dijo el terrorista–, voy a apagarlo. –Entonces se levantó lentamente, se acercó al altar, hizo una última calada y apagó el cigarrillo en el regazo del Buddha.

La sala se llenó de exclamaciones; ya no estaban actuando. Algunas personas se levantaron apresuradamente para ver si la estatua del Buddha había sido dañada.

–¿Qué se cree que está haciendo? –gritó alguien–. ¡Es un buddha!

–Me importa un carajo, no es mi buddha y éste no es mi templo. He dejado de fumar, ¿quieren hablar de sus amigos o puedo irme?

¡La gente estaba furiosa! La situación les sobrepasaba y nadie quería ya hablar de los rehenes; sólo pensaban en la agresión al Buddha. Una persona se acercó al responsable del retiro y le hablo con franqueza:

–Le hemos invitado para dirigir este fin de semana, sabemos que ésta no es su comunidad ni su tradición, pero éste es nuestro espacio sagrado. Todo cuanto le pedimos es que lo respete.

–¿Quiere ver cuánto respeto tengo por su espacio? –contestó. Entonces se dirigió a un rincón y orinó en el suelo.

La sala entera se lanzó hacia él. El primero en alcanzarle le tiró al suelo y el resto empezó a gritarle y a golpearle hasta que empezó a acurrucarse para protegerse de los golpes. Finalmente logró salir arrastras del templo, les dijo a los dos "rehenes" que podían reunirse con sus compañeros y abandonó el centro.

Amigos, así es como me lo contaron. En estos tiempos oscuros y turbulentos, a menudo me parece útil recordar esta historia.

Sin un lugar donde escupir

Alan Senauke[6]

El curso político es como una de esas épocas del año californianas que no tienen un principio ni un final definido. Primarias, convenciones, elecciones y luego vuelta a empezar al año siguiente. En este proceso la cuestión de una "política espiritual" surge de forma natural para personas de todas las tradiciones religiosas. En este mundo tan extraño y violento, ¿qué tipo de Pegamento Chiflado podría unir dos nociones que apuntan hacia horizontes tan opuestos como "espiritualidad" y "política"?

La noción de *política espiritual* apunta hacia dos hechos de la vida. En primer lugar, que todas las personas anhelan la libertad y la felicidad. En segundo lugar, que vivimos en comunidades, naciones, culturas y entornos globales que ligan nuestro bienestar al bienestar de otras personas. Esto es lo que Thich Nhat Hanh llama "interexistencia" y significa que no sólo debemos "pensar globalmente y actuar localmente", sino que también debemos pensar localmente y actuar globalmente. La noción de política espiritual nos recuerda un antiguo dicho zen: «No existe ningún lugar en el mundo donde escupir». No existe ningún lugar que podamos ignorar, profanar o bombardear, porque nosotros mismos estamos en todos los lugares.

Nuestros líderes políticos actuales parece que tienen grandes dificultades para comprender este hecho.

La noción de política espiritual comporta unas políticas basadas en las virtudes de la generosidad, la compasión y la sabiduría, en lugar de basarse en los venenos de la codicia, el

---

6. Hozan Alan Senauke es consejero adjunto del Buddhist Peace Fellowship, del que fue director ejecutivo durante once años.

odio y la confusión. Y entonces necesitamos un "programa espiritual" que exprese estas virtudes. Podríamos empezar por lo que antaño se conocía como los "cuatro requisitos": comida, ropa, alojamiento y medicinas. Yo añadiría humildemente un quinto requisito: autodeterminación.

Este programa significa que nadie pase hambre, sed o carezca de ropa; que la gente tenga una vivienda donde protegerse de la intemperie; que los médicos y las medicinas estén al alcance de todos, con especial énfasis en la higiene y la medicina preventiva. Por último, significa que la gente tenga el poder económico y político para determinar el curso de sus vidas. Con la aplicación de estos requisitos, mujeres, hombres y niños tendrán la oportunidad de desarrollar una vida espiritual verdadera de suficiencia, satisfacción y gratitud.

Una "visión espiritual" significa, en palabras de Suzuki Roshi, ver las "cosas tal como son", por lo que regresamos al mundo real donde las realidades políticas y, de hecho, todas las realidades, son transitorias e incompletas. Esto significa comprometerse, apoyar y votar aquellos candidatos que harán el menor daño: ¿Quién pretende acabar con la espiral de la guerra en el Medio Oriente? ¿Quién pretende redirigir nuestra economía del gasto militar a la educación y la sanidad? ¿Quién admitirá que el modo de actuar de los Estados Unidos en el mundo ha sido arrogante y prepotente, y pretende actuar de otro modo? Con el convencimiento de que el dharma florecerá, ese candidato contará con mi voto.

ES LA HORA
CHARLES G. LIEF[7]

La democracia estadounidense es, en gran parte, partidista, jerárquica y, a menudo, inaccesible a aquellos que carecen de riquezas o contactos personales. En los Estados Unidos, por supuesto, existen numerosos ejemplos de una democracia incipiente: escribo este texto desde Vermont, donde existen literalmente docenas de encuentros en las ciudades en los que cualquier ciudadano puede presentarse y hallar el modo de ser escuchado. Sin embargo, el poder de cualquiera de las voces de estas muestras de democracia es limitado, más allá de la ocasional revocación del presupuesto de una escuela o similar. Incluso en Vermont, este hogar de una "democracia más pura", el poder está concentrado y custodiado.

Para poder producir una transformación del sistema político necesitamos encontrar formas de involucrarnos con el sistema. Sin embargo, por desgracia la mayoría de los estadounidenses sólo es consciente del mundo político cada cuatro años. Y esta experiencia es todo lo "no espiritual" que uno pueda imaginar: vemos la incansable petición de dinero, el creciente discurso arrogante y crispado, y oímos el mantra interminable de que los fines justifican los medios (como si una flor de loto fuera a surgir en medio de los insultos). Entonces, en noviembre, después de nuestro solemne y secular rito, nos despertamos resacosos y recordamos que quizás los medios, al fin y al cabo, también son importantes.

En 1968 llegué a la convención nacional del Partido Demócrata en Chicago como voluntario a tiempo completo de la campaña presidencial del reformista Eugene McCarthy. Me

---

7. Charles G. Lief es cofundador del Hartland Group, una empresa dedicada al desarrollo comunitario y económico situada en Burlington, Vermont.

alojé en el Hotel Hilton con la camarilla del partido, listo para cambiar el sistema desde dentro. Me encontraba sumido en el optimismo de un chico de diecisiete años, convencido de que nuestro país, herido por la guerra, la injusticia racial y los asesinatos, estaba listo para una transformación real. Pero al final de la semana había descubierto el desencanto y los gases lacrimógenos. Alrededor de un año después, encontré un maestro y uní esta experiencia con el dharma. Treinta y ocho años de fermentación son suficientes y es la hora de volver al trabajo.

SEGUNDA PARTE

LA PRÁCTICA

«La mente precede a todas las experiencias, la mente las dirige y las crea.

Si alguien habla o actúa con una mente impura, entonces le persigue el sufrimiento, como la rueda sigue a la pezuña del buey.

La mente precede a todas las experiencias, la mente las dirige y las crea.

Si alguien habla o actúa con una mente pura, entonces le sigue la felicidad, como una sombra que nunca le abandona.

"Me ha insultado, me ha agredido, me ha vencido, me ha robado."
El odio no se calma en aquellos que albergan tales pensamientos.

"Me ha insultado, me ha agredido, me ha vencido, me ha robado."
El odio se calma en aquellos que no albergan tales pensamientos.

No es con el odio como se calma el odio,
sino con la ausencia de odio. Ésta es una verdad eterna.»

El Buddha, *Dhammapada*, I: 1-5

★ ★ ★

«El gran descubrimiento del camino meditativo –afirma Joseph Goldstein– consiste
en que todas las fuerzas positivas y destructivas que se manifiestan en el mundo también están aquí mismo en nuestras mentes.»
La conciencia, la compasión y la sabiduría
que se desarrollan con la práctica espiritual
nos ayudan a comprendernos a nosotros mismos. ¿Pueden también ayudarnos a comprender y cambiar el mundo?

★ ★ ★

11. TRES MÉTODOS PARA LOGRAR LA PAZ

JOSEPH GOLDSTEIN

Una de las principales cuestiones que debe afrontar la vida espiritual en la actualidad es cómo podemos responder de la mejor manera a los enormes conflictos e incertidumbres de estos tiempos. La "guerra al terrorismo", la aparentemente indisoluble violencia del Oriente Próximo, la pobreza y las enfermedades, el racismo, el deterioro del medio ambiente y los problemas en nuestras vidas personales, todo ello nos lleva a preguntarnos: ¿Cuál es el origen de este gran cúmulo de sufrimiento? ¿Qué fuerzas dirigen la intolerancia, la violencia y la injusticia en el mundo? ¿Existen fuerzas que sostengan la promesa de la paz? ¿Sabemos cómo cultivar el amor y la bondad, la energía y la sabiduría?

El gran descubrimiento del camino meditativo consiste en que todas las fuerzas positivas y destructivas que se manifiestan en el mundo también están aquí mismo en nuestras mentes. Si queremos comprender el mundo, debemos comprendernos a nosotros mismos.

Pienso que de la interacción durante los últimos treinta años entre distintas tradiciones buddhistas en Occidente ha generado algo beneficioso. Su característica distintiva es la cualidad occidental del pragmatismo, y que se debe a su lealtad a una pregunta muy sencilla: *¿Qué es lo que funciona?* ¿Qué es lo que funciona para liberar a la mente del sufrimiento? ¿Qué es lo que funciona para producir el corazón de la compasión? ¿Qué es lo que funciona para despertarnos de la ignorancia?

En lugar de tomar las perspectivas y las enseñanzas religiosas como principios la verdad absoluta, es mejor comprenderlas como medios útiles para liberar la mente. En lugar de enfrentar un punto de vista con otro, podemos abandonar el apego rígido a cualquier punto de vista y plantearnos una pregunta muy pragmática: «¿Conduce esta enseñanza a una mayor sabiduría y paz, a una mayor bondad y compasión de mi corazón y mi mente? ¿O conduce a una mayor división, a un mayor egoísmo, a una mayor violencia?».

Este enfoque de la religión es de gran importancia en la actualidad, cuando estamos buscando métodos para comprender las distintas fuerzas presentes en el mundo. No importa el camino espiritual que sigamos, podemos hacer uso de los métodos armonizadores de ser conscientes, la motivación hacia la compasión y la sabiduría liberadora del desapego. Estas tres cualidades (ser consciente, compasión y sabiduría) no pertenecen a ninguna religión, sino que son cualidades presentes en nuestras mentes y corazones.

Ser consciente es la llave del momento presente. Sin ello simplemente nos perdemos en las divagaciones de nuestra mente. Tulku Urgyen, el gran maestro Dzogchen del siglo pasado, decía: «Hay algo que siempre necesitamos y es el vigilante llamado ser consciente, el guardián siempre alerta del momento en que nos arrastra la distracción».

Ser consciente es la cualidad y la capacidad de la mente de estar atenta a lo que sucede, sin juicio ni interferencia. Es como un espejo que simplemente refleja cuanto aparece enfrente. Nos sirve en los momentos más humildes, manteniéndonos conectados al cepillarnos los dientes o al tomarnos una taza de té. Nos mantiene conectados a la gente que nos rodea, para que no pasemos apresuradamente simplemente por su lado en nuestras vidas tan ocupadas.

El Buddha también se refirió al ser consciente como el camino hacia el despertar: «Éste es el camino directo de la purificación de los seres, de la superación del pesar y las lamentaciones, de la desaparición del dolor y la pena, de la obtención de la Vía, de la realización del nirvana».

Podemos comenzar la práctica de la meditación de ser consciente con la simple observación y percepción de cada respiración. Al inhalar sabemos que inhalamos, al exhalar sabemos que exhalamos. Es muy sencillo, aunque no resulta fácil.

Después de algunas respiraciones, saltamos a todo tipo de asociaciones y nos perdemos en planes de futuro, recuerdos pasados, juicios de valor y fantasías varias. Este hábito de la mente de divagar es muy fuerte, aunque nuestros ensueños a menudo no resultan agradables y a veces no son ni siquiera ciertos. Como muy bien dijo Mark Twain: «Algunas de las peores cosas de mi vida nunca sucedieron», por lo que necesitamos ejercitar nuestras mentes, regresando una y otra vez a la respiración, simplemente empezando otra vez.

Sin embargo, poco a poco nuestra mente se estabiliza y empezamos a experimentar cierto espacio de calma y paz interior. Este entorno de quietud interior hace posible que podamos investigar más profundamente nuestros pensamientos y emociones. ¿Qué es un pensamiento, ese extraño y efímero fenómeno que puede dominar tanto nuestras vidas? Cuando observamos directamente un pensamiento, vemos que es poco más que nada. Sin embargo, cuando no nos damos cuenta ellos ejercen un tremendo poder. Observemos la diferencia entre estar sumido en un pensamiento y ser consciente de que se está pensando. Darse cuenta de los pensamientos es como despertar de un sueño o salir de un cine después de haber

estado absorto en la historia. Al ser conscientes, nos despertamos gradualmente de las películas de nuestras mentes.

¿Cuál es también la naturaleza de las emociones, esas
poderosas energías que recorren nuestros cuerpos y nuestras mentes como grandes olas batientes? Sorprendentemente, ser consciente y la investigación de las emociones empieza a hacer más profunda nuestra comprensión de la ausencia
de individualidad: vemos que las emociones surgen a partir de
condiciones y desaparecen cuando las condiciones cambian,
como nubes que se forman y se disuelven en el cielo, claro y
abierto. Igual como el Buddha le dijo a su hijo Rahula: «Debes considerar todos los fenómenos con la sabiduría apropiada – "Esto no es mío, esto no soy yo, esto no es mi yo"».

En el nivel más sutil, aprendemos a no identificarnos con
la conciencia misma, a superar cualquier noción de esta facultad cognitiva como un "yo" o un "mí". Como un modo de
cultivar esta transformación radical de la comprensión, he
hallado útil reformular la experiencia meditativa en voz pasiva. Así, por ejemplo, la respiración es reconocida, las sensaciones son reconocidas, los pensamientos son reconocidos.
Esta construcción del lenguaje pone al "yo" fuera de la imagen
y nos abre a la pregunta: «¿qué es lo que los reconoce?». Y
en lugar de pasar a una respuesta conceptual, esta pregunta
puede conducirnos a experimentar directamente el misterio
abierto de la atención, momento tras momento.

La sabiduría de la comprensión de la ausencia de individualidad se expresa en la compasión. Podemos decir que la
compasión es la actividad de la vacuidad. La compasión surge tanto en el plano personal de nuestras relaciones individuales como en el plano global de las grandes culturas y civilizaciones que interactúan entre sí, por lo que integrar la
comprensión de nuestra propia mente con lo que sucede en el
mundo hoy posee enormes implicaciones.

Seis semanas después de los atentados del 11 de septiembre, me hallaba enseñando meditación en el amor (*metta*) en un retiro para abogados. En esta práctica, empezamos enviándonos deseos de amor a nosotros mismos y luego enviamos estos deseos de amor a distintas categorías de seres, como benefactores, amigos, personas neutrales, enemigos y, finalmente, a todos los seres. En el retiro, sugerí la posibilidad de incluir en nuestro metta incluso a aquellos involucrados en actos de violencia y agresión, pero un participante de Nueva York comentó que posiblemente no podría enviar amor a al-Qaeda y que jamás lo desearía.

Esta sencilla y sincera afirmación me provocó muchas preguntas interesantes. ¿Cuál es nuestra respuesta a la violencia y a la injusticia? ¿Cómo entendemos las prácticas del amor y la compasión? ¿Cuáles son nuestras aspiraciones fundamentales para el mundo y nosotros mismos?

Al realizar la meditación en el amor, repetimos ciertas frases, como: «que seas feliz, que estés libre del sufrimiento mental y físico, que vivas en paz». Sin embargo, cuando llegamos a personas que nos han hecho daño, individual o colectivamente, a menudo no queremos incluirles en nuestros deseos de amor. No queremos desearles felicidad, sino que en realidad querríamos verles sufrir por el gran daño que nos han hecho. Es normal tener este tipo de sentimientos.

Pero justo aquí, en esta situación, reside el momento crítico de la práctica contemplativa y nuestra vida de acción en el mundo. Si queremos potenciar la posibilidad de que haya más compasión y paz en el mundo (y en nosotros mismos) debemos mirar debajo de nuestras respuestas emocionales habituales y, quizás, instintivas. En las situaciones de sufrimiento, tanto si se trata de pequeños conflictos interpersonales o desastres enormes de violencia y destrucción, hay una pregunta que alberga la llave de una respuesta compasiva: en esta situación de sufrimiento, sea cual sea, ¿cuál es nuestro deseo más básico?

En la situación actual del Oriente Próximo, con tanta violencia en ambas partes, hallo mi práctica de metta incluyéndoles a todos en el deseo: «que estéis libres del odio, que estéis libres de la enemistad». Si nuestra aspiración es la paz en el mundo, ¿hay alguien que excluiríamos de este deseo, tanto si se trata de terroristas, terroristas suicidas, soldados perdidos en la violencia o legisladores gubernamentales? «Que todo el mundo esté libre del odio, libre de la enemistad». Éstos son los estados mentales que dirigen los actos dañinos. Si nuestra respuesta es la enemistad, el odio o la mala voluntad, tanto si lo reconocemos como si no, somos parte del problema.

Este mensaje no es nuevo, pero la difícil pregunta sigue siendo qué hacer con estos sentimientos cuando aparecen, puesto que, para casi todos nosotros, ello sucederá en distintas situaciones. ¿Cómo hallamos la compasión en medio de tormentas de enfado, odio, malas intenciones o miedo?

Lo más importante es darse cuenta de que estos sentimientos están manifestándose. En este sentido, es ser conscientes lo que puede darnos el don de la compasión, tanto a nosotros como a los demás. Ser conscientes hace que veamos todo el desfile de sentimientos, por intensos que sean, sin perdernos o vernos sumidos en ellos y sin juzgarnos por tenerlos.

Uno de los momentos transformadores de mi experiencia meditativa sucedió en una ocasión en la que durante varios días estuve perdido en sentimientos recurrentes de miedo intenso. Intentaba estar atento a estos sentimientos cuando surgían señalando: «miedo, miedo». Pero aun así me sentía atrapado en la intensidad de la emoción. Entonces, llegado cierto punto, algo cambió en mi mente y me dije: «si este miedo va a estar presente el resto de mi vida, está bien». Éste fue el primer momento de aceptación verdadera y ello cambió por completo mi relación con el miedo. Aunque seguía apareciendo, ya no lo estaba encerrando con mi resistencia. La verdadera aceptación consciente permitió limpiar el miedo.

Cuando somos conscientes nuestros corazones se vuelven lo suficientemente espaciosos como para soportar las emociones dolorosas, sentir el sufrimiento que comportan y soltarlas. Pero requiere práctica (y quizás de distintas prácticas) poder llegar a abrirnos a las emociones problemáticas que reconocemos e iluminar aquellas que se encuentran ocultas.

Existen ciertos retos y dificultades particulares cuando tratamos con emociones problemáticas. A menudo vivimos en la negación y no resulta fácil abrirnos a nuestro lado en la sombra. Incluso cuando nos damos cuenta de ello, podemos quedarnos atrapados en la justificación propia de estos sentimientos: «Debería odiar a estas personas, ¡sólo hay que mirar lo que han hecho!». Al justificar estos sentimientos de odio y enemistad (lo que es muy distinto de ser conscientes de ellos) podemos terminar desarrollando un fuerte sentimiento de superioridad moral. Nos olvidamos de que nuestros sentimientos y emociones son respuestas condicionadas, producidas por las condiciones particulares de nuestras vidas. Otras personas en la misma situación pueden sentir cosas muy distintas. Aunque a veces resulte difícil de creer, nuestros sentimientos no son necesariamente el reflejo de una verdad última. Como nos recuerda Bankei, el gran maestro zen del siglo XVII: «¡No te pongas de tu lado!».

El sentimiento de superioridad moral acerca de nuestros propios sentimientos y puntos de vista constituye el lado oscuro del compromiso. A veces confundimos esta autojustificación con la sensación de la dedicación apasionada por las cosas que hacemos. Pero grandes ejemplos de compasión y justicia social, gente como Aung San Suu Kyi y otros, iluminan la diferencia.

No se trata de si aparecerán estados mentales dañinos en nosotros o en el mundo que nos rodea o no. Sentimientos como el enfado, la enemistad, el miedo, el sentimiento de superioridad moral, la codicia, la envidia o los celos, todos ellos surgen en distintos momentos. Nuestro reto es reconocerlos siendo conscientes de ellos, comprender que estos estados en sí mismos son la causa del sufrimiento y que ninguna acción que realicemos basándonos en ellos nos conducirá a nuestro resultado deseado: la paz en nosotros y en el mundo.

El método es ser conscientes, su expresión es la compasión y su esencia es la sabiduría. La sabiduría ve la naturaleza transitoria y efímera de las experiencias y el hecho fundamental de que no podemos fiarnos de estos fenómenos cambiantes. La sabiduría abre nuestras mentes a la experiencia de la ausencia de individualidad, la gran joya liberadora del despertar del Buddha. Esta comprensión, a su vez, genera un compromiso compasivo con el mundo. El gran maestro tibetano Dilgo Khyentse Rinpoche enseñaba que: «Cuando te das cuenta de la naturaleza vacua, emerge la energía para hacer el bien de los demás espontáneamente y sin esfuerzo». Y la sabiduría muestra que el desapego es la experiencia unificadora esencial de la libertad. Vemos que el desapego es a la vez una práctica que cultivar y la naturaleza despierta de la mente misma.

T.S. Eliot lo expresó muy bien en unas pocas líneas de *Cuatro cuartetos*:

> *Una condición de completa simplicidad*
> *(a costa de no menos que todo)*
> *y todos estarán bien*
> *y cualquier cosa estará bien.*

★ ★ ★

En esta enseñanza de meditación, Thich Nhat Hanh muestra a los miembros del Congreso de los EEUU cómo transformar su forma de gobernar. La toma de consciencia, la escucha profunda y el habla bondadosa, afirma, pueden restablecer la comunicación y eliminar las percepciones erróneas que constituyen la base de la violencia y el odio.

★ ★ ★

12. CONTAMOS CON LA COMPASIÓN Y EL ENTENDIMIENTO NECESARIOS PARA CURAR AL MUNDO

THICH NHAT HANH

Distinguidos miembros del Congreso, damas y caballeros, estimados amigos, es un placer para mí tener la oportunidad de hablar con ustedes sobre cómo compartir nuestra comprensión, compasión y entendimiento para servir mejor a aquéllos a quienes queremos servir y ayudar a curar las heridas que han dividido nuestro país y el mundo.

Cuando se sienten en su coche de camino al trabajo, podría irles bien utilizar ese tiempo para regresar al hogar que es uno mismo y entrar en contacto con las maravillas de la vida. En lugar de ponerse a pensar en el futuro, podría gustarles practicar la respiración consciente para regresar al hogar que es el momento presente y estar plenamente presentes. Todo el día inspiramos y espiramos, pero no nos damos cuenta de ello. La práctica de dirigir la atención a nuestra respiración se conoce como *respiración consciente*.

«Al inspirar, sé que estoy vivo. Al espirar, sonrío a la vida». Se trata de una práctica muy sencilla. Si regresamos al hogar de nuestra inspiración y espiración y respiramos conscientemente, vivimos plenamente en el aquí y ahora. En nuestras vidas cotidianas, nuestros cuerpos están presentes pero nuestra mente puede que se encuentre en otro lugar, atrapada en nuestros proyectos, nuestras preocupaciones y nuestras angustias. Pero la vida sólo está disponible en el momento presente. El pasado ya no está y el futuro todavía no está aquí. Tenemos una cita con la vida que tiene lugar en el momento presente. Cuando nos situamos en el momento presente, podemos vivir profundamente nuestras experiencias y entrar en contacto con los elementos curadores, reparadores y alentadores que siempre se encuentran en nosotros mismos y a nuestro alrededor.

Con la energía de ser conscientes, podemos reconocer perfectamente nuestro dolor y abrazarlo con ternura, como hace una madre con su hijo en llanto. Cuando un bebé llora, su madre deja todo lo que está haciendo y coge en sus brazos al bebé con ternura. La energía de la madre penetra en el bebé y éste se siente aliviado. Lo mismo sucede cuando reconocemos y abrazamos el dolor y la tristeza en nuestro interior. Si podemos coger nuestro enfado, nuestra tristeza y nuestro miedo con la energía de la toma de conciencia, podremos reconocer las raíces de nuestro sufrimiento y también podremos reconocer el sufrimiento en las personas que queremos.

Ser conscientes nos ayuda a no enfadarnos con nuestros seres queridos, porque ellos también están sufriendo. En cambio, querremos hacer algo para ayudarles a transformar su sufrimiento. La persona a la que quieres tiene mucho dolor y no ha tenido la oportunidad de ser escuchada, por lo que es muy importante tomarse el tiempo de sentarse y escuchar con compasión. A esta práctica la llamamos "escucha profunda" y pueden utilizarla, con la práctica del habla bondadosa, para restablecer la comunicación con las personas por las que se preocupan. Escuchar de este modo ofrece a la otra persona una oportunidad para vaciar su corazón. Si pueden mantener viva su compasión durante ese momento, incluso si lo que dice la otra persona está lleno de acusaciones y resentimiento, no se desencadenará irritación o enfado en uno mismo. Escuchen para ayudar a la otra persona a sufrir menos.

Cuando se habla con compasión, se emplea un lenguaje que no posee los componentes del enfado y la irritación. De este modo podemos ayudarnos mutuamente a eliminar las percepciones erróneas. Toda la energía del enfado, el odio, el miedo y la violencia viene de las percepciones erróneas. En efecto, las percepciones erróneas provocan mucha ira, desconfianza, recelo, odio y terrorismo, y no se pueden eliminar las percepciones erróneas mediante el castigo. Hay que hacerlo con las herramientas de la escucha profunda y compasiva y el habla bondadosa. Con la escucha profunda y compasiva y el habla bondadosa podemos crear armonía en nuestras familias y nuestras sociedades pueden convertirse en sociedades de entendimiento, paz y felicidad.

Cuando estuve en la India hace unos años hablé con el señor R. K. Narayan, un miembro del Parlamento indio, sobre la práctica de la escucha profunda y el diálogo compasivo en la Asamblea Nacional. Cuando se representa al pueblo, se espera que uno ofrezca al pueblo lo mejor de su entendimiento y compasión. Por esto, dije que este tipo de asambleas legislativas podían convertirse en comunidades con un gran entendimiento y compasión mutua. Que podían tener una fuerte comprensión colectiva que apoyara el proceso de toma de decisiones y al pueblo de la nación. Antes de una sesión del Congreso, por ejemplo, alguien podría leer una breve meditación:

Estimados colegas, hemos sido elegidos por nuestro pueblo y nuestro pueblo espera que nos escuchemos profundamente y que utilicemos un lenguaje que se corresponda con nuestro conocimiento y comprensión. Pongamos en común nuestras experiencias y conocimientos individuales para que podamos ofrecer nuestra comprensión colectiva y podamos tomar las mejores decisiones para el país y la gente.

Cuando un miembro del Congreso habla desde su comprensión con este tipo de lenguaje está ofreciendo lo mejor de sí mismo. Si sólo actuamos y hablamos de acuerdo con la línea de nuestro partido, entonces no estaremos ofreciendo la mejor compasión y el mejor entendimiento que poseemos. Cada uno de nosotros, si somos suficientemente conscientes y estamos concentrados, es capaz de comprender el sufrimiento y las dificultades de su gente.

Los miembros del Congreso están muy preocupados por los niveles de violencia en nuestras familias, escuelas y en la sociedad en general. Toda persona involucrada tendrá sus propias ideas y comprensión sobre cómo disminuir estos niveles de violencia. Así pues, si podemos combinar toda nuestra comprensión y experiencia, contaremos con la comprensión colectiva que ayudará a disminuir la cantidad de violencia en nuestra sociedad. Si no somos capaces de escuchar a nuestros colegas con un corazón libre, si sólo pensamos que él o ella pertenecen al otro partido y pensamos que sólo vale la pena tomar en consideración y apoyar ideas de nuestro propio partido, entonces estaremos dañando las bases de nuestra democracia.

Es por este motivo por lo que necesitamos transformar nuestra comunidad, en este caso el Congreso, en una comunidad compasiva. Cada uno sería considerado como un hermano o una hermana por todos los demás. El Congreso sería un lugar donde aprender a escuchar a los demás con el mismo interés y dedicación. La práctica de la escucha profunda y compasiva, y del habla bondadosa, puede ayudar a construir la fraternidad, puede eliminar la discriminación y puede producir el tipo de comprensión que sea liberador para nuestro país y nuestra gente.

Dos días después de los hechos del once de septiembre, hablé ante cuatro mil personas en Berkeley. Les dije que en ese momento nuestras emociones eran muy fuertes y que debíamos ser capaces de tranquilizarnos porque desde la lucidez y la calma sabríamos qué hacer y, en especial, qué *no* hacer para no empeorar la situación. Entonces sugerí una serie de cosas que podrían hacerse para disminuir el nivel de violencia y odio.

Los terroristas que atacaron las Torres Gemelas debieron estar muy enfadados. Debían odiar mucho a los Estados Unidos. Debían pensar que los Estados Unidos habían intentado destruir su pueblo, su religión, su nación y su cultura. Debemos descubrir por qué hicieron aquello a los Estados Unidos.

Los líderes políticos de los Estados Unidos pueden formular esta pregunta, en calma y con claridad: «Estimadas personas que estáis al otro lado, no sabemos por qué nos habéis hecho esto. ¿Hemos hecho algo que os haya hecho sufrir tanto? Queremos conocer vuestro sufrimiento y por qué nos odiáis tanto. Debemos haber dicho o hecho algo que os ha hecho pensar que queríamos destruiros, pero en realidad no es así. Estamos confundidos. Por esto queremos que nos ayudéis a comprender por qué nos habéis hecho esto».

A este tipo de habla le llamamos habla bondadosa o amable. Si somos honrados y sinceros nos lo dirán y nos daremos cuenta de las percepciones erróneas que tienen sobre sí mismos y sobre nosotros mismos. Podemos intentar ayudarles a eliminar sus percepciones erróneas. Todos estos actos de terrorismo y violencia proceden de percepciones erróneas. Las percepciones erróneas son la base del enfado, la violencia y el odio, y no podemos eliminar las percepciones erróneas con una pistola.

Cuando escuchamos profundamente a otra persona, no sólo reconocemos sus percepciones erróneas sino que también podemos identificar nuestras propias percepciones erróneas sobre nosotros mismos y sobre la otra persona. Por este motivo el diálogo consciente y la comunicación consciente son cruciales para eliminar el enfado y la violencia. Tengo la esperanza profunda de que los líderes políticos puedan servirse de estos instrumentos para traernos la paz a nosotros y al mundo. Creo que el uso de la fuerza y la violencia sólo pueden empeorar la situación. Desde el once de septiembre, los Estados Unidos no han sido capaces de disminuir el nivel de odio y violencia por parte de los terroristas. De hecho, el nivel de odio y violencia ha aumentando. Es el momento de regresar a la situación, observar profundamente y hallar otro modo menos costoso de traernos la paz a nosotros y a ellos. La violencia no puede eliminar la violencia, todo el mundo lo sabe. Sólo con la práctica de la escucha profunda y la comunicación amable podemos ayudar a eliminar las percepciones erróneas que son la base de la violencia.

Los Estados Unidos están teniendo muchas dificultades en Irak. Pienso que los Estados Unidos están atrapados en Irak del mismo modo que lo estuvieron en Vietnam. Tenemos la idea de que debemos ir a buscar y destruir al enemigo allí donde pensamos que se encuentra, pero esta idea nunca nos ofrecerá la oportunidad de hacer lo correcto para terminar con la violencia.

Durante la guerra de Vietnam, los Estados Unidos creyeron que debía bombardear Vietnam del Norte, pero cuantas más bombas lanzaban más comunistas creaban. Me temo que en Irak está sucediendo lo mismo. Creo que ahora le es muy difícil a los Estados Unidos retirarse de Irak. Incluso si quisieran retirarse, les resultaría muy difícil. El único modo que tienen los Estados Unidos para liberarse de esta situación es ayudar a convertir las Naciones Unidas en un auténtico cuerpo de paz que se haga cargo de la situación tanto en Irak como en el Oriente Próximo. Los Estados Unidos son lo suficientemente poderosos como para conseguirlo. Los Estados Unidos deberían permitir que otros países contribuyesen positivamente en hacer de las Naciones Unidas una verdadera organización de paz con la autoridad suficiente para hacer su trabajo. Para mí, éste es el único modo de salir de la situación actual.

Pienso que debemos darnos cuenta de que todo está conectado con todo lo demás. Nuestra seguridad y bienestar ya no son cuestiones individuales. Si ellos no están a salvo no habrá modo de que nosotros estemos a salvo. Ocuparse de la seguridad de las demás personas significa, al mismo tiempo, ocuparse de la propia seguridad. Ocuparse de su bienestar significa ocuparse del propio bienestar.

La mente que discrimina y separa es la base de toda la violencia y el odio. Mi mano derecha ha escrito todos los poemas que he compuesto, mientras que mi mano izquierda no ha escrito un solo poema. Sin embargo, mi mano derecha no piensa: «Tú, mano izquierda, ¡no sirves para nada!». Mi mano derecha no tiene ningún sentido de superioridad en absoluto y por este motivo se siente feliz. Al mismo tiempo, mi mano izquierda no tiene ningún tipo de complejo, incluido el complejo de inferioridad. En mis dos manos existe la sabiduría conocida como la sabiduría de la no discriminación. Un día estaba clavando un clavo y mi mano derecha no fue diestra y en lugar de darle al clavo le di a mi dedo. Entonces, dejó el martillo a un lado y se ocupó de la mano izquierda con mucha delicadeza, como si se estuviera ocupando de sí misma. En ningún momento dijo: «Tú, mano izquierda, deberás acordarte de que yo, la mano derecha, un día me ocupé de ti y deberás pagarme por ello en un futuro». No existió tal pensamiento y, del mismo modo, mi mano izquierda no dijo: «Tú, mano derecha, me has hecho mucho daño. Dame ese martillo, quiero justicia». Las dos manos saben que son miembros de un mismo cuerpo, cada una se encuentra en la otra.

Pienso que si los israelíes y los palestinos supieran que son hermanos, que son como mis dos manos, entonces no intentarían castigarse más los unos a los otros. Pero la comunidad internacional tampoco les ha ayudado a verlo. Los musulmanes y los hindúes, también, si supieran que la discriminación se halla en la base del sufrimiento, sabrían cómo contactar con la semilla de la no discriminación en ellos. Este tipo de despertar, este tipo de comprensión profunda, traerá la reconciliación y el bienestar.

Pienso que es muy importante que las personas tengan el tiempo suficiente para observar profundamente y ver que la violencia no puede eliminar la violencia. Sólo la escucha amable y profunda y el habla bondadosa pueden ayudar a restablecer la comunicación y eliminar las percepciones erróneas que se encuentran en la base de la violencia, el odio y el terrorismo. Estoy seguro de que en los Estados Unidos hay mucha gente que se da cuenta de que la violencia no puede acabar con la violencia. Comprenden que no hay camino *a* la paz, la paz *es* el camino. Estas personas deben unirse para dar a conocer con fuerza sus intereses y ofrecer su comprensión colectiva al país para que éste pueda salir de la situación actual. Cada uno de nosotros tiene el deber de poner en común esta comprensión colectiva, porque con esta comprensión la compasión nos hará suficientemente fuertes y valientes como para lograr una solución para nosotros y el mundo.

Cada vez que inspiramos y regresamos al hogar que somos nosotros mismos, y aportamos un componente de armonía y paz en nosotros, esto es un acto de paz. Cada vez que sabemos cómo mirar a otro ser vivo y reconocer el sufrimiento que hay en él, y que ha hecho que hablara o actuara de ese modo, somos capaces de ver que él es la víctima de su propio sufrimiento que es incapaz de manejar. Cuando tenemos este entendimiento, podemos mirar a esta otra persona con los ojos de la compasión, ya no sufrimos ni hacemos sufrir a la otra persona. Éstos son los actos de paz que pueden compartirse con los demás.

En Plum Village hemos tenido la oportunidad de practicar juntos como una comunidad. Somos varios cientos de personas viviendo juntos como una familia de una forma muy sencilla. Aunque vivimos con sencillez, somos muy felices gracias a la cantidad de entendimiento y compasión que podemos generar. Podemos ir a muchos países a ofrecer retiros de ser consciente para que la gente tenga la oportunidad de curarse, transformarse y reconciliarse. La curación, la transformación y la reconciliación es lo que suele suceder en nuestros retiros, y puede ser muy gratificante para ustedes.

Hemos invitado a israelíes y palestinos a nuestro hogar para practicar con nosotros. Cuando llegan traen consigo enfado, desconfianza, miedo y odio. Pero después de una semana o dos de práctica del andar consciente, la respiración consciente, el comer consciente y el estar sentado consciente, son capaces de reconocer su dolor, abrazarlo y hallar un alivio. Cuando se aprende la práctica de la escucha profunda, se es capaz de escuchar a los demás y darse cuenta de que la gente de otros grupos sufre igual que uno mismo. Cuando sabemos que ellos también padecen la violencia, el odio, el miedo y la desesperación, empezamos a mirarlos con los ojos de la compasión. En ese momento uno sufre menos y hace sufrir menos a los demás. La comunicación es posible con el uso del habla bondadosa y la escucha profunda.

Al final de su estancia en Plum Village, los israelíes y los palestinos siempre vienen juntos como un grupo y nos cuentan el éxito de su práctica. Siempre regresan al Oriente Próximo con la intención de continuar practicando e invitar a los demás a unirse a ellos.

Pensamos que si esta práctica se pudiera realizar a escala nacional, produciría el mismo tipo de efecto. Por desgracia, nuestros líderes políticos no han sido formados en las prácticas de la respiración consciente, el andar consciente e integrar el dolor y la aflicción para transformar su sufrimiento. Sólo han sido formados en ciencias políticas. Por esto es muy importante que nuestros amigos aquí presentes intenten introducir una dimensión espiritual en nuestras vidas, y no de una forma vaga sino con prácticas concretas. Hablar de este modo no es mucha ayuda, pero si van a un retiro, la práctica de respirar conscientemente, comer conscientemente, andar conscientemente y regresar al hogar de uno mismo para ocuparse del dolor en nuestro interior se convierten en prácticas diarias. Se encontrarán respaldados por cientos de personas practicando a su alrededor y, después de sólo algunos días, hallarán transformación y curación. Cuando se está en un retiro así se entra en contacto con personas experimentadas en la práctica que pueden ofrecerles su energía colectiva de ser conscientes, lo que puede ayudarles a reconocer e integrar el dolor de su interior para su transformación y curación. Por este motivo en un retiro siempre traemos suficientes practicantes experimentados que puedan ofrecer la energía colectiva de ser conscientes y de la concentración para curar. Un instructor, por muy talentoso que sea, no puede hacer esto. Se necesita una comunidad de práctica donde todo el mundo sabe estar en paz, hablar en paz y pensar en paz, de modo que los practicantes principiantes puedan beneficiarse de la comprensión colectiva.

Pienso que deberíamos introducir una dimensión espiritual en nuestra vida cotidiana. Deberíamos darnos cuenta del hecho de que la felicidad no puede hallarse en la dirección del poder, la fama, la riqueza o el sexo. Si observamos profundamente a nuestro alrededor veremos a mucha gente con estas cosas, pero que padecen un sufrimiento muy profundo. Sin embargo, cuando se tienen entendimiento y compasión en sí mismo, se deja de sufrir. Uno puede relacionarse satisfactoriamente con otras personas a su alrededor y con otros seres vivos también. Por este motivo es crucial que nos demos cuenta de esta realidad de forma colectiva.

Una de las cosas concretas que podría hacer el Congreso es observar profundamente la cuestión del consumo. Pensamos que la felicidad es posible cuando tenemos la capacidad de consumir, pero al consumir introducimos en nuestro interior muchas toxinas y venenos. El modo cómo comemos, el modo cómo miramos la televisión y el modo cómo nos distraemos nos supone tanto a nosotros como a nuestros hijos mucha destrucción. Debido a nuestro gran consumismo, el medio ambiente sufre. Aprender a consumir menos, aprender a consumir sólo aquellas cosas que pueden traer paz y salud a nuestros cuerpos y nuestras conciencias es una práctica muy importante. El consumo consciente es la práctica que puede sacarnos de gran parte de nuestra infelicidad. También debemos practicar la fabricación consciente de productos que sólo puedan traer salud y alegría a nuestro cuerpo y conciencia.

Al consumir inconscientemente, continuamos alimentando en nosotros los componentes de la ansia, el miedo y la violencia. Hay mucho sufrimiento en las personas. Consumen para olvidar porque no saben cómo manejar el sufrimiento. Debería hacerse algo para ayudar a la gente en el contexto de las familias, las escuelas y las comunidades a que regresen al hogar de sí mismos y se ocupen de su sufrimiento interior. La dimensión espiritual es muy importante. Cuando somos capaces de alcanzar la alegría viviendo con compasión y entendimiento, ya no necesitamos consumir en exceso ni destruir nuestro entorno. Consumiendo de este nuevo modo, podemos conservar la compasión y el entendimiento que existen en nuestro interior.

El Buddha dijo que si consumimos sin compasión es como si nos estuviéramos comiendo la carne de un hijo nuestro. De hecho, destruimos nuestro entorno y nos destruimos a nosotros mismos debido al consumo inconsciente. El Congreso podría hallar formas de incentivar en la gente un consumo consciente y una producción consciente, en lugar de crear productos que pueden llevan toxinas a los corazones y cuerpos de la gente.

En nombre de la libertad, la gente ha hecho mucho daño a esta nación y su población. Pienso que debería existir alguna ley que prohibiese fabricar productos que llevaran toxinas a nuestro cuerpo y nuestra mente. Fabricar con responsabilidad es nuestra práctica.

En la Costa Este tenemos la Estatua de la libertad. Pienso que en la Costa Oeste deberíamos levantar una Estatua de la Responsabilidad que sirviese de contrapeso de la libertad, puesto que la libertad sin responsabilidad no es una libertad verdadera.

En las películas y el entretenimiento estamos fabricando comida para el espíritu. Si sabemos cómo prohibir el tipo de comida que puede llevar toxinas en nuestros cuerpos, debemos también prohibir el tipo de comida que puede llevar toxinas a nuestras conciencias colectivas. Pienso que estos asuntos deberían ser considerados profundamente por los miembros del Congreso. Esperamos que los miembros del Congreso puedan ver de dónde procede nuestro sufrimiento y el suyo. El consumo inconsciente y la fabricación inconsciente de productos de consumo forman parte de la raíz de nuestro problema. Consumiendo de este modo estamos creando violencia y ansia.

Es mi mayor deseo que los miembros del Congreso tengan tiempo para analizar esta cuestión y mirar profundamente en las raíces de su propio sufrimiento, el sufrimiento de este país y el sufrimiento en todo el mundo. Este sufrimiento no debe continuar. Contamos con la compasión y el entendimiento necesarios para curar al mundo.

★ ★ ★

¿Qué es lo que hace que las cosas vayan realmente mal, en nuestras propias vidas o en el ámbito político? Por lo general, es cuando las personas se ven arrastradas por fuertes e intensas emociones. El antídoto del enfado, el miedo, el daño y otras emociones poderosas, afirma la célebre monja buddhista norteamericana Pema Chödrön, es la paciencia. Este tipo de paciencia no es pasiva ni débil, sino que es la valentía de esperar y simplemente experimentar la intensidad de la emoción, sin suprimirla o hacer nada con ella. Entonces se rompe la cadena de la escalada.

★ ★ ★

13. EL PODER DE LA PACIENCIA: EL ANTÍDOTO DE LA ESCALADA DEL CONFLICTO

Pema Chödrön

Las enseñanzas buddhistas nos dicen que la paciencia es el antídoto de la agresividad. Cuando sentimos agresividad en todas sus distintas formas (como el resentimiento, la amargura, el criticismo, la queja, etc.) podemos intentar aplicar las distintas prácticas que hemos recibido y los buenos consejos que hemos oído y que hemos dado a otras personas. Sin embargo, todo esto a menudo no parece sernos de gran ayuda. Es por esto por lo que hace unos años me llamó la atención la enseñanza de la paciencia, porque resulta tan difícil saber qué hacer cuando uno siente agresividad.

Se dice que la paciencia es un modo de producir una desescalada de la agresividad. Aquí estoy pensando en la agresividad como sinónimo de dolor. Cuando nos sentimos agresivos y, en cierto modo, esto se aplica a cualquier sentimiento intenso, existe una cualidad dominante que nos impele en la dirección de querer obtener cierto resultado. Es tan doloroso sentir agresividad que queremos que se termine.

Así pues, ¿qué es lo que solemos hacer? Hacemos justo lo que va a producir una escalada de agresividad y sufrimiento.

Golpeamos y volvemos a golpear. Algo hiere nuestros sentimientos y, al principio, empieza como algo suave. Si se es rápido puede captarse, pero normalmente ni siquiera nos percatamos de esta suavidad inicial y nos encontramos en medio de una situación acalorada, ruidosa y palpitante, en la que sólo queremos equipararnos con el estado mental de otra persona: es algo muy fuerte. Entonces, con tus palabras o tus acciones, para escapar del dolor de la agresividad, creas más agresividad y dolor.

En ese momento, la paciencia significa ser listo: te detienes y esperas. También debes callarte, porque si dices algo va a resultar agresivo, incluso si dices: «Te quiero».

Una vez me enfadé mucho con un colega mío y le llamé por teléfono. Ya ni me acuerdo de por qué estaba enfadada, pero en aquel momento ni siquiera podía dormir por la noche de lo furiosa que estaba. Intenté meditar en mi enfado, trabajar con él y hacer prácticas con él, pero nada sirvió. Así que me levanté en medio de la noche y le llamé. Cuando respondió al teléfono todo cuanto dije fue: «Hola». Pero él directamente me preguntó: «¿He hecho algo mal?». Pensaba que muy amablemente disimularía lo que realmente sentía y le diría algunas palabras agradables sobre todas las cosas que había hecho mal, fueran las que fueran. Pero tan sólo por el tono de mi salutación, se dio cuenta. Esto es lo que pasa con la agresividad: no puedes hablar porque todo el mundo notará las vibraciones. No importa lo que salga de tu boca, es como si estuvieras sentado encima de un barril de dinamita.

La paciencia tiene mucho que ver con ser listo en ese momento y sólo esperar: no hablar ni hacer nada. Por el otro lado, también significa ser completa y totalmente sincero contigo mismo sobre el hecho de que estás furioso. No estás reprimiendo nada, la paciencia no tiene nada ver con reprimirse. De hecho, se trata de tener una relación amable y sincera con uno mismo. Si esperas y no alimentas tu pensamiento discursivo, puedes ser sincero sobre el hecho de que estás enfadado pero, al mismo tiempo, puedes dejar ir tu diálogo interno. En ese diálogo estás acusando y criticando y, entonces, posiblemente te estés sintiendo culpable y te estés machacando por ello. Es una tortura, porque te sientes mal por estar tan enfadado al mismo tiempo que estás tremendamente enfadado y no lo puedes dejar estar. Es muy doloroso experimentar una confusión tan atroz. A pesar de todo, simplemente esperas y permaneces paciente con tu confusión y el dolor que la acompaña.

La paciencia posee una cualidad de una enorme sinceridad, pero también tiene la cualidad de no producir una escalada de las cosas y ofrece un gran espacio para que la otra persona pueda hablar, para que la otra persona pueda expresarse, mientras uno no reacciona, aunque por dentro sí lo estemos haciendo. Dejas pasar las palabras y simplemente estás ahí.

Aquí vemos la valentía que acompaña a la paciencia. Si practicas el tipo de paciencia que conduce a la desescalada de la agresividad y el cese del sufrimiento, estarás cultivando una gran valentía. Llegarás a conocer realmente el enfado y cómo alimenta palabras y acciones violentas. Verás toda la situación sin llevarla a cabo. Cuando practicas la paciencia, no estás reprimiendo el enfado; simplemente estás sentado a su lado y dejas en seco la agresividad. Como resultado, conoces realmente la energía del enfado, así como a dónde conduce, incluso sin llegar ahí, porque tú te das cuenta de que este tipo de acciones no consiguen liberarse de la agresividad, sino que producen una escalada. Así que, por el contrario, permaneces paciente, paciente contigo mismo.

Desarrollar la paciencia y la valentía significa aprender a quedarse sentado quieto con la tensión de esa energía. Es como estar montado encima de un caballo salvaje o encima de un tigre salvaje que puede devorarte. Existe un *limerick*[1] al respecto:

> Había una vez una chica de Nigeria
> que iba sonriente sobre una pantera.
> Cuando regresaron del paseo
> la chica iba en el interior,
> y la sonrisa en el rostro de la pantera.

Estar sentado con tu malestar es como montar en esa pantera, porque es igual de aterrador.

Cuando examinamos este proceso aprendemos algo muy interesante: no hay ninguna solución. La solución que buscan los seres humanos procede de un enorme malentendido. ¡Creemos que podemos resolverlo todo! Cuando los seres humanos sentimos una fuerte energía, tendemos a sentirnos extremadamente incómodos hasta que las cosas se resuelven de un modo reconfortante y seguro, bien del lado del *sí* o del lado del *no*. O del lado *correcto* o del lado de *incorrecto*. O del lado de cualquier cosa a la que podamos agarrarnos.

Sin embargo la práctica que estamos realizando no nos ofrece nada a lo que agarrarnos. De hecho, las propias enseñanzas no nos ofrecen nada a lo que agarrarnos. Al trabajar con la paciencia y la valentía, aprendemos a ser pacientes con el hecho de que somos seres humanos, de que todo el mundo que nace y muere desde el principio de los tiempos hasta el fin de los tiempos, de forma natural querrá hallar algún tipo de solución para esta energía nerviosa y temperamental.

---

1. Poema humorístico de cinco versos con rima consonante (AABBA). El primer, segundo y quinto versos son endecasílabos y el tercero y el cuarto, heptasílabos. *(N. del T.)*

¡Pero no hay ninguna! La única solución posible es temporal y causante de más sufrimiento. Descubrimos que es un hecho que la alegría y la felicidad, la paz, la armonía y el permanecer en el hogar que es uno mismo con tu mundo viene de sentarse quieto con el mal humor de esta energía mientras aparece, continúa y se va. Esta energía nunca se convierte por sí misma en algo sólido.

Así pues, mientras ocurre, permanecemos en medio de esta energía. El camino para llegar a contactar con la suavidad inherente del corazón genuino consiste en sentarse quieto y ser paciente con este tipo de energía. No debemos culparnos por fracasar, aunque sea por un breve instante, porque estaremos siendo seres humanos típicos. Lo único extraordinario es que poseemos la valentía suficiente como para ir más al fondo de estas situaciones y explorar por debajo de la reacción de superficie que intenta hallar un terreno sólido bajo sus pies.

La paciencia es una práctica tremendamente maravillosa, incluso mágica, y es un gran apoyo. Es un modo de cambiar completamente el hábito humano básico de intentar resolver las cosas yendo bien hacia la derecha o bien hacia la izquierda, denominando a las cosas como correctas o como incorrectas. Es el modo de desarrollar valentía, el modo de descubrir de qué trata realmente la vida.

Pero la paciencia no significa ignorar. De hecho, la paciencia y la curiosidad van de la mano. Te preguntas: «*¿Quién soy yo? ¿Quién soy yo a nivel de mis pautas neuróticas? ¿Quién soy yo en el nivel más allá del nacimiento y la muerte?*». Si quieres mirar en la naturaleza de tu propia condición, debes ser inquisitivo. El camino es un viaje de investigación en el que se empieza a mirar con mayor profundidad en aquello que ocurre. Las enseñanzas nos dan un gran número de sugerencias sobre qué es lo que podemos buscar y las prácticas nos dan un gran número de sugerencias sobre cómo buscar. La paciencia es una de estas sugerencias de gran ayuda. La agresividad, por el contrario, nos impide ver: pone una tapa bien cerrada a nuestra curiosidad. La agresividad es una energía decidida a resolver la situación de un modo rígido, sólido y fijo, en el que alguien gana y alguien pierde.

Cuando empiezas a investigar, te das cuenta de que, por una parte, cuando hay algún tipo de dolor (el dolor de la agresividad, la tristeza, la pérdida, la irritación, el resentimiento, los celos, una indigestión, el dolor físico), detrás del dolor siempre hay algo a lo que estamos apegados. Siempre hay algo a lo que nos agarramos.

Tan pronto descubres que detrás de tu dolor hay algo a lo que te estás agarrando, te encuentras en un lugar que experimentarás a menudo en el camino espiritual. Al cabo de un tiempo te parece que casi a cada momento de tu vida estás ahí, en un punto en el que te das cuenta de que, en realidad, tienes elección. Puedes elegir abrir o cerrar, agarrar o soltar, apretar o aflojar.

Esta elección se te plantea una y otra vez. Por ejemplo, sientes un dolor, lo observas profundamente y te das cuenta de que hay algo muy pesado a lo que te estás agarrando. Y entonces tienes una elección: puedes soltarlo, lo que básicamente significa que conectas con la suavidad que existe detrás de esa dureza. Quizás cada uno de nosotros ya haya descubierto que detrás de la dureza de la resistencia, la tensión, la agresividad y los celos, hay una gran suavidad que estamos intentando tapar. Así que podemos soltarnos y conectar con esta suavidad o bien podemos seguir agarrados, lo que significa que va a continuar el sufrimiento.

No tienes por qué soltarte de las grandes cosas a las que te agarras, puesto que normalmente no puedes. Eso resulta demasiado amenazante. Sería demasiado duro soltarse continuamente, al instante. Pero incluso con las pequeñas cosas, puedes empezar, quizás sólo de un modo intelectual, a ver que dejarse ir puede producir un gran alivio, una gran relajación y la conexión con la suavidad y la ternura del corazón genuino. La alegría verdadera viene de allí.

Agarrarse aumenta el dolor, pero eso no significa que vayas a ser capaz de soltarte, puesto que hay mucho en juego. Lo que está en juego es tu noción entera de quién eres, toda tu identidad. Te estás empezando a mover en el territorio de la ausencia de ego, de la naturaleza insubstancial de uno mismo, y de todas las cosas de hecho. Las enseñanzas teóricas, filosóficas, que nos miramos desde lejos, pueden volverse muy reales cuando empiezas a tener una idea de qué están hablando en realidad.

Me he encontrado con que la paciencia tiene mucha coña y es muy guasona. Es un error pensar que se trata de resistir, como cuando decimos: «Tú sonríe y aguántate». Resistirse comporta algún tipo de represión o intentar estar a la altura del nivel de perfección de otra persona. En cambio, te das cuenta de que debes ser muy paciente con las imperfecciones que descubres en ti. La paciencia es una especie de sinónimo de bondad, ya que la velocidad de la bondad puede llegar a ser extremadamente lenta. Estás desarrollando paciencia y bondad hacia tus propias imperfecciones, hacia tus propios límites, por no estar a la altura de tus propios ideales tan elevados. Hay una máxima que una vez alguien formuló que dice así: «Baja tu exigencia y relájate a tal como es.» Esto es la paciencia.

Hay otra máxima que dice: «Uno al principio y uno al final». Significa que cuando te levantas por la mañana haces tus propósitos para el día y, al final del día, haces un repaso de cómo te ha ido con una actitud tierna y amable. El camino del desarrollo de la bondad y la compasión consiste en ser paciente con el hecho de que eres humano y que cometes errores. Esto es más importante que hacer bien las cosas. Y, lo que es más interesante, esto aporta algo más: aporta bondad hacia uno mismo y los demás. Si miras fuera de ti, te ves allí a donde vas. Ves a toda esa gente a quienes se les escapa todo esto, al igual que a ti. Entonces, ves a toda esa gente que lo tiene y que te obsequia con el regalo de la valentía. Y dices: «¡Oh, qué valientes, lo tienen!». Entonces empiezas a apreciar el más mínimo gesto de valentía en los demás porque sabes que no resulta fácil y esto te inspira enormemente. Así es como podemos ayudarnos realmente los unos a los otros.

★ ★ ★

Todos tenemos en nosotros las semillas de la compasión, puesto que el corazón humano es fundamentalmente bueno. Pero, ¿cómo desarrollamos nuestra compasión y la extendemos, más allá de nuestro círculo más próximo, a todo el mundo? El maestro buddhista tibetano Gehlek Rinpoche nos habla de "dar y tomar", una práctica de meditación para desarrollar esta compasión universal. No podemos hacer una mayor contribución a la transformación del mundo que aprender esta práctica.

★ ★ ★

14. DAR Y TOMAR

GEHLEK RINPOCHE

Nuestro mundo actual es muy inestable, irritante e impulsivo. Hemos perfeccionado nuestra capacidad de dañarnos los unos a los otros hasta niveles sin precedentes y utilizamos la necesidad de proteger nuestros propios intereses para justificar la violencia extrema casi a diario. En nombre de la "defensa propia", en su confusión, la gente comete actos terribles entre sí.

Pero, en lo más hondo de su interior, todas las personas desean la felicidad. Todos queremos liberarnos del sufrimiento, pero actuamos de tal modo que producimos justamente lo contrario. El *yo* y lo *mío* siempre se muestran como justificación de nuestras acciones negativas, no importa lo destructivas que sean.

Muchos de nosotros, que estamos interesados en el desarrollo espiritual, hemos acabado viéndolo como un medio para desafiar estas tendencias destructivas. Por lo menos, nos gustaría ser buenos practicantes espirituales para hallar paz en nuestra mente ante el sufrimiento. Sin embargo, el desarrollo espiritual comporta ciertas responsabilidades. El Dalai Lama se refiere a ello como la "responsabilidad universal" y, en su libro *Ética para el nuevo milenio*, la describe como la «base de la felicidad humana sin distinción de creencias religiosas».

La responsabilidad universal se desarrolla cuando empezamos a ver las profundas similitudes entre todos nosotros. De ello se deriva un sentimiento de respeto hacia nosotros mismos y los demás en tanto que básicamente iguales. Este tipo de respeto puede ser una poderosa herramienta de cambio social. Así, por ejemplo, el respeto por uno mismo y los demás permitió al Mahatma Gandhi desafiar pacíficamente el poder del Imperio Británico. Puede que la gente recuerde que en un tiempo se decía que el sol nunca se ponía en el Imperio Británico, pero Gandhi, un simple hombre vestido con un dhoti[1] hecho de tela artesanal, fue capaz de cambiar el curso de un imperio sin recurrir a la violencia, sino absteniéndose de ella.

El mismo sentimiento de responsabilidad permitió a Nelson Mandela soportar largos años en la cárcel sin flaquear en su desafío no violento al injusto sistema sudafricano. La libertad de la que gozan los sudafricanos hoy se debe a su respeto por la igualdad de las personas.

Esta misma perspectiva ha permitido a Su Santidad el Dalai Lama tratar de forma pacífica y constante con el gobierno comunista chino. Su Santidad ha sostenido el principio de la no violencia incluso después de cincuenta años de ocupación china del Tibet.

Cuando pensamos en esto, la responsabilidad universal parece un gran principio y la mayoría de nosotros no tiene esta visión tan amplia de nuestras actividades cotidianas. Cuando consideramos las acciones de personas como Gandhi, podemos pensar: «Ah, estas personas son importantes, pero no yo». Pero esto no es cierto, porque nuestras acciones individuales marcan una gran diferencia para la sociedad. Un país no es nada más que la reunión de sus ciudadanos. Una nación

---

1.   Falda anudada entre las piernas a modo de pantalón. (*N. del T.*)

no pertenece a una sola persona, ni es responsabilidad de una única persona. «Del pueblo, por el pueblo, para el pueblo», como dijo Lincoln en Gettysburg. Si pensamos que cada acción humana tiene una dimensión universal, esto nos llevará más allá de una visión cerrada.

La compasión sola puede producir un tipo de cambio que realmente beneficie a la sociedad. Pero este cambio tiene que venir de dentro. Amor, bondad, compasión, respeto, responsabilidad universal, éstas son las claves. Obligar a la gente a cambiar mediante el miedo y la violencia nunca funciona a largo plazo. Puedes retorcerles los brazos y ponerles una pistola en la cabeza y obligarles a *decir* que están de acuerdo, pero esto jamás ha producido realmente un cambio y jamás funcionará, sino que sólo causa más miedo y repulsa en la gente. El odio crecerá en sus corazones hasta que se manifieste en forma de venganza. La violencia jamás cambiará la mente de la gente, jamás pondrá fin al odio que produce más violencia.

Cuando todavía vivía en el Tibet, existía una gran admiración por los Estados Unidos. Una de las cosas que más admirábamos de los EEUU era su ejemplo de libertad y derechos civiles, que son tan importantes. Sin estas libertades corremos el riesgo de sufrir el régimen de dictaduras terribles, fascistas y comunistas. No podemos permitirnos perder nuestros derechos individuales y nuestra libertad. Es nuestra responsabilidad cuidar de ellos.

A este respecto, las personas espirituales todavía tienen una mayor responsabilidad que los políticos. La espiritualidad en realidad significa cuidar y amar a la gente, incluyéndonos a nosotros mismos, a nuestros hijos y todos cuantos nos rodean. Si nosotros no los protegemos, ¿quién lo hará? La protección de nuestros derechos no es una cuestión que sólo deben resolver los políticos y de la que nosotros no tenemos por qué preocuparnos. Si hacemos esto, entonces perderemos nosotros.

La compasión nos beneficia a todos nosotros. Todas las grandes religiones reconocen la compasión como la clave. En este sentido el Dalai Lama ha dicho: «Podemos rechazar todo lo demás (la religión, la ideología, toda la sabiduría que hemos heredado), pero no podemos evitar la necesidad del amor y la compasión».

¿Cómo podemos extender nuestra perspectiva para reconocer y empezar a practicar la responsabilidad universal? Cuando desarrollamos la compasión en nosotros mismos, esta compasión nos conducirá a cambios positivos. Todo ser humano tiene la capacidad de desarrollar esta compasión. Todos tenemos la semilla en nuestro interior.

Debemos desarrollar nuestras mentes hasta el punto en que todas las acciones que realicemos estén influenciadas por la compasión. Si sólo practicamos en el plano de la mente, corremos el riesgo de que nuestra compasión se quede en meras palabras. Para desarrollar una compasión genuina debemos poner nuestro dinero donde tenemos la boca. No sólo tenemos que sentir compasión, sino que debemos actuar en ella.

Las tradiciones occidentales cuentan con enormes ejemplos de compasión en acción. Construimos hospitales y escuelas, contribuimos a alimentar a los hambrientos y damos cobijo a los refugiados, existen grupos que se ocupan de los derechos humanos, otros trabajan sin descanso para proteger el medio ambiente. Cuando estos esfuerzos se realizan con bondad y compasión, constituyen grandes ejemplos de compasión en acción.

Sin embargo, en nuestra sociedad a menudo se considera suficiente ir a buscar el talonario y ayudar de este modo. Eso está bien, pero no podemos quedarnos ahí. La verdadera ayuda proviene del difícil trabajo de cambiar nuestras mentes.

Un cambio positivo en la sociedad proviene de tener compasión por los demás. Un cambio positivo en nosotros proviene de tener compasión por nosotros. Sin ello, nuestra compasión por los demás carecerá de unos cimientos sólidos.

Ahora mismo, el ego es nuestro mayor obstáculo, no sólo para ayudar a los demás sino, lo que todavía es más importante, para ayudarnos a nosotros mismos. Podemos comprender intelectualmente que no podemos ayudar realmente a nadie hasta que hayamos aprendido a ayudarnos a nosotros mismos. Pero el ego nos impide ayudarnos a nosotros al mostrarnos una idea falsa de lo que representa ayudarnos a nosotros mismos.

El ego continuamente está pidiendo cosas. Sólo quiere lo mejor, ser lo más importante, tener más que los demás, más fama, poder y riqueza. Todo lo contrario de la responsabilidad universal.

Si eres un hombre de negocios, quieres tener el mayor éxito, y si es a costa de los demás, lo justificarás como competencia sana. Tu ego siempre reclama superioridad, aunque le llamemos como le llamemos: rendimiento, excelencia, o cualquier otro término empresarial. Oradores motivacionales van de empresa en empresa explicando cómo lograr el éxito, pero ellos también quieren ser los oradores motivacionales más famosos, con las mayores tarifas y las mayores ventas de sus libros. Incluso si eres un practicante espiritual, el ego querrá ser el mejor meditador, la más santa de las personas santas, alguien que todo el mundo reconozca y ante quien se postren con respeto. No hay palabras para lo que el ego quiere, puesto que su deseo no tiene límites y sus demandas aumentan sin cesar.

Como practicantes espirituales, intentamos ejercitar nuestra mente para destruir nuestro ego, el ego que ignora a los demás, el que piensa que somos la persona más importante.

Una vez hemos logrado destruir nuestros pensamientos ego-céntricos y egoístas, empezamos a actuar como somos real-mente, con una habilidad real para beneficiarnos a nosotros y a los demás.

Para desarrollar una compasión auténtica hacia nosotros mismos que nos capacite para practicar la compasión tam-bién hacia los demás, necesitamos darle la vuelta a la tortilla de las peticiones del ego. Así pues, sea lo que sea lo que pida el ego, debes darte la vuelta y hacer lo contrario. Ésta es la premisa de la práctica llamada *tonglen* o "dar y tomar".

La práctica del tonglen se combina con el flujo de la res-piración. Como he dicho antes, debemos desarrollar nuestra mente hasta el punto de que todas las acciones que empren-damos estén influenciadas por la compasión. Con el tonglen intentamos asociar el amor y la compasión con la acción de cada respiración.

Si eres una persona sensata, quieres hacer felices a las per-sonas que te son más cercanas y queridas. Normalmente in-tentamos hacer felices a nuestros seres queridos eliminando su dolor. ¿Qué es lo que les hace ser infelices? Su sufrimien-to mental, físico y emocional. En la práctica del tonglen uti-lizamos nuestro deseo habitual de liberar del dolor y el sufri-miento a nuestros seres más cercanos y la herramienta que usamos es nuestra respiración. De hecho, combinamos la visualización con la fuerza de cada inhalación para eliminar su sufrimiento y, a continuación, usamos la fuerza de cada exhalación para darles nuestra alegría y felicidad.

Para realizar la práctica, inhalas por la narina izquierda, manteniendo la narina derecha cerrada presionándola con un dedo. Al inhalar, introduces sus sufrimientos. Los tomas completamente, sin ningún miedo, sin ninguna vacilación, y no dejas nada fuera. A continuación, exhalas por la narina derecha y das toda tu felicidad y las causas de tu felicidad, sin ningún tipo de apego, sin vacilar, sin ningún tipo de mezquindad en absoluto. Visualizamos que nuestra felicidad les alcanza y que ello les hace felices y les llena de alegría.

Al principio no nos costará mucho imaginar todo esto, pero cuando empecemos a pensar en ello más seriamente, puede ser que nos asustemos. Puede que dudemos, tanto por tomar su sufrimiento como por darles nuestra felicidad. Ésta es la parte de la naturaleza humana controlada por el ego que ejerce sus miedos autocomplacientes. Sin embargo, recuerda que aquellos que alcanzan el despertar sólo actúan por el bien de los demás, dando cuanto sea necesario sin la más mínima duda. ¿Puede alguien decir que jamás ha salido perdiendo debido a la generosidad y la compasión?

Si te asusta tomar el sufrimiento de otra persona, se recomienda empezar tomando tu sufrimiento *futuro*. Por la mañana puedes tomar los sufrimientos que experimentarás por la tarde. Hoy puedes tomar los sufrimientos que padecerás mañana, la próxima semana, el próximo mes, el próximo año o la próxima vida. Resulta más fácil en un principio tomar los propios problemas que tomar los de los demás.

Antes de tomar cualquier sufrimiento, tanto si se trata de nuestro sufrimiento futuro como del sufrimiento de los demás, la pregunta que debemos plantearnos es: «¿Qué voy a hacer con este sufrimiento? ¿Dónde voy a ponerlo?». Debemos estar preparados para ello, necesitamos un lugar adecuado para deshacernos de él. Puesto que tenemos un enemigo en nuestro interior, cuyo nombre es "ego", éste será nuestro objetivo. Hagamos que sea él quien lo tome. Este método se conoce como la "práctica especial de dar y tomar".

Reúne tus propias negatividades, que son los actos de tu ego. Reúne tus emociones negativas, que son las reacciones de tu ego. Reúne toda esta negatividad y visualízala en la forma de cualquier cosa desagradable: una araña enorme o una masa de oscuridad a nivel del corazón en el centro de tu cuerpo. Esto es tu ego.

Al inhalar, toma tu sufrimiento futuro o el sufrimiento de los demás. Toma no sólo el sufrimiento sino también las causas de ese sufrimiento, como el apego, el odio y la ignorancia. Todas estas cosas entran con la respiración. Inhálalo y haz que impacte en el ego, en el centro de tu corazón, como un relámpago que lo destruya y no deje el más mínimo resto de él. ¡Nada! En su lugar, se reemplaza por cuanto pueda ser beneficioso para los demás: nuestro cuerpo, riqueza y virtud. Entonces lo exhalamos en forma de una luz y un líquido blanco y brillante fuente de alegría y felicidad.

Al visualizar el sufrimiento de los demás, o tu propio sufrimiento futuro, es necesario desarrollar un sentimiento que te conecte con lo que estás haciendo y el motivo por el cual quieres hacerlo. Visualiza una persona a la que quieras justo delante de ti. Piensa en el sufrimiento de esta persona, el dolor mental, físico y emocional que está padeciendo esta persona. Cuando realmente veas a tu amigo sufriendo un dolor insoportable, te saldrán lágrimas. Esto es cuidar de verdad. Puede que no sea una compasión universal e ilimitada, pero es un sentimiento auténtico de compasión. Intenta sentirlo en tu corazón.

Si no sientes nada cuando visualizas a la persona que más amas, entonces tienes que cambiar tu centro de atención e intentar reunir todos los sufrimientos por los que has pasado. Piensa en los momentos en los que pasaste por dificultades similares u otras dificultades: cuán infeliz eras, cuánto dolor sufriste, cuánta ansiedad tenías y cuántas veces te despertabas a media noche con el corazón encogido. Piensa en ello y entonces intenta comprender que esta persona a la que quieres está pasando por el mismo tipo de dolor. Todo el mundo puede decir: «¡Pobrecito!», pero si no tenemos un sentimiento fuerte en nuestro corazón estaremos fuera de contacto, y estar fuera de contacto con compasión no funciona. Debemos tener el sentimiento y sólo podremos entenderlo y desarrollarlo si pensamos en los momentos en los que pasamos por ello. Si pensamos así, comprenderemos mejor por lo que está pasando la otra persona.

Este sentimiento no es sólo para la práctica del tonglen, también es importante desarrollarlo en las relaciones con tu familia: en la relación entre marido y mujer, en la relación entre hijos y padres y en las relaciones con todos los miembros de la familia. Si no entiendes los problemas de otra persona, debes sentarte, tranquilizar tu mente y pensar en los momentos en que tenías ese dolor y cómo te sentías. Si puedes recordarlo, entonces la actitud hacia los miembros de tu familia será distinta. Ya no serás tan temperamental e irascible y comprenderás mejor el dolor de las otras personas. Si no, corremos el riesgo de terminar diciendo: «¡Ay, pobrecitos, cómo sufren!». Este tipo de lástima no es compasión en absoluto.

Una vez tienes este sentimiento, una vez puedes apreciar y comprender realmente por lo que está pasando la otra persona, entonces sabrás cómo cuidar de verdad. Querrás destruir su dolor al instante. Sentirás: «Si puedo hacer algo al respecto, debo hacerlo ahora mismo para que desaparezca su dolor». Este deseo y entusiasmo es lo que necesitamos. Debemos ejercitar nuestras mentes a este nivel para que veamos el sufrimiento de los demás y no podamos soportar no hacer algo al respecto. Sin vacilar decimos: «Voy a tomar su dolor. ¿Hay algún modo de que pueda tomarlo para liberarles del sufrimiento?».

Cuando tenemos este deseo de aliviar nuestro sufrimiento y el de los demás, visualizamos el sufrimiento como un color desagradable, como una nube oscura y tenebrosa o el agua sucia que queda al lavar la ropa, y lo inhalamos. Inhálalo sea cual sea ese sufrimiento, inhala el propio sufrimiento y la causa de ese sufrimiento. En tu visualización, literalmente introdúcelo en tu interior. Y como un poderoso relámpago impacta en la montaña del ego, esa masa de oscuridad que tienes a nivel del corazón, y lo destruye.

Entonces das. Das amor, cariño y virtud sin vacilar. Das tu propio karma positivo, tu propio cuerpo. Sea lo que sea lo que desee o necesite esa persona, se lo das. Estás dando tres cosas: tu cuerpo, tu riqueza y tu virtud. Eso es lo mejor que tienes para ofrecer, así que lo das. Y sea lo que sea lo que necesite esa persona, se manifiesta de ese modo. La persona se libera del dolor y, en su lugar, se siente llena de felicidad, tal y como deseabas.

Sin embargo, no es bueno cuando al dar tenemos alguna duda o cuando ponemos algún tipo de condición. A la gente le gusta la generosidad, pero cuando está ligada a una condición entonces se vuelve difícil de aceptar.

Me acuerdo de cuando vivía en la India, que es un país tan pobre. En los setenta y ochenta los Estados Unidos daban mucha ayuda pero ésta venía atada a unos hilos y al gobierno de la India no le gustaba. Los indios decían sin cesar: «Preferimos el comercio a la ayuda». Incluso mandaron cerrar las oficinas de ayuda de los EE.UU. Si la ayuda viene atada con hilos, entonces el recipiente se convierte en una marioneta que tiene que bailar según los tirones del titiritero. Incluso la India pudo decir no a esto. Estaban muy orgullosos de ello y con razón.

La generosidad verdadera no espera nada a cambio. Todo cuanto se da, se da sin apego y sin espera de ganar nada a cambio. Con la generosidad verdadera no buscamos gratitud y mucho menos buscamos ejercer un control, influencia o poder. Así pues, cuando des, da sin ningún tipo de vacilación, sin ninguna reserva. Simplemente da.

Con la práctica, podemos extender nuestro deseo de ayudar más allá de nuestros seres más cercanos y queridos, hasta no dejara a nadie fuera. En el buddhismo tenemos seis reinos de seres: el reino humano, el reino de los espíritus famélicos, el reino animal, el reino de los semidioses, el reino de los dioses samsáricos y el reino de los seres de los infiernos. En nuestra práctica del tonglen intentamos aliviar el sufrimiento y cubrir las necesidades de los seres de todos estos reinos.

Puede que nos preguntemos si realmente estamos ayudando a los demás con la práctica del tonglen, dando y tomando con la respiración. ¿Cómo nos ayuda la meditación y la respiración a desarrollar un sentido de la responsabilidad universal y a poner la compasión en acción? La práctica del tonglen funciona porque nos ayuda a disminuir la fuerza de nuestro ego. Porque es precisamente este ego exigente y codicioso quien se interpone en el camino de nuestra capacidad para ayudarnos a nosotros mismos y a los demás.

Con prácticas como el tonglen, nuestras mentes empiezan a encontrarse cada vez más bajo la influencia de la compasión, con lo que nuestras acciones en el mundo también reciben esta influencia compasiva. Mientras comprendamos que la meditación no es un fin sino un medio, reduciremos el riesgo de convertirnos en una de esas personas que hablan mucho pero que no hacen nada. De este modo, algo tan fundamental como nuestra respiración deja de ser simplemente aire caliente.

* * *

Tradicionalmente, los preceptos buddhistas conciernen a nuestra conducta personal hacia los demás: no matar, no mentir, no robar, etc. Pero el buddhismo moderno ha contribuido a reconocer que también podemos causar daño de formas más sutiles: como ciudadanos y consumidores, mediante nuestras visiones rígidas y de rechazo, y del modo en que buscamos entretenernos y divertirnos. La Orden de la Interexistencia propone estas catorce tomas de conciencia sobre los modos en que creamos sufrimiento en el mundo moderno y los votos correspondientes para no continuar cometiéndolos.

* * *

15. LOS PRECEPTOS POLÍTICOS
LAS CATORCE TOMAS
DE CONCIENCIA DE LA ORDEN
DE LA INTEREXISTENCIA

1

Conscientes del sufrimiento a causa del fanatismo y la intolerancia, estamos decididos a no idolatrar ni a estar ligados a ninguna doctrina, teoría o ideología, ni siquiera las buddhistas. Las enseñanzas buddhistas son unos medios orientativos que nos ayudan a mirar profundamente y a desarrollar nuestra comprensión y compasión. No son doctrinas por las que luchar, matar o morir.

2

Conscientes del sufrimiento a causa del apego a puntos de vista y percepciones erróneas, estamos decididos a evitar ser cerrados de mente y estar ligados a nuestro punto de vista actual. Debemos practicar el desapego de los puntos de vista para estar abiertos a la comprensión y las experiencias de los demás. Somos conscientes de que el conocimiento que poseemos en el momento presente no es inmutable ni la verdad es absoluta. La verdad se encuentra en la vida y observaremos la vida en nuestro interior y a nuestro alrededor a cada instante, listos para aprender a lo largo de nuestras vidas.

3

Conscientes del sufrimiento a causa de imponer nuestros puntos de vista en los demás, nos comprometemos a no forzar a los demás, ni siquiera a nuestros hijos, de ninguna manera posible (como la autoridad, la amenaza, el dinero, la propaganda o el adoctrinamiento), a adoptar nuestros puntos de vista. Respetaremos el derecho de los demás a ser distintos y a elegir qué creer y cómo decidir. Sin embargo, ayudaremos a los demás a renunciar al fanatismo y la intolerancia practicando intensamente y entablando un diálogo compasivo.

4

Conscientes de que mirar profundamente en la naturaleza del sufrimiento puede ayudarnos a desarrollar la compasión y a encontrar formas de salir del sufrimiento, estamos decididos a no evitar el sufrimiento ni cerrar los ojos ante él. Nos comprometemos a hallar el modo de estar con aquellos que sufren, bien en contacto personal, bien con imágenes o sonidos, para poder entender profundamente su situación y ayudarles a transformar su sufrimiento en compasión, paz y alegría.

5

Conscientes de que la felicidad auténtica se fundamenta en la paz, la solidez [estabilidad], la libertad y la compasión, y no en la riqueza o la fama, estamos decididos a no tener por objetivo en nuestra vida la fama, el provecho, la riqueza o el placer de los sentidos, ni la acumulación de riquezas mientras millones de personas están hambrientas y se están muriendo.

6

Conscientes de que el enfado bloquea la comunicación y crea sufrimiento, estamos decididos a ocuparnos de la energía del enfado cuando surja, y a reconocer y transformar las semillas del enfado que se encuentran en lo profundo de nuestra conciencia. Cuando el enfado aparezca, estamos decididos a no hacer ni decir nada, sino a practicar la respiración consciente o el andar consciente, y a reconocer, aceptar y mirar profundamente en nuestro enfado. Aprenderemos a vernos a nosotros mismos y a aquellos que consideramos la causa de nuestro enfado, con los ojos de la compasión.

7

Conscientes de que la vida sólo esta disponible en el momento presente y que es posible vivir felices en el aquí y ahora, nos comprometemos a ejercitarnos en vivir profundamente cada momento de la vida cotidiana. Intentaremos no perdernos en la dispersión ni dejarnos llevar por los reproches por el pasado, los deseos de futuro, o la codicia, el enfado o los celos en el presente. Practicaremos la respiración consciente para regresar a lo que sucede en el momento presente. Estamos decididos a aprender el arte del vivir consciente a través del contacto con los elementos maravillosos, reconfortantes y reparadores que se encuentran en nuestro interior y a nuestro alrededor, y a través del cultivo de semillas de alegría, paz, amor y comprensión en nosotros, con el fin de facilitar el trabajo de transformación y curación en nuestra conciencia.

8

Conscientes de que la falta de comunicación siempre comporta separación y sufrimiento, nos comprometemos a ejercitarnos en la práctica de la escucha compasiva y el habla bondadosa. Aprenderemos a escuchar profundamente sin juzgar ni reaccionar y nos abstendremos de pronunciar palabras que puedan crear discordia o hacer que la comunidad se separe. Haremos todo el esfuerzo posible por mantener la comunicación abierta, la reconciliación y la resolución de todos los conflictos, por muy pequeños que sean.

9

Conscientes de que las palabras pueden causar sufrimiento o felicidad, nos comprometemos a hablar con sinceridad y espíritu constructivo, utilizando sólo palabras que inspiren esperanza y confianza. Estamos decididos a no decir nada falso por interés propio o para impresionar a la gente, ni a pronunciar palabras que puedan causar división o ira. No difundiremos noticias que no sepamos que son ciertas, ni criticaremos o condenaremos cosas de las que no estemos seguros. Pondremos todo nuestro esmero en hablar sobre situaciones de injusticia, incluso cuando hacerlo pueda amenazar nuestra seguridad.

10

Conscientes de que la esencia y el objetivo de la sangha es la práctica de la comprensión y la compasión, estamos decididos a no utilizar la comunidad buddhista en nuestro provecho o beneficio, ni a transformar nuestra comunidad en un instrumento político. Sin embargo, una comunidad espiritual debería posicionarse claramente en contra de la opresión y la injusticia, y debería esforzarse por cambiar la situación sin implicarse en conflictos partidistas.

11

Conscientes de que se ha cometido una gran violencia hacia nuestro medio ambiente y la sociedad, nos comprometemos a no vivir con una vocación que sea dañina para las personas o la naturaleza. Pondremos todo nuestro esmero por elegir un medio de vida que ayude a realizar nuestro ideal de comprensión y compasión. Conscientes de la situación económica, política y social a escala global, nos comportaremos de forma responsable como consumidores y ciudadanos, y no apoyaremos empresas que priven a los demás de su oportunidad de vivir.

12

Conscientes del gran sufrimiento a causa de las guerras y los conflictos, estamos decididos a cultivar la no violencia, la comprensión y la compasión en nuestras vidas cotidianas, a promover la educación para la paz, la meditación consciente y la reconciliación en las familias, las comunidades, los países y el mundo. Estamos decididos a no matar y a no permitir que los demás maten. Practicaremos diligentemente la observación profunda con nuestra sangha para hallar mejores formas de proteger la vida y prevenir la guerra.

13

Conscientes del sufrimiento a causa de la explotación, la injusticia social, el robo y la opresión, nos comprometemos a cultivar la bondad y a aprender formas de trabajar por el bienestar de las personas, los animales, las plantas y los minerales. Practicaremos la generosidad compartiendo nuestro tiempo, energía y recursos materiales con aquellos que lo necesiten. Estamos decididos a no robar y a no poseer nada que debiera pertenecer a otros. Respetaremos la propiedad de los demás, pero intentaremos evitar que los demás se aprovechen del sufrimiento humano o del sufrimiento de otros seres.

14

Conscientes de que las relaciones sexuales motivadas por el ansia no pueden disipar el sentimiento de soledad, sino que crean más sufrimiento, frustración y aislamiento, estamos decididos a no tener relaciones sexuales sin entendimiento mutuo, amor y un compromiso a largo plazo. En las relaciones sexuales debemos ser conscientes del sufrimiento futuro que puedan causar. Sabemos que para preservar nuestra felicidad y la de los demás, debemos respetar nuestros derechos y compromisos, así como los de los demás. Haremos cuanto esté en nuestro poder para proteger a los niños de los abusos sexuales y para proteger a las parejas y las familias de su separación a causa de una conducta sexual inapropiada. Trataremos nuestros cuerpos con respeto y preservaremos nuestras energías vitales (sexuales, de la respiración y la mente) para el cumplimiento de nuestro ideal de bodhisattva. Seremos plenamente conscientes de la responsabilidad de traer nuevas vidas a este mundo y meditaremos en el mundo al que vamos a traer nuevos seres.

★ ★ ★

El camino político a menudo comporta una transformación emocional, divisiones curativas y heridas. Esto es así especialmente en lugares donde existen conflictos aparentemente irresolubles, donde la política es un asunto de vida o muerte. Cuando las personas se odian las unas a las otras, cuando se quieren matar entre sí, y a menudo, lo hacen, la paz sólo llega a través de un largo y difícil camino, que en últimos términos es de tipo espiritual. Los siguientes tres artículos nos conducen a lo largo de este camino de curación emocional, empezando por un análisis sobre la disolución de la enemistad por el conocido autor británico sobre el Buddhismo Comprometido Ken Jones.

★ ★ ★

16. MÁS ALLÁ DE ELLOS Y NOSOTROS

KEN JONES

La enemistad abarca la mala voluntad, el rencor, la hostilidad, la envidia, la inclemencia, el resentimiento, la animadversión y muchas otras perturbaciones de la mente y causantes de sentimientos de culpa. Puede que lo sintamos en nosotros mismos o que seamos los receptores de ello, o ambas cosas. Puede que lo sintamos por un padre, un hijo o un esposo; por un colega de trabajo o por una figura pública.

La enemistad puede dar muchos problemas a los buddhistas. En muchos casos, nuestra enemistad puede hacernos sentir dudas, arrepentimiento, culpa o incluso dolor, especialmente cuando está involucrado alguien próximo a nosotros. En el trabajo puede añadir desagradables complicaciones a las exigencias diarias de nuestra actividad laboral. Y el sentimiento de indignación hacia las figuras públicas a las que nos gusta odiar contribuye poco a nuestro bienestar y paz mental. También es posible encaminarse hacia una comprensión más objetiva de cuáles son sus propósitos y, de este modo, hacer algo efectivo al respecto.

La dificultad con la enemistad es que en muchos casos nos parece que existen bases sólidas que la justifiquen, tanto si es algo que sentimos como si es algo que asumimos. Nos encontramos atrapados en un fuerte sentimiento de injusticia cometida hacia nosotros, de la conducta irrazonable de otra persona. ¿A caso no tenemos *derecho* a sentir enemistad hacia ellos? ¿Por qué no les damos su merecido, una buena pelea, una buena humillación, un despido bien merecido o una buena revolución? Y a veces hasta la pura fuerza de la atrocidad aparece justificada para machacar a la otra parte y resolver el problema.

Sin embargo, herir gravemente a una persona, una clase social o un movimiento, país o entorno natural suele tener un precio. Se trata de un pago a lo largo de los años, que envenena tanto al autor como a la víctima. Hay algo más que un sermón piadoso en la advertencia del *Dhammapada* que «El odio no se vence con odio; el odio se vence con amor. Ésta es una ley eterna». El siglo xx nos ha ofrecido el terrible ejemplo de la "guerra" de 1914-1945. El Tratado de Versalles que concluyó la i Guerra Mundial humilló y castigó de tal modo a los alemanes que condujo directamente al auge de Hitler y a la todavía más destructiva ii Guerra Mundial. Normalmente, tanto en el plano público como en el personal, la enemistad no conduce a una victoria indiscutible, sino a una profundización de la polarización, como en las persistentes rivalidades en Irlanda del Norte. Y en el plano personal, el rencor implacable de unos padres divorciados puede arruinar varias infancias en una edad avanzada.

Disolver la enemistad con la conciencia emocional

Otra respuesta común a la enemistad es que tratamos de negar nuestros sentimientos o de sentirnos culpables por ellos. Entonces puede que lleguemos a desarrollar incluso una corrosiva enemistad hacia nosotros mismos, porque no nos sentimos lo bien que *deberíamos* sentirnos. Éste es el camino de la lobotomía espiritual, del santo visto como un zombi.

Pero existe una tercera respuesta a la enemistad, más allá tanto de la negación como de entregarnos a ella. Para los buddhistas, la norma de oro siempre es mirar primero en nuestro interior, ser escrupulosamente conscientes de nosotros mismos. Por el momento, olvídate del otro. Los sentimientos que experimentamos son *nuestros* sentimientos, no los suyos. Por lo tanto, es *nuestro* problema (sea quien sea la otra persona), algo con lo que cargamos *nosotros* allí donde vayamos y que nos perturba a *nosotros*. Simplemente conseguir darle la vuelta al asunto de este modo ya puede de por sí producir cierto alivio.

Normalmente no reaccionamos ante los demás como el reflejo imparcial de un espejo, sino que reaccionamos como personas inestables y necesitadas que luchan en el mundo por afirmar un sentimiento reconfortante de identidad personal. Es esto lo que suele dirigir nuestros sentimientos, percepciones y conductas y, en gran medida sin saberlo, distorsiona nuestra visión reflejada de los demás.

En este sentido el Buddha comparaba nuestro desconcierto a ser alcanzado por dos flechas al mismo tiempo, cuando uno cree que sólo hay una. La primera flecha es la base objetiva que damos a nuestra enemistad: el incidente, la presunta herida, o lo que sea. La segunda es cómo *reaccionamos* al golpe: cómo nos sentimos por ello. Darse cuenta de esta distinción es un paso crucial en el desarrollo de la práctica de la conciencia emocional.

A veces la enemistad surge con el más mínimo pretexto. Probablemente la mayoría de nosotros lleve siempre encima en uno u otro bolsillo al menos una pizca de enemistad lista para ser usada. Al fin y al cabo, sin duda alguna, ¡tiene que haber alguien o algo responsable del enredo! Algunos libros tienen un cierto olor pendenciero sobre este asunto. En cuestiones como el veganismo incluso los buddhistas son conocidos por haberse vuelto algo estridentes.

La etapa más difícil e importante a la hora de disolver la experiencia de la enemistad radica en cultivar un nivel de conciencia en el que somos capaces de abrirnos clara, íntima y profundamente a la simple aceptación de esta experiencia. Esta sinceridad emocional puede parecer hiriente y amenazadora para nuestra autoestima, para nuestra noción misma de nosotros. Así pues, debemos darnos igualmente cuenta de nuestras escapatorias típicas: centrarnos en el daño que se nos ha hecho, proyectar nuestra indignación en el causante, intentar racionalizar nuestra incomodidad emocional desde lejos (o simplemente negarla), darnos de cabeza por sentirnos culpables, etc.

LIBRES DE NUESTRA CONTAMINACIÓN SUBJETIVA DE LA REALIDAD

A medida que aprendemos a tener una mayor intimidad y a aceptar nuestros propios sentimientos de enemistad, éstos empiezan a soltar sus garras sobre nosotros. Empezamos a ver los objetos de nuestra enemistad en su luz propia, en lugar de en función de la nuestra. George Orwell nos advirtió que «uno puede escaparse de sus sentimientos subjetivos, pero al menos se puede llegar a conocerlos y tenerlos en cuenta».

Al aceptar nuestros sentimientos tal cual son, no sólo empezamos a aceptar también a los demás, con su respectiva *enemistad*, tal cual son, sino que además empezamos a ver con mayor claridad la situación general en la que se produce la enemistad mutua. Entonces, el problema se presenta más como una situación a resolver que como otra persona o grupo al que corregir, castigar o vencer. Este descubrimiento suele venir acompañado por una disminución de la tensión. Una vez le cogemos el tranquillo a esta práctica es posible vivir de un modo más ligero.

Tanto en el plano público como en el personal, nada de lo anterior implica ninguna aprobación o aceptación de una maldad o injusticia, sino que se trata de un cambio en la perspectiva que nos capacita para responder a la situación con una nueva lucidez. Libres de lo que Orwell llamaba la "contaminación subjetiva", nos encontramos en mejor posición de alcanzar una solución satisfactoria. El Mahatma Gandhi, en su uso creativo de la no violencia, era muy claro al respecto. Siempre fue categórico sobre el hecho de que no debía transigirse en lo más mínimo en cuanto a mínimas peticiones de reparación básicas y razonables. En la medida en que el adversario rechazara aceptar estas peticiones, la lucha debía mantenerse de forma decidida. Pero no es menos una lucha profundizar la conciencia del adversario sobre el sufrimiento y la injusticia que se está produciendo, y hacerlo mediante el respeto mutuo, una comunicación genuina y cierto reconocimiento de los intereses comunes.

La voluntad de entablar un diálogo auténtico y la búsqueda infatigable de una solución óptima del problema es la señal de la disolución de la enemistad, al menos en una de las partes. Cuando existe una enemistad violenta la posibilidad de un diálogo constructivo no es bien recibida, puesto que es vista como una amenaza para la perfección de la razón con la que una o ambas partes se identifican. Con este diálogo es posible lograr una reconciliación constructiva y mutuamente beneficiosa, como en el logro histórico de Nelson Mandela y F.W. de Klerk en Sudáfrica, respaldado por las posteriores confesiones de la Comisión de la Verdad y la Reconciliación.

Pienso que los dos adelantos más importantes son cuando podemos distinguir la flecha de la aflicción de la flecha de la reacción a esta aflicción, y cuando podemos responsabilizarnos totalmente del modo en que reaccionamos a la enemistad, a pesar de la supuesta culpabilidad de quién consideremos responsable. Este hecho aparece ilustrado muy bien en una parábola del sabio taoísta Chuang-Tzu. Si remamos por un río y nos encontramos al paso con una serie de barcas vacías a la deriva que nos obstaculizan el paso, las apartaremos hacia un lado sin problema. Sin embargo, si hay gente en las barcas, aunque el problema es el mismo, nos enfadamos y les gritamos por barrarnos el paso adrede.

Mediante la toma de conciencia y la aceptación se puede disolver la enemistad y lograr la reconciliación. Transmitir amor (*metta*) al próximo político retorcido que veamos aparecer en nuestra televisión puede llevarnos más tiempo. Sin embargo, la reconciliación nos ofrece las condiciones favorables para la manifestación del amor y la compasión, aunque al principio mejor sea con personas que podamos conocer bien. Y cuando nuestra práctica de la toma de conciencia nos familiariza y nos permite aceptar nuestras debilidades y podemos amarnos a nosotros mismos, entonces nuestros corazones están más fácilmente abiertos a aceptar con simpatía las debilidades de los demás.

★ ★ ★

¿Hay algo más poderoso que el perdón? ¿Hay algo más difícil que perdonar de verdad? El «ojo por ojo» mueve la mayoría de los conflictos del mundo y, de un modo más sutil, mueve muchos de nuestros conflictos personales. Pero sólo el perdón rompe el ciclo. Como nos explica Ezra Bayda, el perdón es una práctica espiritual que beneficia incluso más a quien perdona que a quien es perdonado.

★ ★ ★

17. EL CAMINO DEL PERDÓN

Ezra Bayda

Muchos de nuestros conflictos, tanto en el plano personal como en el plano global de la política, vienen de nuestra incapacidad de romper con los ciclos latentes del miedo y el resentimiento. La práctica que trata con esto de un modo más directo es el perdón, puesto que el perdón consiste en practicar con el resentimiento y curarlo. Para hacerlo posible, piensa en una persona o grupo de personas hacia el que sientas tu mayor resentimiento. En otras palabras, ¿a quién de tu vida no *quieres* perdonar? Puede ser cualquier persona con la que estás enfadada o por la que sientes resentimiento, alguien que te produce una agitación activa en tu corazón. Puedes incluir a líderes o partidos políticos, o incluso países enteros.

Cuando era un adolescente trabajaba en una tienda y me acuerdo de que la gente tenía tales sentimientos de rencor hacia los japoneses que no compraban nada que estuviera hecho en Japón. Desde entonces, ¿hemos evolucionado mucho, cuando ni siquiera somos capaces de ver o escuchar a alguien del partido político opuesto sin sentir desprecio o indignación?

Si observamos la situación mundial actual, podemos ver qué sucede cuando el resentimiento se solidifica y domina países enteros. El conflicto israelopalestino es un ejemplo evidente. Sin perdón, ¿cómo podrán estos grupos opuestos romper con el ciclo del miedo, el resentimiento y la venganza que perpetúan el conflicto aún hoy? Más cerca de casa, también tenemos nuestra propia historia, con las continuas luchas por los derechos civiles, los derechos de la mujer, los derechos de los gays, los estados republicanos contra los estados demócratas,... o allí donde nos agarremos a la arrogancia de la certitud y la verdad.

Desafortunadamente, el "perdón" es una palabra que a menudo está cargada de connotaciones subjetivas, especialmente de ideales sobre cómo se supone que debemos ser. Los practicantes espirituales en particular suelen equiparar "perdonar" con algún tipo de aceptación magnánime de otro «a pesar de que nos han hecho daño...» De hecho, en la práctica del perdón miramos en lo más hondo de *nosotros*, nuestras reacciones emocionales. El camino del perdón requiere de una atención de corazón abierto hacia las cosas que nos impiden avanzar.

Se trata de una situación muy interesante, porque la parte de nosotros que quiere despertar no quiere otra cosa que liberarse del apego al resentimiento. Pero debemos ser sinceros con esto, porque la parte de nosotros que siente una satisfacción perversa al apegarse a los sentimientos de resentimiento a menudo es más fuerte que la parte que quiere despertar. Aunque el resentimiento convierte nuestras vidas en cerradas, sombrías y constreñidas, seguimos apegados a él con una obstinación que desafía al sentido común. Es por esto por lo que la práctica del perdón debe empezar por tratar con aquella parte de nosotros que quiere seguir cerrada.

Para trabajar con el resentimiento y la incapacidad de perdonar, debemos estar dispuestos a mirar con sinceridad en lo más hondo de nuestras experiencias, en lugar de señalar con el dedo en busca de una culpa fuera de nosotros. Por ello debemos prestar atención a *todo* cuanto surja cuando pensamos en aquéllos por lo que sentimos resentimiento. Aferrarse al resentimiento a menudo se parece al sentimiento de tener una cuenta pendiente: «Tal o cual me ha herido, por lo que está en deuda conmigo.» La mente humana puede llegar a ser muy retorcida y, cuando nos apegamos al sentimiento duro y amargo de que alguien nos debe algo, al mismo tiempo también sentimos la necesidad de tener que devolvérselo. Cuando el resentimiento degenera, la actitud del «¡Se va a enterar!» toma el control y nos vuelve inflexibles. De este modo apuntalamos nuestro corazón endurecido con el falso sentimiento de poder y razón que aparece con el resentimiento.

Si alguien le preguntara a un maestro espiritual: «¿Qué debo hacer con todo el resentimiento que siento?», muchos maestros responderían: «No es bueno aferrarse al resentimiento. ¿Por qué simplemente no lo deja ir?» Pero, ¿podemos "simplemente dejarlo ir"? Ni siquiera cuando sabemos cuánto nos está dañando, a menudo no somos capaces de hacerlo. No estaríamos atrapados en medio del resentimiento si pudiéramos "simplemente dejarlo ir". En consecuencia, dejar ir no es una práctica real, sino que es una práctica fantasiosa basada en un ideal de cómo nos gustaría que fueran las cosas.

Pero, ¿por qué resulta tan difícil perdonar? ¿Por qué queremos aferrarnos al resentimiento? La respuesta, en parte, puede estar arraigada en nuestro desarrollo evolutivo. En una época, cuando la vida era muy peligrosa y primitiva, quizás era útil aferrarse al resentimiento, quizás nos preparaba para un combate inevitable. Las sustancias químicas que se emiten cuando sentimos estas emociones son muy poderosas y, en cierto modo, nos hacen sentir bien. El problema es que esta función defensiva de tipo fisiológico ya no resulta apropiada ni nos conduce en absoluto a vivir desde el corazón que busca despertar.

El perdón verdadero pasa por tres estadios. El primero consiste simplemente en reconocer cuán *reacios* nos sentimos para perdonar. Dejamos experimentar cuanto preferimos aferrarnos a nuestro resentimiento, enfado y amargura, incluso cuando vemos hasta qué punto nos impide tener una vida genuina. Al darnos cuenta de nuestra resistencia al perdón sin juzgarnos por ello, podemos experimentar realmente nuestra resistencia tal cual es: un conjunto de sensaciones físicas desagradables y sentimientos profundamente arraigados.

Debemos sentir *en el cuerpo* nuestra falta de voluntad de perdonar, pero sentir esta experiencia en nuestro cuerpo no es fácil, porque a menudo las sensaciones que nos provoca no son particularmente agradables. Sin embargo, el truco consiste en adoptar una actitud de curiosidad, de querer saber simplemente cómo es la sensación de resistencia. Un modo de hacerlo es preguntarse el koan: «*¿Qué es esto?*». No se trata de una pregunta *sobre* qué trata nuestra resistencia, sino qué *es* la resistencia. Y la única respuesta verdadera a esta pregunta es la propia experiencia en el mismo momento presente. La única respuesta verdadera es *simplemente esto*.

Así por ejemplo, al preguntarnos «*¿Qué es esto?*», primero puede que sintamos que tenemos la boca tensa, una pesantez en las espaldas, un dolor en el corazón, los músculos rígidos. Sintiendo la experiencia física, seguimos preguntándonos: «*¿Qué es esto?*», esforzándonos por evitar el caer en pensamientos de autojustificación y acusación. Regresamos una y otra vez a la realidad física del momento, incluyendo la sensación del aire, los sonidos, el entorno.

De este modo, alrededor de la resistencia se empieza a producir una noción de espaciosidad, en la que el puño cerrado de nuestro resentimiento puede aflojarse. No podemos pasar al segundo estadio del perdón hasta que no hayamos ahondado en nosotros y hayamos experimentado hasta qué punto somos *reacios* a perdonar.

El segundo estadio consiste en tomar conciencia de nuestra reacción emocional hacia la persona por la que sentimos resentimiento: lo experimentamos sin juzgarlo, lo observamos con mente abierta. Cuando visualizamos la persona por la que tenemos resentimiento, observamos qué reacciones emocionales aparecen. ¿Odio? ¿Resentimiento? ¿Amargura? ¿Miedo? ¿Pesar? De nuevo nos preguntamos el koan: «¿*Qué es esto?*». Con todo cuanto surge, simplemente los experimentamos en nuestro cuerpo.

Si nos perdemos en pensamientos, recuerdos o justificaciones, regresamos continuamente a lo que sentimos en el cuerpo. ¿Dónde está la tensión, la contracción? ¿Cuál es la cualidad general o *gestalt* de la sensación? Permanecemos siendo conscientes de nuestras reacciones físicas y emocionales hasta llegar a estar en ellas. Esto significa relajarnos en ellas, por muy dolorosas que sean, hasta que en un momento dado ya no necesitamos apartarlas.

El tercer estadio de la práctica del perdón consiste en decir palabras de perdón. Es importante darse cuenta de que decir estas palabras no tiene nada que ver con olvidar las acciones de otra persona, se trata de perdonar a la *persona*, no sus acciones. Significa que vemos que la persona que nos hirió solamente actuaba bajo sus propios condicionamientos y dolor. Y el modo de hacerlo no consiste en buscar el dolor de la otra persona, sino ocuparnos del nuestro. Una vez nos hemos ocupado de nuestro propio dolor, estamos más abiertos a ver realmente el de la otra persona. En este momento, decir palabras de perdón nos ayuda a abrir nuestro corazón. En cambio, si intentamos abrirnos al dolor de la otra persona antes de pasar por los dos primeros estadios de la práctica del perdón (estar dispuesto a sentir nuestra resistencia y luego experimentar directamente nuestro enfado), esto no funcionará y sólo estaremos añadiendo construcciones mentales que maquillen nuestros sentimientos reprimidos.

Sólo después de experimentar cómo nuestras reacciones emocionales obstaculizan un perdón auténtico, podemos entender realmente que la otra persona sólo estaba actuando mecánicamente del único modo que podía debido a sus opiniones y condicionamientos. Entender realmente a este nivel *es* perdonar. Cuando caen los muros de la prisión que nos hemos levantado nosotros mismos, todo lo que queda es la conexión que nos constituye. Entonces podemos decir palabras como estas:

> *Te perdono.*
> *Te perdono por todo lo que has hecho*
> *y que me ha hecho sufrir.*
> *Te perdono porque sé*
> *que lo que hiciste venía de tu propio dolor.*

El célebre poema de Thich Nhat Hanh "Llamadme por mis verdaderos nombres" (reproducido en este libro) nos recuerda que debemos reconocer *todos* nuestros nombres, no sólo aquellos que nos gustan y con los que nos identificamos. Así es como podremos acceder a aquellos rincones ocultos de nuestro corazón con los que, de otro modo, raramente nos encontramos. De este modo podemos acercarnos a la compasión y el perdón verdaderos.

Hace unos años vi un documental sobre la decisión de lanzar la bomba atómica durante la II Guerra Mundial. Mi creencia anterior era que se había tomado esa decisión para evitar perder 100.000 hombres en una invasión terrestre de Japón. Tanto si estaba de acuerdo o no con este razonamiento, al menos tenía cierto mérito. Pero el documental señalaba que poco antes de lanzarse la bomba Japón había intentado rendirse y había contactado con una tercera parte (Rusia) para lograr la paz con los Aliados. Sin embargo, el presidente Truman y sus asesores decidieron no negociar y rechazaron incluso escuchar los términos de la rendición antes de lanzar la bomba. El lanzamiento de la bomba atómica no buscaba acabar con la guerra y salvar vidas norteamericanas, sino que quería mostrar a Rusia quién tenía el palo más grande. En ese momento del programa tuve una reacción tan fuerte que tuve que apagar el televisor. Hipócritamente, sentía una indignación enorme contra el pueblo que antes creía que había actuado desde una posición moral positiva.

Al practicar con la ira, experimentando mi propio enfado sin pensamientos de condena, me acordé del poema de Thich Nhat Hanh y lo que decía sobre ello. Entonces me di cuenta, de forma *experiencial*, que yo mismo no era tan distinto del presidente Truman o sus asesores, ni de la persona que había lanzado la bomba, ni de los millones de personas que se alegraron al conocer la noticia de que se había lanzado una bomba sobre Japón, matando a innumerables personas y provocando un dolor que todavía nos acompaña. Fue un momento aleccionador. Tanto si la información del documental era cierta como si no, mi ira basada en una opinión era sólida como una roca. Al observar mi enfado y abrirme a lo que me había parecido tan abominable, vi que la posición de protección basada en el miedo que había causado la muerte de tanta gente, en realidad no era en absoluto ajena a mí. De hecho, ese rasgo condicionado estaba igualmente presente en mí.

Esta comprensión vino de experimentar y ver a través de mi propio enfado. Éste es un punto importante. Resulta fácil comprender intelectualmente que los demás actúan para protegerse a sí mismos y desde su dolor, así como que compartimos ciertos rasgos que pueden no gustarnos. Pero esta comprensión intelectual no influye realmente en nuestras vidas. Jamás podrá conducirnos al perdón compasivo y verdadero que es posible cuando hemos practicado con nuestro corazón cerrado y hemos visto a través de él.

Al practicar con el perdón, es posible pasar de vivir en nuestro propio dolor aislado, que normalmente se manifiesta en forma de enfado y resentimiento, a experimentar el dolor universal que todos compartimos. Experimentamos esta comprensión cuando somos capaces de ver que no somos en esencia distintos de aquellos que hemos corrido a juzgar. Al experimentar la verdad de nuestra conexión fundamental con los demás, dejamos de ver el mundo a través de la óptica del "nosotros" contra "ellos". Dejamos de percibir al otro como un enemigo, dejamos de buscar venganza por lo que considerábamos una maldad, dejamos de pedir una recompensa.

Entrar en el proceso del perdón a este nivel, donde se disuelve la ilusión de la separación entre uno mismo y las demás personas, constituye una práctica profundamente transformadora. Pero también representa un reto, en parte porque nos resistimos a ello y en parte porque penetrar en nuestro dolor nunca es fácil.

LA MEDITACIÓN EN EL PERDÓN

Cuando el enfado y el resentimiento han calcificado el corazón, puede ser muy útil practicar el perdón como una práctica de meditación específica. El propósito de la siguiente meditación guiada es ayudarnos a ver a través de las reacciones emocionales que se interponen en nuestro camino hacia el perdón verdadero.

La meditación tiene tres partes.

En la primera parte *vemos* nuestra falta de voluntad para perdonar. Experimentamos en qué medida preferimos aferrarnos a nuestro resentimiento.

En la segunda parte tomamos consciencia de todas nuestras reacciones emocionales. La cuestión es *experimentarlas* sin juzgarlas, verlas con la mente abierta de la curiosidad. Sólo después de dejar de estar atrapados en el resentimiento podemos pasar a la tercera parte.

En la tercera parte se produce realmente nuestro "perdón", que no es lo mismo que olvidar las acciones de los demás, sino que significa que, al trabajar con nuestro propio resentimiento, llegamos a *ver* que el otro simplemente estaba actuando desde sus propios condicionamientos y dolor.

Uno de los aspectos más importantes de esta meditación es concentrarnos en la persona o grupo de personas hacia las que sentimos resentimiento en la zona del centro del pecho. En un primer momento, esto puede resultarnos extraño e incómodo, lo que es una consecuencia natural de nuestros hábitos y nuestra resistencia. Concentrarnos en la zona del centro del pecho hace que sea menos probable que acabemos simplemente pensando en nuestros sentimientos. En cambio, esto nos permite experimentarlos de un modo más auténtico y transformador.

Éstas son las instrucciones:

Siéntate o recuéstate en una postura confortable y permanece lo más inmóvil que puedas. Haz dos o tres respiraciones profundas y luego simplemente respira con naturalidad.

Piensa en una persona en particular o en un grupo de personas hacia las que sientes resentimiento.

Durante un rato, siente qué surge junto al pensamiento del perdón. ¿Cuánto tiempo quieres seguir teniendo tu corazón cerrado para esta persona y, en consecuencia, para la vida en su conjunto?

Ahora recuerda la última situación que encendió tus sentimientos de resentimiento. Siente todo cuanto surja, no intentes hacer nada, simplemente experimenta los sentimientos en tu cuerpo. Experimenta hasta qué punto no *quieres* perdonar. Reconoce tu falta de voluntad y observa sin juzgar tu sentimiento de resistencia. ¿Qué sientes, en tu cuerpo, al rechazarlos?

Permitiendo que la resistencia simplemente esté ahí, observa los estímulos sensoriales que hay fuera de tu cuerpo: escucha los sonidos, siente la temperatura del aire. Deja que el receptáculo de la atención se vuelva más amplio alrededor de la resistencia. Siente cómo cambia la textura de la resistencia a medida que a su alrededor surge una noción de espaciosidad.

Empieza a respirar desde el centro del pecho. Siente la textura del corazón.

Ahora piensa en la persona más cercana a ti. Respirando con el centro del pecho, trae su presencia al corazón mediante la respiración. Al exhalar, simplemente exhala, sin intentar hacer nada en especial. Sin juzgarte, experimenta todas las emociones que aparezcan. ¿Ves enfado, resentimiento, amargura? ¿Ves miedo o dolor? Con cada sentimiento que surja, pregúntate: «¿*Qué es esto?*». La respuesta a esta pregunta consiste en experimentar cada emoción en el cuerpo. Cuando te pierdes en pensamientos, recuerdos o justificaciones, regresa al centro del pecho mediante la respiración, a las sensaciones físicas del cuerpo. ¿Dónde sientes tensión, contracción, dureza? ¿Dónde está el dolor, la rigidez, la agitación nerviosa? ¿Qué sientes?

Al preguntarte: «*¿Qué es esto?*», siéntelo. Permanece con la conciencia *gestalt* de tus reacciones físico-emocionales. Permanece con ellas tanto como sea necesario hasta poder estar en ellas, por muy dolorosas que sean, sin tener que apartarlas. Sigue allí. Inhala hacia el centro del pecho. Oye los sonidos ahí fuera, oye los sonidos en la habitación, siente el aire a tu alrededor. Inhala de nuevo hacia tu pecho. Permanece allí.

Regresa a la visualización de la persona que quieres perdonar. Trae su presencia mediante la respiración, todavía más al fondo en el centro del pecho. Entonces pronuncia estas palabras:

> *Te perdono.*
> *Te perdono por todo lo que has hecho,*
> *tanto si era intencional o involuntario,*
> *y que me ha hecho sufrir.*
> *Tanto por lo que hiciste,*
> *como por lo que dijiste, te perdono.*
> *Te perdono*
> *porque sé que lo que hiciste*
> *venía de tu propio dolor.*

Repite estas palabras hasta que sientas que la barrera entre tú y la otra persona empieza a disolverse.

Si todavía no sientes el perdón, si todavía existe cierta dureza alrededor del corazón, simplemente continúa respirando hacia el pecho durante un rato, al menos aceptando la posibilidad de llegar a perdonar en algún tiempo futuro. Es poco frecuente que la transformación del resentimiento pueda suceder sólo con una o dos sentadas. Si el resentimiento es profundo, podría incluso durar meses. El momento adecuado también es un elemento importante. A veces el dolor es demasiado crudo y hay que esperar a que los sentimientos sean menos intensos. Sin embargo, si practicas esta meditación con regularidad, el proceso del perdón aflojará paulatinamente la garra del resentimiento y te permitirá vivir cada vez más con un corazón liviano. Si tu deseo de tener una vida más despierta es sincero, éste es un aspecto de la práctica que no puede ignorarse.

★ ★ ★

El resultado del proceso de paz es la reconciliación, un regreso a la confianza y la amistad. El monje theravadin americano Thanissaro Bhikkhu nos explica que esto significa más que simplemente perdonar: la reconciliación requiere el reconocimiento de los errores pasados, una investigación honrada de sus raíces y la intención de no repetirlos. Las instrucciones del Buddha sobre la curación de las divisiones en el seno de su comunidad monástica nos ofrecen valiosos consejos sobre cómo lograrlo.

★ ★ ★

18. LOS CONSEJOS DEL BUDDHA PARA CURAR A LA COMUNIDAD

Thanissaro Bhikkhu

Estos dos son necios, ¿cuáles dos? Aquel que no ve su transgresión como una transgresión y aquel que no perdona justamente a otro que ha confesado su transgresión. Estos dos son necios.

Estos dos son sabios, ¿cuáles dos? Aquel que ve su transgresión como una transgresión y aquel que perdona justamente a otro que ha confesado su transgresión. Estos dos son sabios.

El Buddha, *Anguttara Nikaya*

Es una causa de progreso en el Dhamma y el Vinaya de los nobles cuando alguien, viendo una transgresión como tal, la corrige de acuerdo con el Dhamma y se esfuerza por refrenarse en el futuro.

El Buddha, *Digha Nikaya*

El Buddha logró fundar una religión que, desde entonces, ha sido una fuerza genuina de paz y armonía en el mundo. Y lo logró no sólo debido a la gran importancia que dio a estas cualidades, sino también a causa de las instrucciones prácticas que dio sobre cómo lograrlas. Un punto central de estas instrucciones es su comprensión de que una cosa es perdonar y otra distinta es reconciliarse.

En pali, la lengua del Theravada, la palabra para referirse al "perdón" (*khama*), también significa "tierra". Así pues, poseer la cualidad del perdón significa tener una mente como la tierra, inmutable e imperturbable. Cuando tú me perdonas por haberte herido, estás decidiendo no contraatacar, no buscar venganza. No tienes por qué ser *como* yo, simplemente te liberas de la carga del resentimiento y cortas con el ciclo de la represalia que nos mantendría atrapados en un desagradable combate samsárico de lucha libre. Es un regalo que nos haces a los dos, completamente por tu cuenta, sin que yo tenga que saber o comprender lo que estás haciendo.

La reconciliación significa un regreso a la amigabilidad y ello requiere más que el perdón, requiere el restablecimiento de la confianza. Si yo niego mi responsabilidad en cuanto a mis actos o sostengo que no hice nada mal, es imposible que nos reconciliemos. Del mismo modo, si insisto en que tus sentimientos no importan o que no tienes derecho a valorarme según tus criterios de lo que está bien y lo que está mal, no confiarás en que no vuelva a herirte. Para recuperar tu confianza, debo mostrar respeto por ti y por nuestros valores comunes de lo que es un comportamiento aceptable y de lo que no lo es. Debo admitir que te he herido, que me equivoqué al hacerlo, y prometer que me esforzaré por refrenarme en el futuro. Al mismo tiempo, tú también tienes que inspirarme confianza, con el mismo respeto con el que condujiste el proceso de reconciliación. Sólo entonces nuestra amistad puede recuperar una base sólida.

Así pues, existen formas correctas e incorrectas de intentar la reconciliación: aquellas que hábilmente cumplen con los requisitos para restablecer la confianza y aquellas que no lo hacen. Para promover una reconciliación correcta entre sus seguidores, el Buddha formuló detalladamente distintos métodos para lograrlo, junto con una cultura de valores que promueve la puesta en práctica de estos valores.

Estos métodos se encuentran en el Vinaya, el código de disciplina monástica del Buddha. Largos pasajes del Vinaya están dedicados a dar instrucciones de cómo los monjes deben confesar sus ofensas los unos a los otros, cómo deben buscar la reconciliación con los laicos a los que hayan causado un mal, cómo deben resolver las disputas prolongadas y cómo debe curarse una ruptura total en el sangha (la comunidad monástica). Aunque estén dirigidas a monjes, estas instrucciones encarnan principios que son aplicables a cualquier persona que busque la reconciliación de las diferencias, tanto personales como políticas.

El primer paso en cualquier caso consiste en el reconocimiento de una mala acción. Cuando un monje confiesa una ofensa, como haber insultado a otro monje, primero admite haber dicho el insulto. A continuación, acepta que el insulto fue realmente una ofensa. Y, finalmente, promete refrenarse de cometer la misma ofensa en el futuro. El monje que busca la reconciliación con un laico sigue una pauta similar, con otro monje, que tenga una buena relación con el laico, que actúa como mediador.

Si una disputa ha dividido el sangha en dos facciones, donde ambas han actuado de forma impropia, entonces cuando las facciones quieren reconciliarse primero se les aconseja despejar el ambiente siguiendo un procedimiento llamado "tapar con hierba". Ambas partes realizan una confesión exhaustiva de sus acciones incorrectas y prometen no desenterrar cada una de las pequeñas ofensas cometidas por la otra parte. Esto les permite centrarse en las acciones incorrectas más importantes, si las hay, que causaron o exacerbaron la disputa.

Para curar una ruptura completa en la comunidad, se indica a las dos partes que primero deben averiguar las intenciones de base de cada parte que condujeron a la ruptura, porque si ambas intenciones eran irremediablemente maliciosas o deshonrosas, es imposible la reconciliación. Si el grupo intenta arreglar las cosas sin ir a la raíz de la ruptura, en realidad no se habrá curado nada. Sólo cuando se ve que las intenciones de base son reconciliables y se resuelven las discrepancias, el sangha puede realizar la breve ceremonia que reestablece la armonía.

Lo que impregna estas instrucciones es la comprensión de que la reconciliación genuina no puede basarse simplemente en el deseo de armonía. Se requiere una comprensión mutua de qué acciones contribuyeron a crear la falta de armonía y la promesa de intentar evitar esas acciones en un futuro. Al mismo tiempo, esto requiere un acuerdo (y un compromiso) claramente expresado sobre los valores comunes de qué es lo que está bien y lo que está mal. Incluso si las partes de una reconciliación están de acuerdo en que tienen un desacuerdo, este acuerdo debe distinguir entre las formas correctas e incorrectas de tratar con sus diferencias.

Éste es uno de los motivos por los que ha sido tan difícil lograr una reconciliación genuina en el mundo moderno. La aldea global ha convertido en vecinos al instante a personas con valores profundamente conflictivos sobre lo que está bien y lo que está mal. Además, muchos grupos muy bien financiados han encontrado más provechoso (en un sentido restringido) enfatizar los puntos de conflicto que nos dividen, como la raza, la religión, la clase social y la educación, y ridiculizar los esfuerzos sinceros por establecer una base común ampliamente aceptada.

Aunque las armas y las campañas mediáticas de estos grupos puedan ser evolucionadas, su impulso es tribal: «Sólo aquellos que tienen nuestra misma apariencia, piensan como nosotros y hablan como nosotros tienen derecho a vivir en paz. Todos los demás deben ser sometidos o destruidos». Pero aunque el alcance global de los agitadores del odio y el miedo modernos no tiene precedentes, la existencia de sistemas de valores enfrentados no es nada nuevo. El Buddha tuvo que hacer frente a una situación similar en su tiempo, y la forma de desarrollar un método para reconciliar puntos de vista opuestos puede resultarnos aleccionadora para nuestro tiempo.

Las creencias con las que se encontró en la India de su día caían en dos campos extremos: el absolutismo (la creencia de que sólo un grupo de creencias sobre el mundo y su origen podían ser ciertas) y el relativismo (el rechazo a adoptar una postura definida en cuanto a lo correcto y lo erróneo. El Buddha constató que ninguno de los dos extremos era efectivo para poner fin al sufrimiento, por lo que terminó hallando una pragmática Vía Media entre los dos: lo correcto y lo erróneo estaban determinados por qué funcionaba y qué no funcionaba para poner fin al sufrimiento.

La demostración pública de ello fue el sangha que el Buddha construyó alrededor de esta Vía Media, en el que las personas accedían a seguir sus enseñanzas y podían probar sus resultados mediante la paz interior y exterior, la armonía y la felicidad que hallaban. En otras palabras, en lugar de obligar a otras personas a seguir su camino, el Buddha ofrecía la oportunidad de que las personas se integraran voluntariamente en comunidades de monjes y monjas, junto con sus sustentadores laicos, cuyo impacto en la sociedad radicaba en el ejemplo que establecían.

La implicación obvia para las comunidades buddhistas modernas es que si quieren contribuir a traer la paz y la reconciliación a nuestro mundo, deberán hacerlo con el ejemplo de su propia vida en comunidad. Sin embargo, éste es un aspecto que a menudo las comunidades buddhistas occidentales han desatendido. En su ímpetu por despojar la tradición buddhista de lo que consideran su bagage monástico, han rechazado muchos de los principios de la vida monástica que constituían una parte muy importante de las enseñanzas originales del Buddha. En especial, han desconfiado enormemente de las ideas de lo correcto y lo erróneo, en gran medida debido al abuso que han visto que se hacía de ellas por parte de los absolutistas de nuestra propia cultura, como cuando una persona intenta imponer a los demás criterios arbitrarios o castigos mezquinos, o exige de forma hipócrita que los demás cumplan normas que él mismo no cumple.

En un intento de evitar los abusos tan comunes del enfoque absolutista, los buddhistas occidentales a menudo se han ido al otro extremo del relativismo completo, propugnando una visión no dual que trasciende lo correcto y lo erróneo. Sin embargo, este punto de vista también es susceptible de abusos. Así, en comunidades en las que se aboga por este principio, algunos miembros irresponsables pueden hacer uso de la retórica de la no dualidad y el desapego para tener conductas realmente dañinas. Entonces, sus víctimas son abandonadas a la deriva, sin ningún criterio aceptado de forma común en el que poder basar sus peticiones de reparación. Incluso el acto de perdonar resulta sospechoso en un contexto así, porque ¿qué derecho tienen las víctimas a juzgar qué acciones requieren perdón y cuáles no? Demasiado a menudo se acaba acusando a las víctimas de querer imponer sus criterios sobre los demás y no ser capaces de ir más allá de los puntos de vista dualistas.

Pero en realidad en una comunidad así no se ha trascendido la idea de lo correcto y lo erróneo, sino que se ha reformulado: si sostienes una perspectiva no dual, siempre estás en lo correcto, no importa lo que hayas hecho. En cambio, si te que-

jas sobre el comportamiento de otra persona, entonces estás
en lo erróneo. Y como esta reformulación no se reconoce de
forma abierta, se genera una atmósfera de hipocresía en la que
resulta imposible una reconciliación auténtica.

Así pues, si las comunidades buddhistas quieren ser un
ejemplo para el mundo, deben comprender que la solución no
consiste en abandonar la idea de lo correcto y lo erróneo, sino
en saber utilizarla adecuadamente. Es por ello por lo que el
Buddha respaldó sus métodos de reconciliación con una cultura de valores, donde la idea de lo correcto y lo erróneo se
convierten en ayudas y no en obstáculos para la reconciliación. En este sentido, el Buddha estableció que los miembros
del sangha debían reunirse dos veces al mes para recitar las
normas que todos ellos habían aceptado cumplir, y también
cumplir con los procedimientos convenidos en caso de surgir
disputas relativas a las normas. De este modo se fortalecía con
frecuencia el sentimiento de comunidad mediante el recordatorio claro y detallado de aquello que unía al grupo y lo hacía
un buen lugar donde vivir.

Los procedimientos a seguir para resolver las disputas eran
de especial importancia. Para prevenir que aquellos que se
hallaban en lo cierto abusaran de su posición, el Buddha aconsejaba que éstos debían reflexionar sobre sí mismos antes de
acusar a otra persona de hacer algo mal. Entonces debían
plantearse las siguientes cuestiones: «¿Estoy libre de ninguna ofensa sin resolver cometida por mí? ¿Me motiva la
bondad y no la venganza? ¿Comprendo claramente nuestros
criterios comunes?». Sólo en caso de poder responder afir-
mativamente a estas preguntas debían exponer la cuestión.
Además, el Buddha también les aconsejaba que se propusieran
decir únicamente palabras ciertas, oportunas, amables, rele-
vantes y movidas por la bondad. Su motivación debía ser la
compasión y la determinación de buscar el bienestar de todas

las partes involucradas. Debían desear la rehabilitación del malhechor y, principalmente, cumplir con principios justos relativos a lo correcto y lo erróneo.

Para animar a un malhechor a ver la reconciliación como una posibilidad ganadora y no perdedora, el Buddha elogió la aceptación sincera de la propia culpa como un acto honorable y no como un acto vergonzoso: no sólo como *un* medio, sino como *el* medio para el progreso en la práctica espiritual. Como le dijo el Buddha a su hijo, Rahula, la capacidad de reconocer los propios errores y admitirlos delante de los demás es el factor principal para lograr la pureza de pensamiento, palabra y acción. O, como dice en el *Dhammapada*, las personas que reconocen sus propios errores y cambian su forma de actuar «iluminan el mundo como la luna cuando se halla libre de nubes».

Pero además de incentivar la admisión sincera de las malas conductas, el Buddha cerró el paso a cualquier posible negación. La sociología moderna describe cinco estrategias básicas que las personas utilizan para evitar el reconocimiento de la culpa cuando causan un daño y es significativo que las antiguas enseñanzas buddhistas sobre la responsabilidad moral sirven para contrarrestarlas todas ellas. Las estrategias de elusión son: negar toda responsabilidad, negar que realmente se haya producido un daño, negar la valía de la víctima, atacar al acusador y sostener que se estaba actuando al servicio de alguna causa mayor. En este sentido, la respuesta buddhista a estas cinco estrategias es la siguiente:

(1) Siempre somos responsables de nuestras elecciones conscientes.

(2) Siempre debemos ponernos en el lugar de la otra persona.

(3) Todas las personas merecen ser respetadas.

(4) Debemos considerar a aquellos que señalan nuestros errores como si estuviesen mostrándonos un tesoro.

Y

(5) No hay ningún propósito mayor (repito, ninguno) que excuse el incumplimiento de los preceptos básicos de conducta ética.

Al establecer estos criterios, el Buddha creó un contexto de valores que alienta a las partes que inician una reconciliación a emplear un lenguaje correcto y a emprender la autorreflexión sincera y responsable propia de la práctica buddhista. De este modo, los criterios de un comportamiento correcto o erróneo, en lugar de resultar opresivos o mezquinos, generan una confianza profunda y duradera. Además de crear la armonía externa propicia para la práctica, el proceso de reconciliación también se convierte en una oportunidad para el crecimiento interior.

Aunque el Buddha concibió esta cultura de la reconciliación para su comunidad monástica, su influencia no se acabó ahí. Los practicantes laicos que sustentaban el sangha también lo adoptaron para su propio uso (los trámites parlamentarios en Thailandia, por ejemplo, todavía utilizan terminología del Vinaya) y seguidores de otras religiones que estuvieron en contacto con el buddhismo también adoptaron muchos elementos de esta cultura.

El Buddha jamás registró una patente por sus enseñanzas, sino que las ofreció libremente a todos aquellos que las encontraran útiles de algún modo. Pero, sin tener en cuenta si alguien seguía su ejemplo, mantuvo sus principios en todas sus acciones, sabedor de que todo cambio verdadero debe empezar primero por arraigar sólidamente en uno mismo. Incluso si su impacto no es inmediato, un cambio interior sólido, sin duda, produce resultados a largo plazo.

Si los grupos buddhistas han de traer la reconciliación a la sociedad moderna, primero deben dominar el arduo trabajo de la reconciliación entre ellos. Sólo entonces su ejemplo será una inspiración para los demás. E incluso si su impacto no es suficiente para prevenir una caída en la locura del fascismo, el terror y la guerra, estarán sembrando semillas de civilización que pueden brotar cuando haya pasado la locura, como un fuego en el campo.

El Buddha reconoció que no todas las disputas pueden reconciliarse. En ocasiones, una o las dos partes no están dispuestas a ejercer la honradez y la contención que requiere la reconciliación verdadera. Incluso entonces, el perdón es una opción válida. Por esto es por lo que la distinción entre la reconciliación y el perdón es tan importante. Nos impulsa a no contentarnos con el mero perdón cuando es posible obtener la curación auténtica de la reconciliación y, al mismo tiempo, nos permite ser generosos con nuestro perdón cuando no nos reconcilia.

Cuando dominamos tanto la habilidad del perdón y la reconciliación, podemos mantenernos firmes en nuestra noción de lo correcto y lo erróneo sin servirnos de ella para prenderle fuego al mundo.

★ ★ ★

Existe una antigua metáfora buddhista que dice: para aquellos que tienen el corazón cerrado, el sufrimiento del mundo es como tener un pelo en la punta de un dedo: a penas lo notan. Pero para aquellos que tienen el corazón abierto, es como tener un pelo en el ojo: es tremendamente doloroso. Cuando sentimos profundamente el sufrimiento del mundo podemos desanimarnos, especialmente cuando sabemos lo poco que se hace para detenerlo. La teórica de las organizaciones Margaret Wheatley, conocida por su libro *El liderazgo y la Nueva Ciencia*, ha trabajado en el desarrollo comunitario del sur de África y ha observado el proceso de la Comisión de la Verdad y la Reconciliación en Sudáfrica. Nos ofrece cuatro modos de ser activistas sanos y efectivos en un mundo de problemas sin resolver.

★ ★ ★

19. LAS CUATRO LIBERTADES: NO PERDER EL ÁNIMO EN UN MUNDO CRUEL

Margaret Wheatley

Nunca me he cuestionado, en tanto que buddhista, cuán activa debía ser en el mundo. Supongo que debido a que llegué a este punto desde la dirección opuesta: ya era activa en un mundo que estaba rompiendo mi corazón. Entonces me hice buddhista para poder estar en este mundo y permitir a mi corazón que *siguiera* rompiéndose.

Trabajo en muchos lugares distintos donde la gente está sufriendo. Estas personas viven en países del Tercer Mundo y se enfrentan a un futuro sin futuro, o viven en organizaciones modernas y se enfrentan a la pérdida de individualidad y sentido. Antiguamente solía diferenciar entre ellos, pensando que aquellos que sufren la pobreza y la enfermedad merecen mayor apoyo que aquellos que se lamentan en sus confortables oficinas. Sin embargo, Pema Chödron disuelve esta diferenciación cuando explica que «el sufrimiento es sufrimiento».

Es cierto.

Hoy mismo, mientras escribo esto, Robert Kennedy Jr. está pronunciando un discurso en mi misma calle ante algunos cientos de personas, todos ellos personas que se preocupan por este mundo. Les hablará de cuestiones medioambientales, sobre las vacunas que contienen mercurio y que han provocado un enorme aumento de autismo infantil (una clara relación causa efecto negada por las autoridades), etc. Con sus gestos y su manera de actuar les recordará a su padre, aquella voz estridente que luchaba por despertar nuestra enfado por la pobreza y los olvidados. La gente saldrá indignada, inspirada, frustrada. He asistido a muchos de estos actos y yo misma he pronunciado discursos que generan estas emociones. El enfado nos hace despertar y nos agita, gritamos, protestamos, nos manifestamos y expresamos nuestra furia. Y, entonces, cuando nada cambia, nos deprimimos, nos sentimos débiles, indefensos y asqueados de nuestro propio enfado.

Más tarde, en este mismo día de octubre, la CNN retransmite desde la Cumbre de la Iniciativa Global organizada por el ex presidente Clinton. Docenas de poderos líderes de todo el mundo reunidos por él para producir un cambio en el mundo. Tantas personas geniales y fervientes hablando desde lo más hondo de su lucidez. Pero no puedo escuchar otra cumbre, panel o conferencia. No necesitamos otra sesión en la que nos sentemos y, firmes en nuestra postura, critiquemos a los demás, puesto que ya sabemos qué hacer. Ya disponemos de las soluciones que necesitamos. ¿Por qué no podemos utilizar lo que sabemos que funciona? ¿Dónde está el valor para dejar de hacer lo que está destruyendo a tantos.? A medida que avanza la retransmisión (la CNN les da una hora) vuelvo a sentir algo que ya me es familiar, llena de enfado y frustración.

Me hice buddhista para poder ver esta locura sin volverme loca.

Muchos años atrás, aprendí a ser testigo, a estar con aquellos que sufren un gran daño. A no hacer otra cosa más que estar allí, escuchando. Estuve en Sudáfrica en varias ocasiones, en una época en la que las personas estaban aprendiendo a vivir juntas como una nación libre. Cuando estuve allí, escuché experiencias de tanto horror y tanto perdón que algunas noches no podía ni siquiera dormir, sacudido y trastornado por esas historias, y me veía obligada a reconsiderar la naturaleza humana. No quería oír ni un horror más, pero me convencí para llegar a ser una buena oyente. Me dije a mí misma que si ellos habían experimentado aquello, lo menos que podía hacer era escuchar.

¿Cómo se es testigo de algo insoportable?
¿Por qué la gente es tan cruel de forma deliberada?
¿Cómo puedo no aportar todavía más ira al mundo?

Es por esto por lo que me hice buddhista. Para liberarme de éstos y muchos otros gritos.

LAS CUATRO LIBERTADES

A los buddhistas les gusta enumerar los conceptos. Todo lleva un número delante, hay colecciones de conceptos desde dos a 84.000. Así que aquí va mi aportación personal. Las he llamado las "cuatro libertades" porque al practicarlas me siento libre de adentrarme en lugares difíciles, incluso me siento libre de mantener mi cordura. Pero, en verdad, pienso en ellas con el agradecimiento de pensar «gracias a dios que me sé éstas». Estos cuatro principios que he aprendido con mi práctica buddhista consisten en no esperar nada, no buscar una seguridad, no apegarse a nada y no tener miedo.

1. No esperar nada

Estaba escuchando al más elocuente de los oradores que jamás había oído hablar, un hombre que había trabajado en las Naciones Unidas durante años, primero en temas de la infancia y entonces en asuntos relacionados con el VIH/SIDA. Con imágenes que nos destrozaban el corazón, nos describía el destino de los niños en este mundo. Nos habló de las legiones de niños soldado, los niños esclavizados por la industria, los millones de huérfanos a causa del SIDA, de niños de nueve años de edad que luchaban como cabezas de familia para mantener unidos a sus hermanos. Por doquier, niños aprendiendo únicamente a callar, a pedir o a ser brutales.

Esto es con lo que se enfrentaba cada día. Al final, sentenció pausadamente: «Éste es un mundo que no se preocupa por sus niños».

Alguien entre los oyentes le preguntó cómo lo podía soportar, puesto que cada día debía mirar a la cara de aquel horror y él respondió: «cada vez me resulta más difícil mantener mi enfado bajo control. Me está devorando por dentro, no sé cuanto tiempo más podré seguir haciendo este trabajo».

Practico para evitar caer con él en el enfado, el miedo, el dolor y la enfermedad. Mi nueva fe me libera de la terrible pregunta: «¿Por qué un Dios que nos ama iba a permitir que sucediera esto?». Sin buscar más una explicación, puedo seguir en este mundo cada vez más inhumano.

Después de todo, ¿qué otra especie es tan estúpida como para dejar de preocuparse por sus niños?

"Ir más allá de la esperanza y el miedo" es una enseñanza frecuente en el buddhismo. Dante advertía a los cristianos condenados al infierno: «Abandonad toda esperanza, vosotros que entráis aquí». Pero todos debemos abandonar la esperanza.

La esperanza se convierte en nuestro infierno, es el canto de sirena del logro, la seducción del éxito. Podemos cambiar el mundo, podemos marcar la diferencia, si trabajásemos suficientemente duro, si tuviésemos más recursos, si..., si..., si...

Thomas Merton, un místico cristiano, le aconsejó a un amigo: «No dependas de la esperanza en los resultados [...] puede que debas enfrentarte al hecho de que tu trabajo resulte inútil y que incluso no logres ningún resultado en absoluto, cuando no resultados opuestos a lo que esperabas. Cuando te acostumbras a esta idea, empiezas a concentrarte cada vez más no en los resultados, sino en el valor, la justicia, la verdad del trabajo en sí [...] de forma gradual te esfuerzas menos por una idea y más y más por personas concretas [...] Al final, es la realidad de la relación personal lo que lo salva todo».

A menudo leo esta carta de Merton a los grupos con los que trabajo. Nadie quiere escucharlo, no es el consejo profesional habitual. Tu trabajo será inútil, no conseguirás ningún resultado o incluso crearás resultados contrarios a lo que tú quieres. ¡Dios mío!

A la gente le aterroriza no esperar nada. Me preguntan: «¿Qué es lo que me motivará si no hay esperanza? ¿Por qué iba a intentar hacer algo si no va a funcionar?». Desprovistos de toda esperanza, sólo prevén interminables horas de depresión en una vida sin sentido.

Sus preguntas introducen un problema clave junto a la esperanza. Ésta nunca entra en una habitación sin el miedo a su lado. Si esperas lograr algo, también temes fracasar. ¿Y qué si nuestros actos no resultan? ¿Y qué si no podemos salvar el mundo? ¿Y qué si realmente no podemos hacer nada?

Hace unos tres años abandoné la idea de querer salvar el mundo. Me resultó más difícil que dejar una relación amorosa. Sentí que estaba condenando el mundo a su final más amargo. Algunos de mis colegas fueron críticos conmigo, incluso les asustó mi decisión. ¿Cómo podía ser tan irresponsable? Si abandonamos el mundo, ¿qué sucederá? Todavía rehúsan dimitir como salvadores (especialmente los más jóvenes). Les veo forzar sus débiles espíritus y sus cuerpos fatigados a regresar a la acción, una y otra vez, en busca de una intensidad de emociones que les devuelva el vigor.

No abandoné la idea de salvar el mundo para proteger mi salud. Abandoné para descubrir qué es lo que se supone que debo hacer, cómo puedo ayudar del mejor modo. Más allá de la esperanza y el miedo, libre del éxito o el fracaso, estoy aprendiendo en qué consiste la acción correcta. Se trata de la lucidez, de la energía. Todavía me enfado, me enfurezco y me decepciono. Pero ahora sé cómo retirarme, cómo no actuar dejándome arrastrar por estas emociones. No hago nada hasta que me he vuelto a situar más allá de la esperanza y el miedo. Entonces puedo actuar, correctamente. Espero.

Merton hablaba acertadamente. Los resultados no importan. Las personas, sí. ¿Podemos ser amables, bondadosos, generosos, incluso cuando todo se derrumba?

Más allá de la esperanza y el miedo, esta pregunta la puedo responder. Mi respuesta es sí.

2. No buscar una seguridad

Las banderas ondean a media asta. De nuevo.
Ésta atraviesa la carretera delante de mí.
Es enorme, del tipo que se hizo popular
    cuando el patriotismo tuvo que ser más visible.
Asfixia la carretera, lacia y sin vida.
    El viento intenta levantarle el ánimo
    pero ella se niega
    cargada con el peso del dolor.

Esta bandera es por el Katrina.
También me acuerdo de otra bandera enorme
que ondeaba desafiante al viento después del 11 de septiembre.
El mundo que veo pronto se perderá en banderas sin vida.
Esto sólo es el principio.

Anoche tiré un salero que todavía contenía algo de sal
en su interior.
Quería hacer espacio en los armarios abarrotados
de mi cocina.
Pero al tirarlo a la basura se me ocurrió que, un día,
habrá tanta hambruna que incluso aquellos pocos granos
serían un tesoro.
Aun así, lo tiré, pero me prometí no olvidar esta noche.

Bien, y ahora ¿cómo vivo con entusiasmo?

Cada vez que veo arriar una bandera, me digo a mi misma:
Esto es lo que se siente cuando una cultura muere.
Esto es lo que se siente en la época de la destrucción.
Esto es lo que se siente cuando no se busca una seguridad.
No te apegues a la seguridad.
No te apegues.

Hay que aprender a no buscar una seguridad.
Me lo enseño a mí misma con estos mantras aterradores.

3. No apegarse a nada

Nada sigue igual.
Nada posee una forma duradera.
Nada es lo que parece.

Nada significa lo que creo que significa.
Nada de lo que atrae mi atención durará.

Si lo permito.

Nada existe por sí mismo.
Nada tiene una identidad independiente.
Nada de lo que soy significa lo que creo que es.
Nada a lo que me apego es real.
No hay nada que proteger, defender, preferir.

¡Uf!

4. No tener miedo

Sin miedo

Embaucador   sabio   bromista   mago

Sin miedo

Expresar
la loca   sabiduría

Sin miedo

El rugido del león
el vuelo del dragón

Despegue.

Más allá de la esperanza y el miedo

sin suelo

sin base

volando, rugiendo
Las alas desplegadas

libre

sin esperanza

sin individualidad

sin seguridad

Sin miedo

Desde aquí arriba el mundo se ve precioso

Espacioso, acogedor, abierto

agradecido por las ofrendas que

en el suelo
sólo parecen riesgo, valentía, locura.

Sin miedo

Habla claro
exprésate

haz el amor

no hagas nada

no hay que hacer nada más.

Vuela, querido dragón   *más allá*   *más allá*
    Sin miedo

Amor verdadero.

Colofón
El camino del amor nunca es suave.
El amor verdadero nunca acaba.

Pero aquí estoy, de nuevo sin poder volar debido a la terrible gravidez de los acontecimientos. No importa qué día es. Catástrofes naturales, tragedias humanas, codicia, violencia: el sinsentido no cesa. Cada día deshacemos el futuro. Una poetisa chilena creó este nuevo verbo: *deshacer-el-futuro*. Necesitamos nuevos términos para describir lo que estamos haciendo en realidad. Un nuevo titular aparece en las noticias de la noche: "fracasados". El presentador se pregunta si estamos tan desbordados con el mundo que ya no podemos aguantar más, si ya no podemos con él.

Delante de tanta agitación y tantas tragedias, ¿cómo podemos evitar buscar una seguridad en algún lugar? ¿Con tanto horror, ¿cómo podemos abandonar la esperanza?

Tengo un colega, famoso en mi entorno, que ha decidido legar una vida mejor a miles de millones de personas. Planea crear programas de liderazgo para erradicar la pobreza y desarrollar comunidades sanas, letradas y prósperas. Continuamente repite que sólo quedará satisfecho si lo consigue con miles de millones de personas. Sabe tan bien como yo que ya disponemos de las soluciones que necesitamos, por lo que invierte todo su dinero y toda su energía en asegurarse de que aprendamos estas soluciones y las apliquemos por doquier. Cree que salvará el mundo.

Yo me quedo sentada, al descubierto, desnuda, sin esperanza. Cuanto más se extiende su energía y optimismo por la sala, más dudas tengo sobre mí. ¿He hecho bien dejando de soñar, abandonando mis sueños? ¿He hecho bien considerando este mundo como una ilusión? ¿Es cierto que nada de lo que veo significa lo que yo creo? Aporto algo bueno al mundo sin apegarme a nada, sin esperanza, sin buscar una seguridad? ¿O está él en lo cierto? ¿Todavía podemos salvar el mundo? ¡Oh, Dios mío!

Quiero huir para protegerme de estas preguntas que me retienen ligada a este mundo turbulento. En realidad sólo hay una pregunta.

> *¿Dónde puedo hallar las alas de la ausencia de miedo?*
> *Para ésta conozco la respuesta.*
> *Retírate. Vuelve a situarte. Más allá de la esperanza*
> *y el miedo. Amor verdadero.*

TERCERA PARTE

LA ACCIÓN

¿Cómo debemos actuar en el mundo? Con una mente ilimitada
de bondad hacia los demás, como una madre que protege
a su único hijo. Éste es el programa del Buddha para unirse
al Dharma y la acción política.

Que todos los seres, tanto si son fuertes como débiles, sin omitir
*   a ninguno,*
tanto si son largos, grandes, medianos, cortos o pequeños,
visibles o invisibles, cercanos o lejanos,
nacidos o por nacer, que todos los seres sean felices.

Que nadie decepcione a otro, ni desprecie a nadie en ningún lugar.
Que nadie movido por el odio o la hostilidad desee el sufrimiento
*   a otro.*

Igual que una madre protegería a su propio hijo, a su único hijo,
del mismo modo hay que cultivar una mente ilimitada hacia todos
*   los seres y la bondad hacia el mundo entero.*

Hay que cultivar una mente ilimitada, hacia arriba, abajo o alrededor,
sin obstrucciones, ni odio, ni enemistad.

De pie, caminando, sentado o reclinado, siempre que uno esté despierto,
debe practicar este pensamiento. Éste se llama el estado supremo...

El Buddha, *Metta Sutta*

★ ★ ★

En ningún otro lugar el principio buddhista de la interdependencia es más importante (y más violado) que en nuestra relación con el medio ambiente. Nuestro presunto dominio sobre la Tierra (creemos que sus plantas, animales y recursos existen para el consumo humano) representa el fundamento de todos nuestros sistemas económicos. Esta actitud no sólo resulta destructiva para los demás seres vivos, sino que también es autodestructiva, puesto que la calidad de la vida humana no consiste en nuestra mera supervivencia, sino que depende de la salud y el equilibrio de los complejos ecosistemas de la Tierra. Como sostiene Stephanie Kaza, profesora de ética medioambiental y ecofilosofía, puesto que el buddhismo ha comprendido este principio desde hace mucho tiempo, puede ofrecer algunas pautas importantes al activismo medioambiental.

★ ★ ★

20. UN AGENTE EN LA RED DE INDRA

STEPHANIE KAZA

En la actualidad puede resultar abrumador pensar en el estado del medio ambiente. El consumismo devastador, el crecimiento desmesurado de la población y el gran impacto de las tecnologías ahora circulan por todo el mundo. Los problemas parecen inabordables. Los métodos de extracción de recursos mineros han logrado una eficiencia voraz, y la salud del ecosistema está cayendo en picado en todos los continentes. En medio de este desafío para la estabilidad planetaria, ¿qué puede hacer realmente una persona? Ésta es la pregunta que mis alumnos me formulan cada semestre y es crucial tener alguna respuesta o no podremos avanzar hacia ninguna esperanza de sostenibilidad.

A menudo la gente me pregunta: «¿Por dónde tengo que empezar?» Y normalmente les respondo con otra pregunta: «¿Qué es lo que más te importa?». Como la mayoría del trabajo medioambiental va en aumento y es acumulativo, tener una fuerte motivación resulta esencial para seguir adelante a largo plazo. Y puesto que los problemas son infinitos, posiblemente nadie pueda ocuparse de todos ellos de forma eficaz. Así pues, es importante elegir un área específica donde trabajar, centrarse en el aspecto físico, político o económico de una situación específica. No seré yo quien diga en cuál debéis poner vuestra energía, pero me gustaría ofreceros varios enfoques buddhistas que pueden aplicarse a cualquier actividad medioambiental.

ESTAR AL LADO DEL SUFRIMIENTO

Si observáis el estado del mundo en la actualidad, el sufrimiento es enorme. La agricultura global, la expansión urbana y el desarrollo industrial han causado una pérdida a gran escala de hábitat, la extinción de especies, la degradación de la tierra y el agua y un clima inestable. En el último siglo, la velocidad de las pérdidas se ha acelerado considerablemente, hasta el punto de amenazar la salud del ecosistema y la continuidad de la vida.

La primera de las enseñanzas del buddhismo, las Cuatro Nobles Verdades, comienza con la verdad del sufrimiento. Nacimiento, enfermedad, vejez y muerte: cada estadio de la vida de toda forma de existencia está condicionado por la inevitabilidad del cambio y la pérdida. Afrontar este sufrimiento y las confusiones que genera representa el punto de partida de toda la práctica buddhista. En sus preceptos de la Orden de la Interexistencia, Thich Nhat Hanh nos insta a «no evitar el contacto con el sufrimiento, ni cerrar los ojos ante el sufrimiento.» De este modo dirige a sus discípulos a tener presente el sufrimiento para comprender la naturaleza de la existencia. Pero esto requiere paciencia y ecuanimidad ante cualquier suceso perturbador, tanto si se trata de un magnífico bosque reducido a tocones, una antigua zona de fértiles humedales ahora yerma debido a los desechos químicos o un arrecife de coral destruido por la pesca con dinamita. No resulta fácil observar con una mirada limpia estas expresiones perturbadoras de la actividad humana.

La mayoría de las veces no tenemos en cuenta las consecuencias de este tipo de actividades. Sin embargo, desde una perspectiva buddhista, éste es el mejor lugar donde empezar, puesto que parte de la realidad y no está distorsionado por ideales visionarios. La atención consciente equivale a lo que los maestros del zen llaman *conocimiento directo*, esto es la experiencia directa de la situación real de las cosas. Esta percepción auténtica es liberadora e inspiradora al mismo tiempo. Las prácticas que aquietan y focalizan la mente proporcionan una base mental estable desde la que observar toda la dimensión del impacto humano.

Estar al lado del sufrimiento medioambiental significa ser consciente del sufrimiento que nuestros propios condicionamientos culturales producen en otros seres. Los occidentales hemos sido educados en un sistema de valores que enfatiza la objetividad, es decir que ve las plantas y los animales, los bosques y los ríos como objetos autónomos y recursos potenciales. Este enfoque centrado en los seres humanos, tan importante en la política y la economía occidental, es uno de los principales obstáculos para poder estar al lado de otros seres vivos. Si vemos el medio ambiente básicamente para el uso humano, tanto para obtener alimentos, cobijo, disfrute o desarrollo espiritual, resultará difícil ver la naturaleza intrínseca de otro ser y cómo sufre bajo el peso de la dominación humana.

Parte de estar al lado del sufrimiento consiste en descubrir qué está sucediendo realmente en cualquier conflicto medioambiental. Las Cuatro Nobles Verdades pueden aplicarse como una pauta para establecer un diagnóstico mediante cuatro preguntas, cada una equivalente a una de las verdades.

En primer lugar: ¿cuál es el problema o sufrimiento? En segundo lugar: ¿cuáles son las causas del sufrimiento? En tercer lugar: ¿qué podría poner fin al sufrimiento? Y, en cuarto lugar: ¿cuál es el camino para lograr este fin? Este análisis puede parecer simple, pero en realidad es muy radical en cuanto a la inclusión de todo tipo de sufrimientos relativos a los seres humanos, los animales, los árboles, las especies, el hábitat, los ecosistemas,...

Esta forma de cuestionamiento nos ofrece unas pautas directas para poder estar mejor informados y, de este modo, ser más capaces de ser testigos del sufrimiento implicado. También nos ofrece un equilibrio analítico para las inevitables emociones que surgen cuando observamos la naturaleza del sufrimiento de otro ser.

Cultivar una mente de sistemas

El análisis de los problemas medioambientales casi siempre requiere cierta comprensión de los principios de la ecología o de lo que llamo el *pensamiento de sistemas*. La filosofía buddhista ofrece una base excelente para el pensamiento de sistemas en la ley de la mutua formación dependiente u origen interdependiente. Según este enfoque, todos los seres y sucesos son interdependientes, están interrelacionados y se originan mutuamente. El universo es dinámico en todas sus dimensiones y escalas de actividad, donde cada acción afecta y produce otras acciones.

Una metáfora del buddhismo chino de esta visión es la Red enjoyada de Indra. Imagina una red que se extiende infinitamente a través de las dimensiones horizontal y vertical del espacio. Luego añade más redes intercalándose en las diagonales. Y finalmente imagina un número infinito de estas redes entrecruzando todos los planos del espacio. En cada uno de los nudos de todas las redes se halla una joya de múltiples facetas que refleja cada una de las otras joyas de la red. No hay nada fuera de la Red, ni nada cuya presencia no reverbere a través de esta Red de capacidad infinita. Las joyas y los infinitos enlaces de las redes en el espacio están cambiando constantemente y siempre se reflejan mutuamente en este proceso.

Desde una perspectiva ecológica, esta metáfora tiene un sentido obvio: los sistemas ecológicos están formados precisamente por estas series de relaciones complejas que continuamente se configuran mutuamente entre todos los miembros del sistema. No es necesario estudiar ecología para comprender este hecho. Sólo se trata de observar la relación causa efecto en cualquier sistema en el que tengamos una relación estrecha: nuestra familia, nuestro lugar de trabajo, nuestro patio trasero.

El pensamiento de sistemas se desarrolla mediante la observación de pautas a lo largo del tiempo y el espacio, como los ciclos estacionales o las rutas migratorias. Éstas son herramientas esenciales para un ecologista. Para un ciudadano consciente, estas herramientas nos permiten hacernos preguntas muy útiles cuando tratemos con cuestiones medioambientales. En lugar de centrarnos en uno o dos actores de la obra, podemos preguntar por el origen y la historia del conflicto, las pautas en las políticas que han determinado la toma de decisiones, las necesidades económicas y sociales de las partes involucradas y las relaciones ecológicas específicas en cuestión. Un pensador de sistemas mira a través de varios niveles de tiempo y espacio y une las piezas del rompecabezas de las relaciones, de sus múltiples causas y efectos.

Los observadores astutos de los sistemas pueden descifrar las pautas de retroalimentación que reflejan las fuerzas constitutivas dominantes. Si hace demasiado calor, el gato busca la sombra. Si hace demasiado frío, el gato busca el capó caliente de un coche para dormir en él. Los sistemas están creados por pautas que se autorregulan, como la que mantiene nuestro cuerpo en una temperatura constante, y por pautas que se autorreorganizan y que permiten al sistema adaptarse y responder cuando surgen nuevas circunstancias.

La autorregulación, que mantiene la estabilidad del sistema, y la autorreorganización, que permite al sistema evolucionar o "aprender", suceden simultáneamente todo el tiempo en todos los niveles de actividad de un sistema. Podemos practicar la observación de este fenómeno en nuestro cuerpo/mente para ver cómo funciona esta retroalimentación. ¿Cómo reaccionamos ante los días lluviosos? ¿Ante los días más cortos del año? ¿Ante el hambre? ¿Ante dormir lo suficiente y no dormir lo suficiente? Puedes practicar la observación de ti en la naturaleza para ver qué lugares te sustentan, por qué y en qué estación. Todo esto resulta muy útil para desarrollar una mente de sistemas capaz de afrontar situaciones ambientales complejas.

Hasta aquí hemos descrito de un modo bastante sencillo la realidad biogeofísica. Sin embargo, desde una perspectiva buddhista, la ley de la interdependencia o el pensamiento de sistemas, como la llamo yo, también incluye el papel del pensamiento y el condicionamiento humano. La intención y actitud mental cuentan, son fuerzas significativas en el universo, por lo que los buddhistas ven el pensamiento humano como una parte crucial en cualquier relación medioambiental. Lo que la gente piense sobre el medio ambiente tendrá un efecto determinante en la elección de sus acciones. Un pensador buddhista de sistemas serio que emprenda una controversia medioambiental desconcertante querrá saber tanto sobre los actores humanos involucrados y sus actitudes como sobre los árboles y la fauna afectada.

Este punto nos conduce a un aspecto clave del pensamiento de sistemas, la *autoría*: ¿quién hace realmente qué? Puede resultar embriagador probar el grandioso sobrecogimiento interdependiente de todo el universo, esa experiencia de "unidad" donde todo cobra sentido. Pero esto sólo es un primer estadio de comprensión. Resulta fundamental seguir avanzando y estudiar con detenimiento qué está sucediendo y quién es el causante de cuanto sucede. En cuestiones medioambientales, esto significa determinar quién es responsable de las decisiones o las acciones que influyen en la Tierra y la comunidad humana. Se trata de retroceder en la cadena de causas y efectos hasta llegar a aquellos que han producido el daño medioambiental y que están en posición de invertir su forma de actuar.

La red inmensa de relaciones en este despliegue dinámico no está formada de partes iguales. Sin duda alguna, unos actores tienen mayor peso que otros, por lo que identificar a los actores y las decisiones políticas clave puede ser de gran ayuda para elegir las estrategias apropiadas para reorientar el sistema hacia objetivos más sanos.

Liberty Hyde Bailey, un naturalista norteamericano de principios del siglo XX, dijo: «una vida feliz tiene un número mayor de puntos de contacto con el mundo y tiene una mayor sensibilidad y simpatía por todo cuanto existe». Pienso que aquí se nos describe la experiencia de un pensador de sistemas, que toma conciencia de todas sus relaciones con los seres humanos y no humanos. Un buddhista lo llamaría una experiencia profunda de interdependencia. El hecho es que esta conciencia está al alcance de todas las personas y resulta fundamental para realizar una actividad medioambiental efectiva. Si aprendes la topografía de los ríos y los montes locales, si recorres todas sus latitudes en todas las estaciones, si charlas con aquellos que utilizan y protegen los ríos y montes locales, esto se convierte en la base para ver que uno mismo está determinado por (al mismo tiempo que determina) las relaciones de la Red de Indra.

EMPRENDER EL CAMINO DE LA NO AGRESIÓN

Todas las religiones y culturas han establecido marcos éticos y pautas morales para guiar las acciones humanas. Tanto histórica como recientemente, muchas de ellas han sido interpretadas como un apoyo para la protección medioambiental.

En la ética buddhista existe un principio que ocupa un lugar central entre todas las enseñanzas éticas: la práctica de la no agresión o *ahimsa*. Éste es el primer precepto de los votos monásticos e impregna todos los demás compromisos éticos. Al comprender hasta qué punto la vida está condicionada por el sufrimiento a muchos niveles, el discípulo buddhista se propone no añadir más sufrimiento y reducirlo cuando sea posible. En otras palabras, causar el mínimo daño. En su sentido más profundo, *ahimsa* significa la ausencia incluso del impulso de matar o hacer ningún daño. Esta respuesta compasiva surge de forma natural del sentimiento general de conexión con los demás seres.

La no agresión no se entiende como un ideal inalcanzable, sino como un fundamento pragmático sobre el que realizar elecciones. Así, por ejemplo, puede actuar como un principio rector para decisiones medioambientales. La ley estatal de protección del medio ambiente de los Estados Unidos (NEPA, en sus siglas en inglés) fue escrita con esta intención: los artículos sobre impacto medioambiental fueron promulgados como un modo de medir cuánto sufrimiento sería causado por un proyecto federal y sugerir medidas atenuantes para reducir su impacto. Esto puede suponer cambiar los métodos de recolección, por ejemplo, de una tala indiscriminada a la tala selectiva. También puede significar dar protección a especies amenazada en peligro de extinción, o formar un consejo de cuencas en el que puedan participar todas las partes implicadas en la planificación de las cuencas hidrográficas.

La práctica de la no agresión ha sido codificada en el modelo Mahayana del *bodhisattva*, el ser en busca del despertar que regresa vida tras vida para ayudar a todos los seres que sufren. El voto del bodhisattva lo abarca todo y requiere una compasión sin fin. Los ecologistas buddhistas han acuñado el término *ecosattva* para evocar a un bodhisattva arquetípico que ha hecho el voto de acabar con el sufrimiento medioambiental. Los ecosattvas llevan su actividad a cualquier ámbito de interés medioambiental: la agricultura, la contaminación del agua, el cambio climático, la protección de la fauna,... Las oportunidades son inagotables y su trabajo cuenta con la fuerza del voto del bodhisattva de ayudar a todos cuanto sufren. Profesar este voto como punto de referencia libera parte de la ansiedad de querer obtener resultados rápidos. Muchos problemas medioambientales son de difícil solución y serán necesarias varias generaciones para resolverlos. Por ello, una intención firme puede constituir un punto de arranque para lo que puede ser una larga lucha por la estabilidad medioambiental.

Dos ámbitos en los que en estos días se oyen debates sobre la reducción del daño son el de la alimentación y el de la energía. El sufrimiento de la producción alimenticia moderna tanto para los animales como para los trabajadores ya ha sido bien documentado (ver por ejemplo *Fast Food Nation*, de Eric Schlosser). Igualmente, la agricultura industrial ha sido puesta al descubierto por su agresión con productos químicos sobre el terreno y la salud pública. Muchas personas eligen comer según principios éticos que reduzcan el daño a los animales, las plantas, la tierra y el cuerpo humano. Para unos esto consiste en comer alimentos producidos de forma orgánica y, en lo posible, cultivados por agricultores locales, puesto que así se reduce el consumo de energía utilizado en los transportes de larga distancia. Para otros esto significa elegir productos de comercio justo que reducen el sufrimiento de los trabajadores del campo y los productores atrapados en el sistema económico global. También hay personas que buscan reducir el anonimato en la compra de alimentos y participan en colectas de comida orgánica organizadas por la comunidad.

Los estudiantes universitarios están especialmente sensibilizados sobre la elección de energías alternativas. Saben que la producción de petróleo tocará fondo a lo largo de sus vidas y que hay que desarrollar otras fuentes de energía. El biodiesel es bastante popular, puesto que ofrece un modo de reciclar el aceita vegetal. Las energías eólica y solar también son vistas como causantes de un daño relativamente bajo en el medio ambiente, mientras que otras potenciales fuentes de energía, como las pilas de combustible alimentadas con hidrógeno, son cuestionadas por su alto coste de producción. Muchos estudiantes querrían tener un coche eléctrico híbrido, puesto que con un menor consumo de gasolina serían menos dependientes de la economía del petróleo. Aunque la "no agresión" no sea un concepto clave en la conversación, la dirección a tomar parece clara para estos estudiantes: ¿por qué causar más daños al medio ambiente? ¿No hemos tenido ya suficiente con Chernóbil y los vertidos del *Love Canal* o el *Exxon Valdez*? Estar "fuera del sistema" es visto como un ideal moral, un modo de reducir tu huella ecológica y ser un mejor ciudadano para el resto del mundo.

ALCANZAR LA PAZ

William Ury, un negociador en conflictos internacionalmente reconocido, ha establecido una serie de principios para "alcanzar la paz", soluciones significativas que estabilizan los conflictos políticos en muchos niveles. Su trabajo se aplica bien a las cuestiones medioambientales, que a menudo comportan conflictos entre distintas partes y distintos puntos de vista. Hay quien dice que estamos luchando en la III Guerra Mundial, en referencia a la guerra no contra el terrorismo, sino contra el medio ambiente. Pesticidas, desechos nucleares, productos químicos tóxicos, tala de árboles,... todo esto y más supone ataques directos a distintas formas de vida. Alcanzar la paz significaría hallar un modo menos dañino de vivir con el medio ambiente, un modo que incentive relaciones bondadosas y pacíficas con los demás seres.

En su reciente libro (también titulado *Alcanzar la paz*), Ury establece el papel del que él llama la "tercera parte", una parte fuera del conflicto inmediato pero interesada en hallar una resolución pacífica. Pienso que éste es un papel útil para aquellas personas preocupadas por el medio ambiente. La tercera parte puede aclarar diferencias, proporcionar protección a las partes amenazadas y educar allí donde sea necesario el conocimiento. Alguien con una sensibilidad buddhista en este papel puede basarse en los tres enfoques descritos antes: estar al lado del sufrimiento, cultivar una mente de sistemas y practicar la no agresión. Mantenerse en esta intención puede ayudar a estabilizar por sí mismo un conflicto abierto. Ury ve el papel de la tercera parte como un rol activo, alguien que aborda el conflicto pero sin tomar parte en él. Para la mayoría de nosotros que hemos sido educados en un pensamiento polarizador, tan cáustico y destructivo en la política moderna, esta tercera parte nos puede resultar difícil de imaginar. Pero una y otra vez en una gran variedad de situaciones conflictivas, Ury ha observado que el papel de la tercera parte resulta crucial para hallar un modo de avanzar.

Ury describe diez roles para la tercera parte dirigidos a los motivos por los que se produce la escalada de un conflicto y los clasifica en aquellos que previenen, resuelven o contienen el conflicto. Todos ellos pueden aplicarse a situaciones medioambientales, pero me gustaría centrarme en tres roles que creo que son especialmente adecuados para un enfoque buddhista.

Entre los roles que previenen la escalada del conflicto o su inicio en un primer momento, el rol de constructor de puentes parece apropiado para la sensibilidad buddhista. El constructor de puentes trabaja para fortalecer relaciones débiles entre personas o entre personas y el entorno. Un ejemplo son los esfuerzos realizados para proteger los Everglades basados en conversaciones entre los cultivadores de algodón, los biólogos y los operadores turísticos. Muy a menudo, los problemas medioambientales surgen del uso excesivo de los recursos o de una zona, pero mediante conversaciones compartidas entre los usuarios es posible alcanzar una cierta restricción y coordinación de las actividades. Esto es fundamental en conflictos de actividades recreativas, por ejemplo, entre las motos acuáticas y las canoas o entre los cazadores y los senderistas. El papel de una tercera parte puede promover la resolución creativa de los problemas haciendo que las partes se sienten a discutir la situación.

Para resolver conflictos o problemas medioambientales existentes, Ury propone varios roles que establecen los derechos en disputa y los desequilibrios de poder. De los cuatro roles de prevención, creo que el rol del sanador, aquel que se ocupa de las relaciones dañadas, contaría con el respaldo de la práctica buddhista. Con el pensamiento relacional en el corazón de la mente de sistemas y la acción compasiva, un practicante buddhista está cualificado y sensibilizado para la salud de las relaciones. Cuando las relaciones están dañadas, una tercera parte buddhista trabajaría para curar las roturas y los daños. Para ello sería necesario emplear la diplomacia, la valentía y la paciencia, en función del nivel del daño.

Una tercera parte con una intención clara de curar y servir con compasión sería de gran valor para sacar una situación del bloqueo del conflicto. Podríamos utilizar este rol de curador en casos de malas relaciones entre vecinos, cuando se ha producido un daño a causa de la tala de un árbol querido o al rociar el césped con pesticidas. Podríamos ser proactivos en la curación de las relaciones con la tierra mediante la creación de jardines comunitarios a escala local o apoyando la agricultura orgánica.

En los casos en los que un conflicto medioambiental se ha afianzado y su resolución no parece fácil, el papel de la tercera parte requiere una valentía mayor. Pienso, por ejemplo, en las extracciones masivas de oro en Indonesia, donde la compañía minera paga al ejército por colaborar en su expolio de tierras en busca de oro. Un caso de agresión tan profundamente arraigado, que implica a las estructuras políticas, económicas y militares locales para mantenerse, no será fácil de resolver. Aquí un rol apropiado para los buddhistas sería el de testigo: ofrecer la observación activa, hacer público lo que está sucediendo y analizar el impacto sobre la flora y la fauna y el deterioro de los ecosistemas.

La tercera parte, en tanto que testigo, documenta y relata cuanto sucede. Éste podría ser el rol de un periodista, un guía turístico o un científico. En los organismos gubernamentales, las terceras partes que actúan como testigos a menudo son denunciantes que revelan actividades ilegales o inapropiadas. Pero este rol, como los demás, no carece de riesgos y dificultades. Cuando aquello que se revela es una gran amenaza para una institución o una empresa, ésta puede decidir eliminar al mensajero. Denunciantes han perdido su trabajo, periodistas han sido asesinados,... Un enfoque buddhista no es necesariamente más efectivo que otros enfoques, pero será menos propenso a añadir antagonismos en la situación. Los buddhistas pueden adoptar una visión de sistemas y actuar de forma compasiva hacia todas las partes involucradas, ofreciendo su testimonio sin acusaciones, relatando los hechos sin condenar a nadie.

Para llevar a cabo este difícil trabajo medioambiental, es esencial verse a uno mismo como un agente activo y efectivo en la Red de Indra. Esto forma parte del esfuerzo pacificador. Thich Nhat Hanh se refiere a ello como plantar en nuestro interior semillas de dicha y paz y emprender activamente tareas medioambientales con una motivación clara y un corazón dichoso. Esta dicha puede venir del contacto sensorial con el mundo natural o de prácticas meditativas de relajación que renuevan nuestro corazón. Al cultivar un punto de referencia interior de dicha, independiente de las circunstancias cambiantes, un ecologista comprometido con la espiritualidad se encuentra preparado para trabajar por mucho tiempo. Como en la tradición antigua de los *gathas*, o poemas de meditación, el maestro zen Robert Aitken nos ofrece este voto de largo recorrido:

> *Escucho los grillos por la noche*
> *y hago voto junto con todos los seres*
> *de hallar mi lugar en la armonía*
> *que los grillos gozan con las estrellas.*

Recitar este mantra o voto de intenciones puede ser una fuerza de renovación en el universo, que abra nuestra creatividad en unas negociaciones de paz. Cuando cultivas una actitud de bondad, ello anima a los demás a plantar semillas de dicha y esta dicha puede esparcirse para catalizar la desesperantemente necesaria transición hacia la sostenibilidad ecológica.

El Dalai Lama defiende una política de bondad por muy preocupante que sea una situación. En esto consiste practicar (humildemente) el buddhismo, asumiendo el reto diario de relacionarnos de forma pacífica con el entorno. Una política de bondad hacia los árboles, los ríos, el cielo y las montañas significa prestar atención a todas las relaciones que configuran la Red de Indra. Afrontar los problemas medioambientales no es una tarea fácil, no es para el pusilánime. Pero si trabajamos con estos principios buddhistas (estar al lado del sufrimiento, cultivar el pensamiento de sistemas y alcanzar la paz), entonces la tarea parece más asequible.

No os he dicho si debéis involucraros con el cambio climático o con la reducción de los desechos. No he dicho si el crecimiento de la población o el consumismo están causando más daño al planeta. Existen muchas y muy buenas fuentes de información impresas u on-line que abordan estas cuestiones. Lo que espero es que cualquier persona que trabaje en cualquier nivel, en tanto que ciudadano o profesional, como padre o como estudiante, pueda adoptar estos enfoques buddhistas y les dé un buen uso. El Buddha sostenía que la verdadera prueba para sus enseñanzas consistía en ver si éstas eran útiles para la vida cotidiana. Las que yo he ofrecido aquí representan el núcleo de trabajo medioambiental. Que te sean útiles, estimado lector, sea cual sea la pequeña pieza del rompecabezas de la que te encargues.

★ ★ ★

La mayoría de los países miden el progreso económico mediante una simple medida material: cuántas cosas más fabrican y consumen cada año. Es evidente que así no se refleja todo el campo de necesidades y aspiraciones humanas. Bután, un país buddhista, está intentando desarrollar un indicador más integral para la política económica, que llaman índice de Felicidad Interior Bruta. Aquí Jigmi Thinley, Ministro de Interior y Cultura de Bután, describe una filosofía para el desarrollo que está atrayendo el interés de todo el mundo.

Sin embargo, es importante recalcar que mientras muchos buddhistas occidentales tienen una visión romántica de Bután, su gobierno ha sido criticado internacionalmente por la represión que ha ejercido sobre la población butanesa no buddhista de origen nepalí (y la siguiente argumentación sobre la preservación cultural puede leerse como una defensa de esta política). El rey Jigme Singye Wangchuk ha anunciando su intención de crear una monarquía constitucional en Bután. Cuando ello suceda, quizás el país pueda ser un modelo excelente e intachable de estos principios y el mundo entero pueda beneficiarse de su ejemplo.

★ ★ ★

21. FELICIDAD INTERIOR BRUTA

Jigmi Thinley

La Felicidad Interior Bruta es la filosofía directriz del proceso de desarrollo de Bután, enunciada por el rey Jigme Singye Wangchuk poco después de su entronización en 1972. Nuestro rey fue claro al señalar que la felicidad es el fin último deseado, aunque no necesariamente buscado, por todos los butaneses y, de hecho, por todos los seres humanos. Todo lo demás por lo que trabajamos no es más que un medio para cumplir este deseo. Sin embargo, resulta irónico que la sociedad humana en todas partes es susceptible de confundir este simple fin con la complejidad de los medios. Esto explica por qué los paradigmas convencionales de desarrollo o crecimiento económico son tan defectuosos y engañosos.

Es alentador observar que desde finales del siglo pasado y principios de este milenio, la reflexión y el análisis en todos los niveles de la sociedad tienden a considerar necesaria la búsqueda de un propósito más claro y un enfoque más racional del desarrollo. Existe una insatisfacción creciente respecto al modo en que la sociedad se mueve, sin una dirección clara y útil, por medio de sus propias acciones. También cabe mencionar que existe un consenso generalizado de que el proceso convencional de desarrollo y el modo de vida contemporáneo no son sostenibles.

La felicidad interior bruta (FIB) nos ofrece un enfoque más racional y humano al desarrollo.

En primer lugar, la FIB describe las necesidades integrales del individuo, tanto su bienestar físico como mental. Su principio es que mientras las medidas para el desarrollo material, sin duda alguna, contribuyen a mejorar el bienestar físico de las personas, su estado mental, que quizás sea más importante que el de su cuerpo, no está condicionado únicamente por circunstancias materiales.

En segundo lugar, que es una continuación del primer punto, la felicidad interior bruta pretende promover la búsqueda interior consciente de la felicidad, así como las aptitudes necesarias para armonizar esta búsqueda con la gestión y el desarrollo beneficiosos de las circunstancias exteriores.

En tercer lugar, la felicidad interior bruta reconoce que la felicidad no debería enfocarse o concebirse como otro bien competitivo que la persona debe lograr. Por el contrario, la FIB respalda la idea de que la felicidad que se busca y logra en el contexto del bien mayor de la sociedad ofrece la mejor garantía de lograr una felicidad duradera para el individuo.

Además, si bien reconoce que la felicidad no puede ser un bien ni un servicio entregado a domicilio, la FIB insiste en que ésta es demasiado importante como para ser relegada a la mera responsabilidad individual, sin que el estado tenga una función directa. Puede destacarse que la sociedad en su conjunto no puede alcanzar la felicidad si las personas compiten de forma irresponsable por ella, a toda costa, en un juego de suma cero.

El rey Jigme Singye Wangchuk está convencido de que la legitimidad de un gobierno debe fundamentarse en su compromiso por crear y facilitar el desarrollo de aquellas condiciones que ayuden a los ciudadanos en su búsqueda del único y más importante objetivo y fin de la vida. Para ello, la FIB enfatiza la felicidad colectiva, que debe tratarse de forma directa mediante políticas públicas en las que la felicidad es un criterio explícito en proyectos y programas de desarrollo.

En cuarto lugar, como la felicidad es el deseo más común del electorado, tanto a nivel individual como colectivo, y como trasciende los valores ideológicos y las polémicas, las políticas públicas basadas en la FIB serán mucho menos arbitrarias que las fundamentadas en las herramientas económicas habituales.

Esto explica por qué el mundo debería avanzar hacia un enfoque más integral del desarrollo que reconozca la felicidad como el principal y, quizás, único propósito del desarrollo.

La necesidad mundial de la felicidad interior bruta

En general, los modelos tanto para los países desarrollados como para los países en vías de desarrollo no incluyen de forma explícita la felicidad como objetivo. Del mismo modo, las medidas actuales para el desarrollo no suelen tratar la felicidad, que se considera un resultado colateral de las políticas sociales y económicas. Esto no significa que debamos rechazar todos los enfoques actuales y sus índices económicos. De hecho, los propósitos del desarrollo humano, el desarrollo sostenible y los objetivos de desarrollo del milenio son nobles y se basan en indicadores muy bien hechos.

Lo que pide el FIB es un enfoque holístico, integral, del desarrollo. Es un motivo de satisfacción señalar que tanto los medios de comunicación como los académicos, los expertos en desarrollo y los trabajadores sociales en los últimos años han manifestado un interés creciente por la cuestión de la felicidad. La conveniencia y la viabilidad de la felicidad como un propósito y un objetivo esencial de la sociedad se han visto reforzadas por descubrimientos empíricos producidos por un aumento en la investigación. El Índice de Progreso Auténtico promovido en Nueva Escocia (Canadá) es una medida destacada de un progreso humano verdadero. Del mismo modo, existen otras instituciones e individuos que están llevando a cabo un trabajo similar en los Estados Unidos y Europa.

Sin duda, estas iniciativas son el reflejo de las preocupaciones e intereses generales en aumento de la sociedad, una sociedad que no está satisfecha con nuestra forma de vida insostenible, insatisfactoria y desdichada, en medio de signos de nuestro futuro colectivo que no presagian nada bueno. Esto debería ayudarnos a generar un mayor entendimiento, comprensión y sabiduría. Estoy convencido de que el interés y la preocupación general en esta cuestión no es una moda pasajera, y que la aceptación pública de la fuerte e imperiosa necesidad de la FIB servirá para propiciar una mayor investigación e intervención política en este sentido.

El primer motivo, corroborado por datos incuestionables, es que el aumento real de ingresos en muchos aspectos de varios países altamente industrializados en los últimos cincuenta años no ha conducido a un aumento similar de la felicidad. Resulta evidente que los logros en la carrera de hámsteres de ganar más, tener más y consumir más no ofrece una felicidad verdadera y duradera. Según parece, los ricos, los poderosos y los glamurosos a menudo son los más pobres espiritual y socialmente y, por lo tanto, son menos felices. Aunque todavía queda mucho camino por recorrer para mejorar qué medimos y cómo medimos la riqueza y la felicidad, la falta de toda relación entre ambas, una vez cubiertas las necesidades básicas, indica claramente que la felicidad no puede hallarse en el camino interminable y sin timón de la codicia insaciable del ser humano.

Esto nos conduce al segundo motivo: la ilusión de la felicidad dirigida por el mercado. En efecto, el mercado requiere cada vez una mayor eficiencia y productividad. Exige una competitividad despiadada y la optimización de las ganancias, por lo que se sirve de la tentación como medio. Pero éstas son precisamente las causas que sirven para deshumanizar la sociedad y quebrantan los factores que pueden originar la felicidad. Como ya ha sido bien documentado, el exigente y extenuante trabajo necesario para ser eficientes y productivos resulta difícil de compaginar con el entretenimiento y la vida social que nos aportan satisfacción. Además, la movilidad y los cambios de trabajo que impone el mercado son incompatibles con la necesidad vital de una vida continuada en comunidad, al igual que la seguridad emocional disminuye por culpa de la economía de mercado. Y no hace falta decir que dejar fuera a los débiles, haciendo del ánimo de lucro el objetivo principal de la industria y capitalizando los instintos más bajos, como la envidia y la codicia, no son los ingredientes para crear una sociedad armoniosa.

En relación con la movilidad y los cambios de residencia según dictan nuestras vidas profesionales existe, al mismo tiempo, nuestra voluntad de estar mejor comunicados entre nosotros. Con todo, esta tercera cuestión deriva del hecho de que la gente cada vez vive más separada, a pesar de estar mejor comunicada. Sólo tenemos que pensar en la práctica desintegración total de la estructura familiar extensa en las sociedades urbanas e industrializadas, los crecientes índices de divorcio y familias monoparentales, o la erosión en la confianza y la pérdida de amistad verdadera, todos ellos conocidos factores de infelicidad. Si crecer teniendo un solo padre es un aspecto creciente de la vida moderna, envejecer solo también es una expectativa creciente. Resulta irónico pensar que el alargamiento de la vida debido a los avances científicos y médicos sirva para prolongar el sufrimiento de la soledad y la desolación.

El cuarto motivo lo encontramos en el auge de las enfermedades mentales, el alcoholismo y los crímenes asociados a él en todas las franjas de edad. Luego está el suicidio, que es un signo claro de falta de anclajes emocionales y psicológicos en la sociedad. Es un síntoma de la incapacidad de ver ningún propósito en la vida y la pérdida de la esperanza por la felicidad. Los niveles de depresión parecen ser significativos en muchas sociedades, y las últimas estadísticas norteamericanas a este respecto son alarmantes.

Por descontado, esta lista no es exhaustiva. Éstas sólo son algunas de las cuestiones más conocidas que los estudiosos y los medios de comunicación han resaltado más. Dadas las iniciativas socioculturales internas y las evidencias externas, después de una gran reflexión y con gran convencimiento, en Bután hemos optado por un proceso de desarrollo que algunos afirman que ofrece un nuevo paradigma.

LOS CUATRO PILARES DE LA POLÍTICA DE LA FIB

La FIB es un concepto más amplio y con unas implicaciones más profundas que las que dan a entender la serie actual de cuatro políticas prioritarias en Bután, donde los cuatro pilares de la FIB son vistos como unos medios normativos orientados a fomentar la FIB. Su objetivo consiste en crear las condiciones que permitan a cualquier ciudadano la búsqueda de la felicidad con una probabilidad razonable de éxito.

Lo que está claro para nosotros es que, en un estado que se responsabilice de la felicidad colectiva, la FIB debe ser un árbitro importante en las políticas públicas. Si el fomento de la felicidad es el propósito principal de un estado basado en la FIB, entonces es fundamental que las medidas institucionales de la sociedad reflejen este valor. Sin embargo, constituye un gran desafío tan siquiera imaginar cómo debería ser un estado basado en la FIB. La naturaleza y los fundamentos de un estado moderno democrático, liberal y en desarrollo, son bien conocidos, pero las estructuras y dinámicas de un estado basado en la FIB aún están por definir con claridad. ¿Deberían diferenciarse tanto del modelo en auge del estado liberal como del modelo en declive del estado socialista? ¿Cómo sería la política económica de la FIB? ¿Cuáles serían los fundamentos sociales, legales y constitucionales apropiados para la FIB? ¿Cuáles serían sus políticas en materia de educación y sanidad? ¿Cómo debería cambiar la política?...

Hay muchas cuestiones que deben ser examinadas, empezando por sus principios más básicos. No digo que en la actualidad Bután sea un estado basado en la FIB, aunque sí que aspira a ello. En este momento, en Bután se está creando un entorno favorable para la FIB a través de una serie de cuatro estrategias clave, popularmente conocidas como los cuatro pilares. Éstos son:

(1) un desarrollo socio-económico sostenible y equitativo,
(2) la conservación del medio ambiente,
(3) la preservación y el fomento de la cultura y
(4) y el fomento del buen gobierno.

Puede que estas áreas temáticas sean un catálogo incompleto de las distintas áreas políticas necesarias para lograr un buen desarrollo, pero abarcan las áreas más importantes en las que centrarse para lograr este fin. En la construcción y fortalecimiento de los cuatro pilares, debemos ser conscientes de su interdependencia para garantizar un desarrollo holístico. Sólo con una perspectiva holística se puede evitar que los factores externos que se eliminan como costes en un sector no reaparezcan en otro.

Desarrollo socioeconómico sostenible y equitativo

Dado el aumento del sufrimiento económico que afronta la mayoría de la población mundial, es obvio que necesitamos un desarrollo material. La ignorancia, los problemas de salud, el hambre y la pobreza más cruda todavía son serios desafíos que debe afrontar la mayor parte del mundo en vías de desarrollo. El crecimiento económico es absolutamente necesario para erradicar la pobreza. Así pues, es cierto afirmar que para muchos países y para amplios sectores de nuestra comunidad global, donde la supervivencia física es un reto diario, lo más importante son las políticas económicas. Garantizar un trabajo y unos medios de subsistencia son requisitos de la felicidad.

En general, hay que tener en cuenta tres consideraciones que deben guiar un desarrollo económico impulsado por la FIB.

En primer lugar, en una economía basada en la FIB, los medios y la naturaleza de las actividades económicas elegidas son tan importantes como su resultado en términos de crecimiento económico. Como han mostrado las investigaciones realizadas con el Índice de Progreso Auténtico, una economía basada en la FIB debe realizar distinciones cualitativas entre distintas actividades económicas que produzcan el mismo nivel de crecimiento.

En segundo lugar, el sistema de cálculo de una economía basada en el índice de felicidad interior bruta debe ser necesariamente distinto del cálculo convencional del producto interior bruto, puesto que debe valorar las contribuciones sociales y económicas del ámbito doméstico y las familias, así como del tiempo libre y el entretenimiento, dado el papel de estos factores en la consecución de la felicidad. Los indicadores no pueden estar orientados exclusivamente hacia el consumo, también deben tener en cuenta la conservación del capital social, medioambiental y humano.

En tercer lugar, una economía basada en la FIB debe centrarse en la redistribución de la felicidad mediante la redistribución de los ingresos. No se trata solamente de un principio ético, puesto que no podemos obviar el hecho de que vivimos en un mundo de percepciones distorsionadas, donde la gente obtiene satisfacción de la salud y el consumo relativos, no absolutos. El círculo vicioso y contraproducente de querer igualar o superar al vecino, en medio de una desigualdad intolerable, es un obstáculo para la felicidad colectiva. Orientar nuestras percepciones hacia las necesidades reales y absolutas, así como la capacidad de hallar satisfacción después de haber realizado estas necesidades, es un desafío de gran dificultad pero que no podemos evitar en una economía basada en la FIB.

Conservación del medio ambiente

Si tenemos en cuenta los estudios sobre la felicidad parece que el medio ambiente y la biodiversidad no tienen una fuerte correlación con la obtención de la felicidad. Sin embargo, resulta difícil argumentar en contra del valor del entorno en relación a nuestra felicidad, dado que nuestra salud y nuestras experiencias estéticas dependen de la cualidad del entorno físico que nos rodee. Este hecho es especialmente cierto en el caso de los butaneses, quienes viven en un entorno extremadamente frágil. La mayoría de los butaneses viven en comunidades agrícolas, donde los medios de subsistencia dependen directamente de la riqueza de su entorno natural más inmediato, que les provee de forma gratuita alimentos saludables, medicinas, placeres y un sinfín de materiales esenciales. Por este motivo, diría que existe una relación demostrable entre la felicidad y el entorno natural.

Dada nuestra intuición sobre el medio ambiente y la felicidad, así como nuestro miedo a las consecuencias inmediatas de alterar la feroz naturaleza de la ecología del Himalaya, Bután ha impulsado vigorosas políticas de sostenibilidad ecológica y conservación de la biodiversidad, cuya implementación no ha estado carente de costes en términos de oportunidades industriales y comerciales resultantes. Sin embargo nuestro país es hoy más verde de lo que jamás haya sido en nuestra memoria, con el 26% dedicado a reservas naturales y el 72% de extensión forestal.

Pero no basta con que emprendamos acciones locales o nacionales, puesto que hay tantos factores externos que afectan directamente a nuestra supervivencia. El calentamiento global ya ha producido unos niveles muy marcados y alarmantes de retroceso de los glaciares, que constituyen las fuentes y los reguladores naturales de nuestros sistemas fluviales. Las predicciones sobre la posible desaparición de todos los glaciares en la tercera región polar del planeta, esto es el Himalaya, en los próximos treinta o cincuenta años son cuanto menos aterradoras.

El último informe del departamento de geología y minas de Bután, que ha estado estudiando la evolución de los glaciares desde 1967, no es nada alentador, puesto que no sólo Bután podría terminar convirtiéndose en un desierto yermo, sino que el proceso intermedio podría ser tremendamente doloroso y prolongado. Gran parte de nuestros fértiles valles podrían verse arrasados debido a inundaciones por el desbordamiento de los lagos glaciares, que no es un fenómeno infrecuente en las regiones montañosas del mundo. Resulta inimaginable el impacto de todo ello en los dos millones y medio de personas que viven en ambas pendientes del Himalaya y en la seguridad de todo el mundo, especialmente porque la escasez de agua ya es una de las principales preocupaciones. A menos que se controlen y reduzcan las emisiones de gases de efecto invernadero, no sólo están en peligro las Maldivas y otras islas de poca altitud, así como las propiedades costeras. De igual modo, la vulnerabilidad de Bután a los rayos dañinos del sol a causa de la destrucción de la capa de ozono podría ser mucho mayor que en altitudes menores.

El mundo debe ver urgentemente a la Tierra como un organismo mortal que debe ser alimentado y protegido. Debemos aceptar urgentemente los montones de pruebas que muestran que nuestros recursos naturales limitados se están agotando, mientras que la magia de la naturaleza para regenerarse y reponerse está desapareciendo. ¡Alguien llamó a Bután un punto de acupuntura en el cuerpo de leviatán de nuestro planeta enfermo!

Preservación y fomento de la cultura

En 2004 la cultura fue excepcionalmente objeto de la atención mundial en el informe de desarrollo humano del PNUD titulado "Diversidad cultural en el mundo actual", en el que se afirmaba que la libertad cultural es un elemento central en los derechos humanos y el desarrollo humano. En todo el informe resonaba el mensaje de que las personas deben tener el derecho a elegir, cambiar y revisar distintos elementos de sus múltiples identidades culturales.

Pero mientras debe existir todo el espacio para poder elegir, debemos distinguir entre aquellas situaciones en las que las personas cambian sus identidades voluntariamente y aquellas situaciones en las que personas indefensas se ven modificadas por fuerzas profundamente predominantes, como los regímenes del espacio abierto y el libre comercio que siembran la hibridación cultural y el desplazamiento de las economías locales.

Esto es especialmente cierto en casos altamente asimétricos como Bután, donde influencias culturales externas a gran escala podrían aplastar literalmente los valores culturales locales si las fronteras estuvieran completamente abiertas a la embestida de la globalización. De aquí la importancia de promover enérgicamente las culturas indígenas como método para hacer posible que las personas puedan elegir realmente. En Bután pensamos que un estado que no preserva su riqueza cultural disminuye y limita enormemente la libertad y el bienestar de sus ciudadanos.

Sin embargo, es cierto que resulta difícil reconciliar los derechos humanos con los derechos culturales, que son derechos de grupo. Como se ha señalado, los derechos de los grupos no se acomodan fácilmente con la noción del individuo como elector autónomo. Cuanto podemos decir en favor de los rasgos de grupo implícitos en la cultura es que la libertad de elegir juega un papel fundamental en la búsqueda del bienestar y la felicidad. Pero como es bien sabido, el bienestar y la felicidad son en gran medida una búsqueda compartida. La felicidad existe y crece al compartir. Me parece difícil de aceptar que el desarrollo humano deba considerarse únicamente desde el punto de vista de la libertad y las elecciones individuales, sin tener en cuenta el bien mayor de la sociedad.

En realidad, la cuestión de los derechos humanos y la libertad cultural es todavía más compleja. Debemos ver a los seres humanos no sólo como depositarios del mismo conjunto de derechos universales, sino como personas mucho más complejas con particularidades culturales y sociales que los definen. Debemos sostener los derechos humanos y la libertad como normas universales mínimas para vehicular las peticiones de las personas entre ellas o entre ellas y los estados. Pero también podemos explorar más allá el punto de vista de que sólo se producirá una interdependencia realmente útil cuando no nos consideremos simples portadores de derechos independientes y separados, sino como seres en relación. Como dijo un estudioso, finalmente el sufrimiento y la infelicidad no vienen causados tanto por pérdidas o desgracias, sino por el bloqueo o la interrupción en la fluidez de nuestras relaciones positivas.

FOMENTO DEL BUEN GOBIERNO

En cierto modo, para garantizar cualquier bien público, como la felicidad colectiva, se depende de un gobierno que actúe en esta dirección. Lógicamente, si un gobierno debe reflejar el deseo u opinión más democráticos de la gente, que es la felicidad, entonces la naturaleza del gobierno debería también adaptarse a ello. Sin embargo, debo admitir que, tanto teóricamente como en la práctica, estamos lejos de asentar la FIB en ningún sistema de gobierno o estructura política contemporáneos, de los que el que mejor se ha afianzado es el sistema democrático liberal.

Sin embargo, para acomodarnos a los tiempos, en Bután estamos a punto de adoptar la democracia parlamentaria. El rey Wangchuk recientemente ha distribuido el Proyecto de Constitución del Reino de Bután, que opta por unas instituciones democráticas liberales. Hemos adoptado este sistema como la mejor forma de organización institucional para garantizar los bienes públicos y el buen gobierno. Pero no demos engañarnos a nosotros mismos con la creencia de que un sistema democrático liberal es la expresión culminante de una evolución lineal y convergente de las instituciones políticas, como algunos especialistas han afirmado.

Incluso en la mejor de las grandes sociedades democráticas, los valores capitales de la libertad y la igualdad por los que la humanidad siempre ha luchado, en ciertos momentos parecen firmes pero en otros momentos parecen tambalearse. Somos muy conscientes de la tensión existente entre la libertad y la igualdad, y los límites difusos entre ambas. Del mismo modo, una y otra vez se nos recuerda la fragilidad de la línea de separación entre el ámbito privado y el ámbito público, o entre el laicismo y la política.

Todas las instituciones son sistemas de relaciones entre distintos actores que no poseen una existencia inherente en sí mismos. Siempre podemos intentar encaminarnos hacia la mejora de nuestras situaciones compartidas o "relacionalidades", que son el lugar donde surge y se disuelve la felicidad en dependencia de la cualidad de nuestras relaciones. De este modo podemos mejorar cualquier organización institucional y nuestras condiciones humanas. Por ejemplo, incluso la disminución de la pobreza, un objetivo básico de la mayoría de gobiernos y organismos internacionales, sólo consiste en parte en aliviar las circunstancias materiales. La pobreza también es el resultado del fracaso en las relaciones personales, sociales y culturales, que unos mejores valores y motivaciones en el corazón de las instituciones pueden restablecer o fortalecer.

Lo que debería centrar la atención incluso de los estados democráticos son los valores que motivan las acciones de las instituciones que sostienen el poder y no sólo sus formas. Debemos preguntarnos si los valores y motivaciones que les guían y los procesos empleados en el gobierno, tanto a nivel nacional como internacional, son acordes con la búsqueda de la felicidad, donde la felicidad de cada persona tiene la misma importancia. El hecho de que los gobiernos nacionales y las relaciones internacionales estén interrelacionados como jamás antes lo estuvieron también ofrece nuevas oportunidades. Nos ofrece el ámbito y los motivos para cuestionarnos y repensar los objetivos, el contenido y la naturaleza de las relaciones internacionales y los organismos mundiales: debemos preguntarnos si el centrarnos en la felicidad puede conducirnos a un mundo más pacífico, armonioso y equitativo, así como a una sociedad humana realmente sostenible y civilizada.

En resumen, la felicidad interior bruta constituye un enfoque de desarrollo equilibrado y holístico. Su fundamento radica en el convencimiento de que el ser humano está obligado por naturaleza a buscar la felicidad y que ésta constituye el único gran deseo de todo ciudadano.

La única diferencia entre Bután y los demás es que nosotros no descartamos todo esto como una búsqueda utópica.

★ ★ ★

Injusticias manifiestas como la desigualdad de género pueden suscitar odio y un pensamiento dualista, lo que provoca que muchas personas con una orientación espiritual rehúyan el activismo político. La clave, como afirma Rita M. Gross, feminista y erudita buddhista, consiste en ver la sabiduría y la comprensión inherente en las fuertes emociones que surgen cuando combatimos la injusticia. De este modo, la política se convierte en una práctica espiritual, y, como extra, nos convertimos en activistas más efectivos.

★ ★ ★

22. LA SABIDURÍA EN LA IRA

Rita M. Gross

Cuando prevalecen los puntos de vista dualistas, el pensamiento y el activismo político buddhistas se vuelven muy difíciles de realizar, si no imposibles. Básicamente, el buddhismo desalienta los análisis del tipo nosotros frente a ellos, al igual que desalienta evaluar situaciones complejas como dicotomías blanco o negro. El buddhismo sostiene que todas las personas son iguales, en tanto que comparten la misma naturaleza fundamental, tanto si son amigos como enemigos, y el compartir la misma naturaleza fundamental es más importante que su posición como amigo o enemigo, lo cual, de todas formas, es algo pasajero. Aunque la diferencia entre amigos y enemigos, entre los que están en lo cierto y los que se equivocan, pueda parecer muy real, la meditación analítica buddhista nos muestra que estas percepciones, aunque puedan ser temporalmente reales, en términos últimos son ilusorias. Además, actuar basándose en ellas conduce al dolor, el lamento y el sufrimiento.

Por otra parte, la política, al menos como suele practicarse, muy fácilmente divide al mundo, el país, el vecindario o el centro de Dharma entre aquellos que están en lo cierto y aquellos que se equivocan. La práctica política habitual también fomenta fervorosamente la creencia de que la propia causa es justa y buena, mientras que seguir las opiniones del otro lado nos llevaría a la ruina. Se nos dice que debemos realizar una elección decisiva. De este modo, muchos de los que están involucrados en política y que intentan hacer amistad con ambas partes de un conflicto sufren el mismo destino que experimentó Thich Nhat Hahn en Vietnam: ambas partes les terminan viendo como enemigos desleales. El eslogan político común: «O estás con nosotros o estás contra nosotros» no es más que la culminación del pensamiento dualista. Pero este dualismo es antitético al modo buddhista de ver las cosas.

Como consecuencia, muchos buddhistas occidentales son muy desconfiados en cuanto a cualquier "causa", a involucrarse demasiado en la política, o a tratar cuestiones aparentemente políticas, como la justicia y la paz, en los centros de Dharma. El movimiento del buddhismo comprometido es una excepción notable, pero su impacto general en el buddhismo occidental es bastante limitado. La mayoría de los occidentales, tanto estudiosos como practicantes, consideran las distintas corrientes del buddhismo que han existido en Asia a lo largo de la historia como profundamente apolíticas y sin un compromiso social destacable. Aunque esta percepción no sea del todo exacta, no es aquí el lugar para analizar esta cuestión.

La desconfianza generalizada de los buddhistas en cuanto a las "causas" siempre ha sido una cuestión difícil para mí. Yo era feminista antes de hacerme buddhista y jamás me ha parecido acertada la reticencia de los buddhistas a tomarse en serio las críticas feministas que se vierten sobre ellos. Al mismo tiempo que con mi práctica buddhista he aprendido mucho sobre los peligros y las trampas de involucrarse en una causa como el feminismo, también he aprendido que la implicación continua en una causa puede enseñarnos muchas cosas sobre el Dharma. Lo que he aprendido y cómo lo he aprendido son el tema de este escrito.

LA POLÍTICA Y LA ÉTICA BUDDHISTA

Al principio de mi vida como practicante buddhista me decían repetidamente que ocuparse del feminismo y las cuestiones de género no estaba en conformidad con el Dharma buddhista. Se me decía que involucrarse en una causa política comporta inevitablemente apegarse, mientras que el buddhismo y el despertar consisten en "desapegarse". No era el único practicante en recibir este consejo, que constituye una postura defendida desde hace tiempo en los debates buddhistas. En muchas ocasiones he escuchado a los alumnos de meditación principiantes expresar sus sentimientos de frustración y enfado por la destrucción medioambiental, la injusticia social, el racismo, el sexismo o la guerra. A menudo sus preocupaciones eran apartadas bajo el principio: «Simplemente medita más», dando a entender que si su práctica fuera mejor no se preocuparían por estas cosas. A veces se les decía que, puesto que el despertar es la única solución a las preocupaciones de la gente, la práctica formal era la única respuesta útil a las cuestiones políticas y los problemas sociales, lo que constituye una postura buddhista tradicional.

Sin embargo, a pesar de la profunda fidelidad del buddhismo por la no dualidad, también enfatiza el aspecto de la ética como fundamento del camino espiritual y requisito para la práctica satisfactoria de la meditación y la sabiduría. Y, ¿acaso la ética, por su propia naturaleza, no comporta el dualismo de discernir lo correcto de lo equivocado, la dualidad de saber qué hay que cultivar y qué hay que evitar? ¿Acaso la política no comporta una dualidad similar? Las cuestiones políticas, como mínimo, requieren que discernamos entre opciones mejores y peores y, ocasionalmente, requiere discernir entre lo correcto y lo equivocado, en un sentido más absoluto. Puesto que tanto la política como la ética comportan dis-

cernir entre lo mejor y lo peor, resulta difícil no ver una conexión entre la ética y la política. Así pues, ¿cómo pueden los
buddhistas esconderse detrás de la no dualidad última metafísica como justificación para evitar las cuestiones éticas que
plantea la política?

Algunos buddhistas dirán que la ética buddhista se dirige
a elecciones y conductas personales, mientras que la política
comporta la lucha por el poder y la riqueza material entre
distintos grupos de personas. Como resultado, la rectitud ética
resulta mucho más difícil en la política. Además, los choques
por el poder y la riqueza intensifican con facilidad la polarización y la demonización de los demás, que tan a menudo caracteriza la política.

Otros buddhistas interesados en hacer converger la ética
individual y de grupo responderían que estas disputas políticas a menudo tienen mucho que ver con el bienestar individual, incluyendo el tener suficiente tiempo y dinero como
para practicar una disciplina espiritual. Precisamente porque
el buddhismo afirma que todas las cosas son interdependientes, no resulta fácil separar las elecciones personales de las
grupales. De hecho, una de las críticas modernas al pensamiento buddhista tradicional más convincentes es que, aunque el buddhismo es firme al sostener como su principio
básico ético el no hacer ningún daño, carece de una comprensión de la violencia estructural. El pensamiento buddhista no suele tener en cuenta el daño causado por un sistema social que favorece de forma automática a unos, como
por ejemplo los hombres, por encima de otros, como por
ejemplo las mujeres. Cabe decir a este respecto que no puede culparse en exceso al buddhismo tradicional por no ser
consciente de ello, puesto que muchas religiones tradicionalmente han considerado los sistemas políticos y sociales
más como mandatos inevitables que como el resultado de

las elecciones realizadas por muchos seres humanos a lo largo de muchos años.

Sin embargo, algunos buddhistas occidentales justifican su oposición a involucrarse en la política argumentando que la acción política sólo es un intento de "arreglar el samsara", de librarlo de su dolor, lo que resulta imposible. Cambiar el destino de grupos de personas mediante la política, nos dicen, sólo es un intento de subvertir el karma que controla la posición de la gente en el samsara.

Pero en el pensamiento buddhista, el karma no es una predestinación. Si lo fuera, no tendría sentido practicar las disciplinas espirituales buddhistas, puesto que el desarrollo de la atención, la comprensión y la compasión no tendrían ningún efecto sobre las consecuencias predestinadas. Si el karma fuera una predestinación, uno podría igualmente considerar como práctica el dormir o realizar actividades frívolas, porque las consecuencias predestinadas serían las mismas de todos modos. Pero los buddhistas jamás han rechazado la posibilidad de que las personas puedan cambiar su karma futuro mediante sus elecciones presentes. ¿Por qué debería ser distinto para los grupos, que sólo son conjuntos de personas buscando cambiar su karma?

Es cierto que el pensamiento buddhista puede parecer ambiguo: a veces sostiene que la mejor orientación de nuestros actos consiste en evitar tomar partido, puesto que no podemos hallar diferencias reales entre una cosa y otra, mientras que otras veces nos insta claramente a elegir entre aquello que debemos cultivar y aquello que debemos evitar. Sin embargo, esta línea tan difícil de trazar discurre a través de la verdad relativa y la verdad absoluta, no entre la ética y la política. Equilibrar la verdad absoluta y la verdad relativa y hacer honor dignamente a su inseparabilidad es una de las cuestiones más difíciles del buddhismo. Hay que debatir y llegar a realizar ambos propósitos, pero este equilibrio no puede lograrse mediante el cultivo de la ética individual, que constituye una disciplina necesaria en el buddhismo, mientras se abjura de causas dedicadas a la paz y la justicia, como el feminismo, simplemente porque degeneran con demasiada facilidad en insultos y una polarización de las posturas.

LA POLÍTICA COMO PRÁCTICA

Hay dos pruebas muy difíciles sobre el nivel de realización individual que deben afrontar los buddhistas implicados en la política de la paz y la justicia. Superarlas podría considerarse como los *siddhis* o "poderes" de la acción social buddhista. Uno debe ser capaz de mantener la ecuanimidad y la atención mientras se ocupa de una "causa" y se encuentra en medio de un conflicto. Por último, uno debe ser capaz de mantener la satisfacción y la alegría en medio del fracaso y los aparentemente interminables obstáculos para cualquier logro real de justicia, paz e igualdad de género. El asesoramiento sobre este sutil pero fundamental estado mental, así como las prácticas para alcanzarlo, constituyen la mayor contribución que los buddhistas pueden aportar a los debates políticos, incluso los debates sobre el feminismo.

Pero para un buddhista hay otro hecho que es digno de atención. En mi larga experiencia involucrada en cuestiones de género, una cuestión de paz y justicia que la mayoría de los buddhistas prefieren ignorar, me he dado cuenta de que el aspecto más interesante de la política para un buddhista es el modo en que ocuparse de una "causa" proporciona constantemente combustible para trabajar con los tres venenos de la aversión, el apego y la confusión. Dado que éstos tres son el eje de la rueda de la existencia cíclica (*samsara*), no es de sorprender que sean los escollos incesantes que obsesionan a los buddhistas implicados en las causas políticas. Sin embargo, en contra de aquellos que deploran la implicación del buddhismo en la política, debemos comprender que no podemos evitar los tres venenos simplemente evitando la política.

Los practicantes del buddhismo Vajrayana comprenden que, como cualquier energía impura, cada uno de los tres venenos incluye el potencial de su forma transmutada. La aversión contiene oculta la claridad, el apego contiene en potencia la compasión y la confusión contiene la amplitud completa que todo lo abarca.

Puesto que uno puede aprender tanto sobre los aspectos más profundos de la comprensión buddhista mediante la observación detenida de las propias acciones y reacciones ante las cuestiones políticas y sociales, sencillamente no puede estar de acuerdo con que los buddhistas serios deban evitar la política como una desviación de la práctica importante. Las dualidades rígidas siempre son equivocaciones conceptuales en la práctica buddhista, y quizás la dualidad más inapropiada de todas sea entre la "práctica real" y la política.

Estoy de acuerdo con los buddhistas más tradicionales que sostienen que el logro buddhista consiste principalmente en la transformación individual, más que en el cambio social. También estoy de acuerdo con los buddhistas que sostienen que hasta que uno no tiene una realización suficiente como para mantener la ecuanimidad y la atención en medio de las distracciones, quizás uno debería limitar su participación en causas políticas. Uno podría terminar fácilmente haciendo más daño que bien si los tres venenos le dominan inmediatamente cuando se produce un conflicto o una frustración. Después haber tratado estas advertencias, ahora voy a explorar qué podemos aprender del denso entrelazamiento de la aversión, el apego y la confusión, así como su posible transmutación, mediante la dedicación a una causa como el feminismo.

LOS TRES VENENOS Y SU ASPECTO PURO

Al menos en el contexto de Occidente, la aversión es, de entre los tres venenos, el que acosa principalmente a cuantos trabajan en causas políticas como el feminismo, pero su equivalente puro, la lucidez, no se queda muy atrás. Considero que la aversión es predominante por al menos tres motivos. En primer lugar, uno se entrega a una causa sólo debido a la aversión que siente por alguna conducta establecida, como la camisa de fuerza de los roles de género tradicionales. En segundo lugar, tanto si uno expresa muy bien el feminismo como si lo hace muy mal, será objeto de la aversión de aquellos que desprecian esta causa. En tercer lugar está la aversión extrema, a modo de agresividad hacia la "otra parte", que tan a menudo se ve entre aquellos que abrazan una causa. Si examinamos cada una de estas formas de aversión, veremos que uno de los tres venenos suele arrastrar a los demás como en un remolque, así como se transforma en su aspecto puro mediante una mayor atención y ecuanimidad.

En mi caso todo empezó con una gran aversión hacia las conductas machistas de mi sociedad y mi ámbito profesional (el mundo académico). Mi aversión era intensa y no remitía. Intentaba refrenarme en cuanto a expresar mi enfado, puesto que hacerlo se consideraba totalmente inapropiado para las mujeres. Sin embargo, yo sentía que mi odio estaba totalmente justificado y expresaba mi agresividad siempre que me parecía "seguro", es decir cuando las consecuencias sociales no serían muy graves. Al mismo tiempo, cuando podía expresar mi enfado también sentía cierta satisfacción, cierto alivio de mi intensa emoción. Incluso sentía cierta satisfacción simplemente al descuartizar mentalmente a aquellos que me atormentaban.

Entonces empecé a practicar la meditación, sin que jamás pensara que su práctica pudiera cambiar mi relación con el feminismo. Después de todo, estaba muy segura de que mis argumentos eran correctos. Pero después de varios años, ya no podía sentir el mismo sentimiento de alivio y satisfacción emocional al expresar con agresividad mis frustraciones y odio. También empecé a ver cuán poco lograba con ello y que si algo conseguía era todavía arraigarlos más.

Con el tiempo, lo que cambió no fue mi modo de argumentar las cosas, sino el sentimentalismo y el apego con el que expresaba mis argumentos. Este cambio ha tenido resultados variables. Mientras que he sido mucho más eficaz a la hora de convencer a la gente de que el sexismo de cualquier tipo es sencillamente inapropiado y no concuerda con el Dharma buddhista, de lo que jamás habría sido capaz si hubiese continuado expresándome con profundo enfado, al mismo tiempo, muchas personas siguen siendo hostiles a este tipo de argumentos y prefieren ignorarlos. Esta pequeña historia nos muestra las numerosas conexiones imbricadas que existen entre los tres venenos y sus equivalentes puros.

El gran acierto de considerar la lucidez como el aspecto puro de la aversión, como su transmutación, siempre me ha resultado intensamente patente desde mis primeros años como practicante. Según la psicología del buddhismo Vajrayana, cada emoción negativa posee cierta energía pura que puede ser liberada mediante la práctica. El enfado se transmuta en lucidez o, más exactamente, cuando las manifestaciones de enfado se calman, puede brillar la claridad subyacente. El agua es el elemento que se asocia con el enfado, puesto que el agua turbia impide ver lo que hay en el fondo, mientras que el agua clara permite ver el fondo y, al mismo tiempo, refleja perfectamente lo que se encuentre en su superficie. Y así son los argumentos políticos. Incluso los que parecen más equivocados poseen cierta inteligencia y exactitud. Incluso los más airados, al menos en parte, están lo cierto.

Por ejemplo, las estructuras patriarcales no pueden hacerse cuadrar con el Dharma buddhista, por mucho, argumentos que presenten tradiciones dominadas por hombres. Incluso la feminista más frustrada, torpe y descontrolada cuenta con este derecho. La agresividad, el enfado y la aversión enmascaran la lucidez, pero la claridad está ahí de todos modos. Mis amigos me aseguraban erróneamente que a medida que mi práctica madurara, mi interés por el feminismo se desvanecería, pero lo que se desvaneció fue mi ira, haciendo más intensa y aguda la claridad de lo que ya había visto antes.

En las personas que carecen de una disciplina espiritual profunda, el enfado suele abrumar la lucidez, lo que hace que ésta resulte imperceptible para los demás y, a menudo, sólo resulte una pequeña parte de la propia conciencia. En cambio, uno experimenta con dolor y angustia los descalabros que sufre la paz y la justicia y que uno ve con tanta claridad. Dirigir nuestros ataques verbales (o físicos) hacia los demás parece darnos satisfacción. Resulta tentador arremeter con sarcasmo y humor nuestro enfado cuando uno ve con claridad las cosas pero es incapaz de hacer nada para producir un cambio verdadero. Al menos uno puede gritar y hacer comentarios agudos, pero estas reacciones sólo ocultan temporalmente el dolor que uno siente y hacen que al poco tiempo sea necesario otro arrebato. Mientras tanto, los demás pueden excusarse en que la agresividad les resulta más evidente que la lucidez contenida en estos mismos arrebatos.

La interacción entre el enfado y la lucidez nunca ha sido demostrada de un modo tan adecuado como en un diálogo que presencié años atrás entre la venerable Khandro Rinpo-che, una destacada maestra del buddhismo tibetano, y uno de sus discípulos. El discípulo le preguntó qué había que hacer con las cosas que nos hacen enfadar y Khandro Rinpoche le respondió de forma muy directa: «El enfado siempre es una pérdida de tiempo». Entonces, el discípulo, con aspecto ató-nito, soltó: «¿Pero qué pasa con aquellas cosas que deben hacernos enfadar? Como los malos tratos». Sin perder un segundo, Khandro Rinpoche le respondió: «No te he dicho que abandonaras tu *inteligencia crítica*, te he dicho que el enfado es una pérdida de tiempo». (¡Observemos que no le dijo a su discípulo que simplemente "meditara más"!). Así pues, la clave está en dominar el enfado sin perder la inteli-gencia crítica. Dominar el enfado mediante la renuncia a nues-tra inteligencia crítica sería caer en la apatía y la ignorancia, y no alcanzar la realización.

«Pero ¿qué pasa con aquellas cosas que *deben* hacernos enfadar?», fue la manifestación de la inteligencia crítica de este discípulo, quizás expresada en palabras algo desafortu-nadas. *Deben* es una palabra más relacionada con el apego y el deseo que con la aversión. Aunque la devoción por el femi-nismo pueda estar instigada por la aversión hacia las conduc-tas actuales, también contiene un poderoso elemento de deseo y pasión: «Odio cómo son las cosas y quiero que sean distin-tas». A los no buddhistas les suele desconcertar el modo como los buddhistas ven la esperanza y el miedo como dos lados de la misma moneda y no como dos emociones radicalmente opuestas. Y lo mismo puede decirse de la aversión y el apego: no son tan opuestos como solemos creer.

La devoción por el feminismo comporta un gran deseo, así como una gran aversión. Uno se entrega con pasión a una visión alternativa de cómo podrían ser las cosas, pero como cualquier expresión todavía implicada en el dualismo, la pasión política tiene un doble filo. En la psicología buddhista del Vajrayana, la expresión pura del apego *es* la compasión, la preocupación por toda la situación y no por la distinción entre uno y los demás. Siempre he considerado mis actividades en tanto que feminista buddhista como un intento de cumplir con mis votos de bodhisattva y no como una desviación mundana de estos votos.

Sin los efectos suavizantes de una disciplina espiritual profunda, el apego acaba siendo predominante y se manifiesta en forma de una fijación ideológica, una manifestación fuertemente impregnada de agresividad. No hay nada más desagradable que una buena idea sostenida sin flexibilidad, amabilidad y humor. Es precisamente el sentimiento de superioridad de tantas personas con buenas ideas lo que hace casi imposible para muchos buddhistas su implicación con las causas o las organizaciones políticas. Estas buenas ideas se expresan de un modo completamente dualista, sin ninguna conciencia de la bondad fundamental de los que se encuentran al otro lado. Actualmente me resulta difícil colaborar con muchas de mis colegas feministas debido a su rigidez ideológica, y prefiero la compañía de colegas que no sostienen puntos de vista tan declaradamente feministas, pero cuya compasión incluye la preocupación por la justicia de género.

Alguien podría preguntar: «Pero si *realmente* te importa algo, ¿no tendrás una opinión fuerte y rígida sobre ese tema?». Si observamos con atención, resulta evidente que un argumento convincente y la claridad de expresión no son lo mismo que la aversión y el apego, aunque explicar cuál es la diferencia no resulta fácil. Normalmente las palabras precisas empleadas no son tan importantes, en cambio el tono de voz y el lenguaje corporal comunican si nuestro razonamiento se mueve por una fijación o por la lucidez. Es posible preocuparse por algo y, al mismo tiempo, hacerlo sin dogmatismo ni

fijación de ideas. Si no esto no fuera posible, el ideal buddhista de la compasión no dual sería una ilusión.

De forma gradual, se dominan las palabras y la forma de
hablar, y uno es capaz de hablar de cuestiones difíciles sin
apestar a aversión y apego. Cuando esto ocurre, la comunicación resulta posible y uno consigue hacer llegar su mensaje.
Existe un camino medio entre luchar contra los demás y simplemente quedarse atontado y pasivo, sordo y mudo ante la
injusticia y la violencia evidentes.

NO BASTA CON SER CORRECTOS:
LA NECESIDAD DE LOS MEDIOS HÁBILES

Evitar el riesgo de caer en la aversión y el apego, tanto hacia
uno mismo como hacia los demás, sólo es el comienzo. Uno
puede practicar no hablar de una cuestión mientras la propia
mente se encuentre enturbiada por las emociones de la aversión y el apego. Esta práctica es fundamental. Pero incluso
con la aplicación de esta práctica, todavía puede que te igno-
ren de forma generalizada y que, a menudo, seas objeto de la
agresividad y la aversión de los demás. Los razonamientos
lúcidos no siempre calan e, incluso cuando lo hacen, muchas
personas prefieren ignorarlos o incluso volverse hostiles porque la lucidez del razonamiento les hace sentirse incómodos.

La mezcla de ignorar premeditadamente y mostrarse hostil ante un razonamiento lúcido expuesto sin aversión ni apego
resulta patente en la conversación del siguiente ejemplo: aca-
baba de dar una conferencia en la que había expuesto el hecho de que muchos rituales buddhistas no incluyen ninguna
referencia a la mujer ni cuentan con imágenes femeninas,
aunque se supone que las mujeres debemos sentir que los rituales nos incluyen también a nosotras. Entonces me puse a

hablar con una mujer que, con cierto asombro, me dijo que le gustaban mucho los rituales buddhistas y que nunca había pensado que no la incluyeran a ella. «¡Ahora me lo has estropeado!», me dijo algo enfadada. Al parecer, prefería una ignorancia errónea, aunque agradable, a una comprensión más profunda y una mayor lucidez.

Este tipo de reacción no es nada infrecuente. De hecho, es la reacción común ante las enseñanzas buddhistas más profundas, como las enseñanzas sobre la no individualidad. La ignorancia siempre es el veneno más profundo y más resistente, la raíz de la cual surgen los demás. Sorprendentemente, incluso en muchos entornos buddhistas, la respuesta ante razonamientos feministas convincentes pero desconocidos es algún tipo de variante del «No me gusta el mensaje, así que matemos al mensajero». La ignorancia rápidamente se ve reemplazada por la aversión hacia el mensaje y el apego hacia lo familiar. Podría contar innumerables ejemplos en los que fui culpada por haber aportado a la gente información sobre las desigualdades de género en el buddhismo. La gente a menudo me dice, no con demasiadas palabras, que si simplemente no informara sobre el dominio tradicional del hombre en el buddhismo, el problema no existiría. Y, en cierto modo, aquellos de nosotros que ofrecemos un mensaje feminista hacemos que la información exista para aquellos que la desconocían con anterioridad. La única diferencia es que después de transmitir el mensaje, la ignorancia involuntaria es sustituida por la ignorancia premeditada, que es un acto mucho más violento y agresivo.

Así pues vemos la gran evidencia de considerar la lucidez y la aversión como las formas pura y confusa de la misma energía. Un mensaje dotado de una lucidez no deseada *parece* agresivo para aquellos que prefieren la ignorancia. Como sabemos por la psicología buddhista más elemental, la respuesta convencional al sentirse atacado consiste en atacar a la fuente de ese sentimiento, que solemos creer que se halla en alguna persona fuera de nosotros. Así pues, alguien que trabaje en cuestiones de conciencia social y política también debe aprender a desarrollar ecuanimidad y aceptación ante la indiferencia y el rechazo con el que su trabajo será recibido. Probablemente uno sería más aceptado y honrado por su comunidad si no sacara a la luz asuntos que la comunidad prefiere ignorar. Esta capacidad de afrontar situaciones desagradables con ecuanimidad en lugar de con aversión es de especial importancia y dificultad.

Cuando un buddhista se ocupa del feminismo o de otras cuestiones sociales durante suficiente tiempo, empieza a ver que, como expresé en uno mis lemas más recientes, «no basta con ser correctos». De hecho, ser correctos es la parte fácil, pero ¿cómo se expresa la rectitud de un modo no dualista?

Resulta fácil ser claro en cuanto a que el dominio del hombre es injusto y dañino para la mujer. Pero, ¿cómo expresar esta convicción y preocupación de un modo hábil, sin alienar estuvo sobre cuestiones por las que uno tiene un interés profundo y siente una gran convicción? ¿Realmente creo que las personas que defienden que el dominio masculino es necesario y bueno para todos, incluso las mujeres, pueden tener razón? No lo creo. Esta lucidez es la parte fácil. Ir más allá con esta comprensión es la parte difícil.

Los pensamientos sobre la práctica de la política nos ayudan a entender ciertas comprensiones profundas del buddhismo. Cuando un buddhista trabaja el tiempo suficiente en una cuestión política, empieza a entender por qué los medios hábiles (*upaya*) son la séptima perfección (*paramita*), y la sabiduría discernidora (*prajña*) es la sexta paramita. Uno también empieza a comprender por qué la lucidez es inútil sin la capacidad de expresar esta claridad de forma hábil, del mismo modo que en el simbolismo y la práctica del buddhismo Vajrayana jamás se hace referencia a la lucidez por sí sola sino en compañía de los medios hábiles.

QUÉ PUEDE APORTAR EL BUDDHISMO AL FEMINISMO

El buddhismo puede aportar dos cosas a aquellas personas implicadas en el feminismo. Una es la necesidad inmediata del medio hábil que es desarrollar y mantener la ecuanimidad y la no agresión ante la oposición, la opresión y el conflicto. ¿Y qué pasa a largo plazo? Después que la gente haya expresado su indignación durante el suficiente tiempo y con la suficiente fuerza, normalmente suelen apagarse. El agotamiento reemplaza la aversión como la principal consecuencia de ocuparse de una causa social. Así pues, ¿cómo seguir adelante, año tras año, cuando las cosas no mejoran e incluso parecen ir peor, como ocurre con muchas de las cuestiones que han tratado las feministas durante años?

La segunda ofrenda del buddhismo a las causas políticas como el feminismo es su capacidad de desarrollar una fuerza estable en aquellas personas que practican sus disciplinas espirituales. Para seguir interesado en las cuestiones sociales, uno debe desarrollar la habilidad de seguir trabajando con alegría año tras año, sin esperar el éxito ni temer el fracaso. En mi propio caso, después de cuarenta años no me imagino cómo podría haber seguido ocupándome y trabajando en cuestiones de feminismo si no hubiese descubierto las prácticas buddhistas. Incluso si hubiese logrado seguir adelante, probablemente hoy estaría llena del dolor propio de la amargura y la frustración, y me alegra poder decir que hoy éste no es el caso. Este descubrimiento también concuerda profundamente con las enseñanzas buddhistas más fundamentales, especialmente con las enseñanzas del buddhismo Mahayana sobre la tercera paramita, la paciencia.

La comprensión buddhista consiste en ver profundamente en la no dualidad de la experiencia, aunque la política parece estar dividida con el dualismo. Mi punto de vista es que parte de nuestra práctica como buddhistas podría consistir en practicar la inseparabilidad de las disciplinas espirituales y la política. Como sabemos, la práctica de la no dualidad consiste en poner en práctica la inseparabilidad de las verdades absoluta y relativa. Es tentador pensar que cuando practicamos una disciplina espiritual estamos practicando en el plano absoluto y que cuando trabajamos en política estamos practicando en el plano relativo. Pero ésta sería una suposición demasiado dualista. Con una inseparabilidad verdadera de las dos verdades, aprendemos mucho sobre las comprensiones profundas del buddhismo a través de la implicación en causas sociales, y nuestra inmersión en las prácticas buddhistas nos enseña cómo permanecer involucrados con la política: hábilmente.

★ ★ ★

En nuestras familias, empresas y países, tanto si somos personas comunes como poderosas, el conflicto constituye una parte inevitable de nuestras vidas. El desafío consiste en trabajar con el conflicto de un modo que minimice los daños y ayude a todas las partes a lograr sus objetivos. El *Sun Tzu*, el antiguo tratado chino conocido en Occidente como *El arte de la guerra*, llama a esto "tomar el conjunto". James Gimian, editor general de la traducción de *El arte de la guerra* por parte del grupo de traducción Denma, afirma que podemos poner en práctica esta estrategia aproximándonos al conflicto con la mente abierta y flexible de la práctica contemplativa.

★ ★ ★

23. TOMAR EL CONJUNTO: EL ARTE DE HACER MENOS LA GUERRA

James Gimian

Es un misterio cómo ciertos conflictos en el mundo parecen resolverse sin un baño de sangre o, al menos, sin gritos ni chillidos. La caída festiva del muro de Berlín: ¡magnífica! La transición pacífica del régimen autoritario del apartheid a una democracia con igualdad racial en Sudáfrica: ¡sorprendente! Mi hija recogiendo del suelo de su habitación los caros pantalones que le compré y colgándolos correctamente en el armario: ¡no me lo esperaba! Una situación que un día parece bloqueada, tensa e imposible de resolver, ahora parece manejable y hasta creativa. ¿Cómo sucedió todo esto? No parece estar relacionado con ninguna acción o esfuerzo en particular.

¿Se trata de cambios de dirección repentinos, casi misteriosos, producidos por casualidad, serendipia o una intervención invisible? No. Según el libro de sabiduría conocido hoy comúnmente como *El arte de la guerra*, se trata de una magia cotidiana que proviene de estar conectado y trabajar con la realidad en un plano más profundo e intuitivo. Atribuido a un general chino llamado Sun Tzu, quien vivió hace 2.500 años, el texto nos dice que este tipo de magia cotidiana surge cuando respondemos ante un conflicto de un modo más profundo y sutil, resistiéndonos a intentar subyugar el mundo con mano dura. Más allá de ser una mera ocurrencia casual, es algo que podemos cultivar como un modo de ser y actuar en el mundo. El texto llama a esto: *shih* (que se pronuncia "shir", sin apenas pronunciar la vocal).

Para comprender la noción de shih, primero debemos comprender la visión del mundo de la obra de Sun Tzu, puesto que es de lo profundo de esta visión de donde surge la acción hábil. Sun Tzu ve el mundo como un todo: interdependiente, interconectado, en constante fluir. El mundo no consiste tanto en lugares concretos y cosas sólidas como en potencialidades, procesos y relaciones. Hay "cosas" y cadenas causales que nos parecen lineales, pero todas ellas forman parte de sistemas globales interrelacionados, que por lo tanto interactúan mutuamente. Según la visión de Sun Tzu, formamos parte de una red de interconexiones, fluida y en constante cambio. El marco de referencia que damos por sentado hoy puede perfectamente evaporarse la semana próxima, y algo nimio aquí puede afectar algo nimio ahí.

¿Les resulta familiar? Quizás sea porque esta concepción del mundo procedente de la China del 500 a.n.e. no difiere de la visión de nuestro mundo que está emergiendo hoy, tanto en los límites de la física teórica como en el modo como llevamos nuestras vidas cotidianas. Desde las búsquedas con Google y las redes sociales hasta la física cuántica y la teoría del caos, cada vez es más común considerar el mundo como un todo interconectado. Piensen en la sincronicidad, el punto de inflexión y el mundo plano. O como las fotografías hechas con un teléfono móvil de una catástrofe en la otra punta del mundo aceleran nuestro ritmo cardiaco mientras nos transmiten la experiencia del sufrimiento humano segundos después de que suceda.

En este mundo interconectado en constante cambio, las experiencias que nosotros llamamos conflictos y que nos suponen un desafío se producen de forma natural. El conflicto no se considera como una aberración que sucede porque alguien haya actuado mal, sino que sucede como una consecuencia inevitable de las distintas situaciones, puntos de vista y aspiraciones de personas que se hallan inevitablemente conectadas entre sí. Mientras haya cualquier tipo de dualidad, y el mundo relativo no es más que una red de dualidades, las cosas friccionan entre sí.

Después de considerar el conflicto como una característica de la vida que sucede de forma natural, el texto nos ofrece un modo de trabajar con él de forma directa y hábil. Sun Tzu compuso su obra para tratar los conflictos que debían afrontar los generales del período de la historia de China conocido como los "estados combatientes" (475-221 a.n.e.), cuando éstos luchaban para lograr el control de territorios clave con el fin de protegerse de amenazas para la existencia de sus estados. Aunque nosotros no rivalicemos entre nosotros por el control de nuestras ciudades y campos, la obra de Sun Tzu es de un gran interés para nosotros puesto que, en tanto que "generales" en busca del control de nuestras vidas, cada día intentamos cumplir objetivos, desde pequeñas aspiraciones hasta grandes planes. Y al hacerlo debemos hacer frente a la indiferencia, la resistencia o la hostilidad manifiesta. El conflicto es un aspecto duro de la vida y todos deseamos formas de trabajar con él que sean más creativas y profundas que nuestros extremos habituales del rechazo y la agresividad.

La visión de Sun Tzu sobre el modo de trabajar con el conflicto proporciona la enseñanza más profunda de su obra. La sabiduría esencial del texto es que es posible conseguir tu objetivo sin tener que hacer uso de la agresividad o, como dice la célebre cita, «vencer el ejército enemigo sin batalla».

El libro lo llama tomar el *conjunto*. Una vez ves el mundo como un conjunto, entonces "tomar el conjunto" se convierte en la mayor habilidad a la hora de trabajar con el mundo fenoménico. Tomar el conjunto significa dejar, en la medida de lo posible, las cosas intactas, en lugar de destruirlas, y se aplica tanto a las aspiraciones del "enemigo" como a su bienestar físico. Incorporar e incluir al enemigo deja algo sobre lo que construir. El general chino comprendió que los campesinos que hoy eran sus enemigos podían estar cultivando alimentos para su pueblo mañana, por lo que destruirlos en la batalla para conseguir más territorios sólo le privaba a sí mismo de los recursos para su futuro reino más extenso.

Pero, en medio del caos y la confusión del campo de batalla, ¿cómo tomar el conjunto? ¿Cómo tomamos el conjunto en medio de nuestras duras batallas en las oficinas de una multinacional, en nuestro proyecto de acción social o en el colegio de nuestros hijos? Aquí Sun Tzu es rotundamente claro de nuevo: toda acción hábil empieza por el conocimiento. En el campo de batalla, por supuesto, esto significa conocer todos los detalles que afectan las decisiones críticas: el tiempo, la comida de los soldados, cuán lejos se han desplazado las tropas enemigas la noche anterior. Pero el texto va más allá de todo esto y abarca una comprensión más profunda del conocimiento:

> *Conoce al otro y conócete a ti mismo,*
> *entonces la victoria no corre peligro.*
> *Conoce la tierra y conoce el cielo,*
> *entonces la victoria podrá ser completa.*

Mientras que el conocimiento implica la acumulación de información, se trata de llegar a tener una apertura más activa, un conocimiento y una percepción imparciales de todos los elementos de una situación y las pautas que conforman. Cuando el general actúa con un punto de vista fijo, cada trocito de información nueva se interpreta en función de esa visión y se pierden nuevas posibilidades. "Saber", para Sun Tzu, significa relacionarse directamente con el modo de ser de las cosas, conectar con el mundo interrelacionado y cambiante, en lugar de aferrarse a un punto de vista fijo y el más pequeño que uno pueda tener. Esto posibilita tomar el conjunto y hace posible alcanzar una victoria a una escala mayor, una victoria que va más allá de la aplicación de viejas soluciones a nuevas y emergentes circunstancias. En este sentido el texto nos dice: «Puede conocerse la victoria, pero no hacerse».

Esta apertura activa puede fomentarse mediante un enfoque contemplativo al trabajar con el mundo y al estudiar a Sun Tzu. Aquí, un enfoque contemplativo se refiere a la sencilla facultad humana de mantener abierto un espacio para ver las cosas con claridad. Se trata de un estado mental que se produce de forma natural en las personas y que puede desarrollarse con esfuerzo y disciplina.

Una de las formas más efectivas de desarrollar esta facultad humana fundamental de ver las cosas con claridad consiste en la práctica de la meditación sentada o práctica de la atención consciente, propia de la tradición contemplativa buddhista. La meditación de la atención consciente consiste en la sencilla práctica de dejar las cosas tal cual son. Esto afloja la garra del discurso interno, el guión continuo del ego que perpetúa la separación entre el "yo" y el "otro", y nos impide ver la realidad de las cosas. La meditación buddhista alimenta la experiencia de una interrupción de este guión y esta experiencia alimenta una percepción directa de la interconexión, interdependencia y constante fluir del mundo.

La obra de Sun Tzu y la práctica contemplativa buddhista son dos tradiciones muy distintas, pero ambas se caracterizan por proponer formas profundamente efectivas de trabajar con el conflicto y el caos. Su terreno común es la comprensión del paso en falso que representa solidificar la propia existencia. Tanto a nivel de la construcción del ego o la fortificación de las naciones-estado, la solidificación de "esto" perpetúa una separación falsa de "aquello". Además, esta solidificación requiere un esfuerzo enorme y un gran guión para mantenerse, lo que crea obstáculos para ver con claridad y actuar con efectividad.

Desde el terreno común de esta comprensión, cada tradición desarrolla de forma única un antídoto para el ciclo del conflicto y la agresividad que se derivan de toda separación dualista. Sun Tzu expone cómo tomar el conjunto, por lo que el general del 300 a.n.e. veía que era tener poca vista destruir al soldado del ejército enemigo que era, al mismo tiempo, el campesino que un día cosecharía el trigo para sus tropas. Por su parte, las enseñanzas buddhistas conducen a la bondad y la compasión, por lo que el practicante de la atención consciente empieza a abandonar la pauta habitual de proyectar en causas externas su propio sufrimiento.

En tiempos recientes, el maestro tibetano de meditación Chögyam Trungpa ha utilizado la conexión entre la práctica contemplativa buddhista y la obra de Sun Tzu. En general, él presentaba la meditación en contextos distintos como un modo de desarrollar este enfoque contemplativo de ver y saber. Véanse, por ejemplo, sus enseñanzas sobre el arte en el Dharma. En concreto, integró el estudio de *El arte de la guerra* en su método particular de extender la práctica de la meditación en la vida cotidiana, en el que enseñaba a sus discípulos a responder de forma hábil ante el caos y el conflicto. Este uso de la obra de Sun Tzu nos impulsa a ir más allá de la práctica formal de la meditación y explorar sus implicaciones en la guerra, la política y la sociedad.

Esta investigación comienza con la comprensión de que las experiencias y las lecciones de la práctica meditativa no están separadas de lo que sucede en el mundo, sino que el aprendizaje de las pautas de agresividad del ego hacia uno mismo y los demás en la práctica de la meditación pueden aplicarse directamente al ámbito de la política y la guerra. El argumento de que la guerra es una manifestación extrema de la agresividad individual del ego, refleja las definiciones modernas de la guerra, como la del teórico militar alemán Carl von Clausewitz, quien sostiene que la guerra es la extensión de la política por otros medios. Este argumento crea un terreno común para el debate entre aquellos que trabajan en las finanzas, el gobierno y los militares, que comprenden la importancia de saber y que ven el shih como una habilidad constatable, cotidiana y de gran valor.

El sabio comandante chino del período de los estados combatientes hizo frente al mismo desafío con el que nos encontramos nosotros hoy: ¿cómo trabajar con éxito con el caos y el conflicto que aparece mientras intentamos lograr nuestros objetivos, mientras intentamos lograr la victoria en nuestro campo de batalla particular? Sun Tzu nos dice que el dominio hábil del shih es la forma principal de trabajar con el mundo fenoménico.

En general, el shih se refiere a la acción que reorganiza el entorno a nuestro favor, pero de un modo distinto del que estamos acostumbrados. A pesar de que el mundo es un sistema completo, es posible esculpir ciertos espacios concretos y actuar en ellos. En el cambio constante, existen tendencias o normas que el texto llama *tao*. Pueden ser cosas sencillas, como el hecho de que el agua busque las tierras bajas, los soldados estén fatigados al final del día y las rocas redondas rueden cuesta abajo. Estas circunstancias se combinan entre sí para formar grupos de sucesos, pautas que podemos reco-

nocer y con las que podemos trabajar. En la red interconecta-
da, la convergencia de pequeños movimientos cambia la relación entre todos los elementos. Imaginemos las formas de las
ondas entrecruzadas creadas por dos lanchas en un pequeño
lago de montaña y el efecto dominó en los botes y muelles
balanceándose alrededor del perímetro del lago. Los movimientos más pequeños pueden producirse de forma natural o
ser debidos a alteraciones que hagamos en los detalles de una
situación. Utilizar el shih significa trabajar directamente con
el mundo en este plano.

En concreto, el texto nos dice que el shih trata del poder y
la ventaja estratégica, junto con el momento crítico de su
aplicación o liberación, conocido como *nodo*. El "nodo" hace
referencia a la pequeña unión que separa los distintos seg-
mentos del bambú, es decir el momento de transición de una
fase a la siguiente.

El capítulo cinco de *El arte de la guerra* nos presenta el
shih de tres formas distintas: en primer lugar como "poder en
movimiento", como cuando las aguas, normalmente calmas e
inofensivas, pueden convertirse en una fuerza feroz capaz
de mover enormes rocas; a continuación como "forma", donde
se describe el shih como un acantilado que evoca el poder
de las tropas al asalto de un terreno más alto en un barranco;
y, finalmente, como "acumulación", como la curvatura de un
arco y el poder liberado al soltar la cuerda.

El texto resume estos tres aspectos en los últimos versos
del capítulo:

> *Aquel que usa el shih manda a la gente a la batalla como al*
> *hacer rodar árboles y rocas.*

> *Como la naturaleza de los árboles y las rocas*
> *cuando están quietos, reposan.*

Cuando están agitados, se mueven.
Cuando son cuadrados, se paran.
Cuando son redondos, avanzan.

Por ello, el shih de aquel que es diestro en mandar a la
gente a la batalla es como hacer rodar rocas redondas des-
de una montaña de mil jen de altura.

Es importante mencionar aquí que el shih no consiste en cambiar la naturaleza de las cosas del mundo, sino en conocer cómo son las cosas y cómo funcionan de forma conjunta y con el ritmo adecuado. Por ejemplo, en los conflictos interpersonales una de las reacciones habituales consiste en pedir a la otra parte que cambie su comportamiento con el fin de resolver la situación a nuestro favor. En cambio, tener en cuenta el shih consiste en esperar el momento adecuado para actuar y, entonces, empujar una "roca redonda" para desencadenar una pauta de conducta que conduzca a la solución. Es como comerse una pieza de fruta cuando está madura y no cuando uno está hambriento, para gozar del mayor alimento y satisfacción.

Según Sun Tzu, reconocer la naturaleza del shih y utilizarla bien es lo que más nos ayudará cuando tengamos la necesidad de emplear la fuerza para avanzar y cuando queramos conseguir nuestro objetivo sin emprender una costosa batalla. La fuerza es un gesto humano natural, es el poder que mueve las cosas. Exhalar es un ejemplo de su forma más sencilla. Sin embargo, la fuerza se convierte en un problema cuando se combina con la agresividad y se convierte en el poder de imponerse por encima de los demás. En ese momento se convierte una manifestación de nuestra frustración por no poder conseguir nuestros objetivos por otros medios y sólo provoca más conflictos. Cuando nos alineamos con el poder del shih, a menudo las cosas parece que sucedan por sí mismas, sin un actor visible que ejerca una fuerza causal.

La habilidad de utilizar el shih empieza con el simple acto de ampliar nuestra propia perspectiva, adoptando un punto de vista más amplio de la situación, tanto en el tiempo como en el espacio. Existen muchas situaciones comunes en nuestra vida en las que un punto de vista más amplio explica algo que, desde un punto de referencia menor, parece mágico. El agua sale del grifo, una nave de acero vuela por el cielo, las palabras que tecleo en el ordenador de mi oficina se envían instantáneamente al otro lado del mundo. Todo esto son hechos triviales para nosotros, pero resultarían totalmente mágicos para las gentes del pasado. Nosotros conocemos y nos parece obvia la serie de sucesos que preceden a la salida del agua del grifo de nuestra cocina, por lo que nos parece algo ordinario. Del mismo modo, muchas cosas que hoy no somos capaces de comprender serán explicadas con facilidad en el futuro, a medida que nuestra visión colectiva continúe haciéndose mayor. Incluso ahora, la teoría de cuerdas, que en la actualidad representa la punta de lanza de la física moderna, postula la existencia de mundos que no podemos ver para explicar fenómenos que ahora no comprendemos.

Esto nos dirige a una comprensión del shih como una forma de comprender la magia cotidiana. El uso del shih procede del conocimiento de las reglas y las pautas de funcionamiento de las cosas en un plano más profundo y de estar en conexión con un mundo interdependiente y cambiante. Esto da lugar a que actuemos en el mundo de una forma hábil que, para aquellos a nuestro alrededor que no ven estas reglas y pautas, puede resultar completamente misteriosa. El conocimiento para saber hacer volar un avión es posible gracias a estar en contacto con el modo de funcionar del mundo en un plano más profundo que las personas del pasado o aquellos que tienen una visión del mundo más pequeña y que, por lo tanto, les puede parecer un hecho mágico.

La visión del shih implica un modo completamente distinto de trabajar con el mundo con el fin de conseguir un objetivo determinado. Desde la perspectiva de un mundo de entidades sólidas, objetivos fijos y planes estratégicos, el líder considera que la inteligencia en cualquier sistema (tanto si se trata de una persona como de una organización o sociedad) se halla centralizada en el "yo" o cuartel general. Las cosas se dirigen desde la oficina de la esquina, y el mejor modo de lograr los propios objetivos es mediante el uso de órdenes y directivas, que necesariamente resultan en una serie de efectos en cadena, siempre dirigidos por una inteligencia centralizada. Sin embargo, desde el punto de vista de Sun Tzu, el líder ve que la inteligencia se distribuye por todo el sistema y el logro de los propios objetivos se consigue mediante la alteración del sistema y no mediante su dirección. Alterar el sistema está vinculado con las reglas y las pautas, y con poner en acción la inteligencia del sistema. Esto conlleva un cambio en la base que permite "manifestarse" a una victoria que anteriormente no era visible.

Trabajar con el mundo de este modo da lugar a un nuevo modo de ser más exigente. Cuando usamos el shih para conseguir un objetivo, debemos desapegarnos de los objetivos menores mientras, simultáneamente, nos abrimos a una visión más amplia, lo que implica dejar que incluso nuestros puntos de vista más queridos y que más nos ha costado lograr puedan cambiar y desintegrarse. No es tan sencillo como abandonar el objetivo en favor del punto de vista. Ambos deben tenerse en mente, con firmeza y soltura al mismo tiempo, como un bebé al cogernos del dedo, el mismo modelo para sostener correctamente un palo de golf o una espada de samurai. Esto permite una tensión creativa, dejando abierto el espacio entre el propio punto de vista y la realidad de una situación hasta que surge un desenlace desde el terreno en constante cambio. Curiosamente, esto se parece sorprendentemente al modo como la física cuántica describe la interacción con la realidad: el shih consiste en extraer victorias del reino de los resultados posibles, del mismo modo que la física cuántica describe al científico que obtiene resultados particulares de una matriz de distintos posibles desenlaces.

Desde la perspectiva de Sun Tzu, trabajar de forma satisfactoria en el mundo, donde interactúan distintos elementos interrelacionados de un modo en constante cambio, consiste en conocer el mundo de forma directa, estar conectado con él y moverse con los distintos aspectos y formaciones que va adoptando. Cada pieza afecta a todas las demás, y nuestra conciencia se expande hasta ver cómo el alterar una pieza mueve el conjunto. Vislumbramos que actuar en solitario no es factible. Tenemos experiencias espontáneas de las victorias totales que obtenemos después de tomar el conjunto, mezcladas con la frustración y la derrota. Sin embargo, estas victorias completas y plenas parecen relativamente escasas. ¿Qué es lo que hace tan difícil trabajar con el mundo de este modo?

El principal obstáculo para utilizar el shih es la visión fragmentada del mundo que se genera cuando solidificamos y nos apegamos con tenacidad a nuestra separación de las cosas. Esto nos limita a tener una visión parcial que se agarra con fuerza a los proyectos con una menta cerrada en medio de un mar de cambios. La comprensión de que el mundo es un todo interrelacionado no va más lejos si uno sigue aferrándose a la idea de que este mundo interconectado todavía gira alrededor de "mí".

A muchas personas les atrae la visión profunda de Sun Tzu solamente para darle la vuelta y utilizar sus lecciones para imponer con mayor efectividad sus proyectos cerrados al mundo. El uso del shih para este propósito puede conducir al éxito en sentido convencional si uno es hábil. Sin embargo, este enfoque refuerza y fortalece la noción de estar separados y, mientras en efecto se logra un yo "más exitoso", esto conduce inexorablemente a crear conflictos innecesarios que generan batallas que, a su vez, provocan más conflictos innecesarios. El uso del shih, o de cualquier habilidad, para mantener una noción de uno mismo como alguien separado del mundo sólo perpetúa la dualidad que es la raíz del conflicto desde un principio.

¿Qué protecciones, en caso de haberlas, proporciona Sun Tzu en contra del uso de su sabiduría para obtener victorias de mente cerrada? En último término, la protección procede de la profundidad de la cosmovisión que impregna todo el texto. Aplicar el shih a situaciones particulares y concretas es una forma muy poderosa de trabajar con el mundo, aunque todo cuanto hacemos siempre tiene lugar en el marco más amplio del mundo interconectado. Y para todos los que el uso hábil del shih puede producir circunstancias favorables, este mundo mayor e interrelacionado, en último término, no está sujeto a nuestro control. La victoria no puede fabricarse.

El poder abrumador de este mundo mayor resulta a menudo patente cuando los seres humanos intentan reorganizar su entorno a su favor. Tomemos un ejemplo del debate actual sobre la globalización. La estimulación del desarrollo económico para afrontar problemas de tipo político o social puede lograr éxitos concretos y definidos. Pero también puede producir amenazas mayores para la estabilidad social y política debido a la aceleración en la degradación del medio ambiente que acompaña a este desarrollo. La respuesta del todo en su conjunto (en este caso el daño medioambiental resultante que amenaza la continuidad de la vida humana en el planeta) es una expresión de su inteligencia. El sistema en su conjunto está afirmando de forma categórica que las soluciones de mente cerrada no son victorias completas y que el conflicto no cesará a menos que y hasta que no se adopte un enfoque basado en tomar el conjunto.

La frustración que sobreviene después de emplear soluciones de mente cerrada nos impulsa a buscar formas más profundas de trabajar con el conflicto. Entonces, la sabiduría de una forma más profunda de conocer y trabajar con el mundo, como la que nos expone Sun Tzu, resulta más convincente. Cuando el conocimiento se convierte en una apertura al modo de ser de las cosas en el mundo, empezamos a suspender las proyecciones habituales que superponemos al mundo. El apego a la separación empieza a soltarse y los proyectos menores empiezan a dejar paso de forma natural a una visión mayor.

El uso del shih para trabajar con el mundo viene de estar interrelacionado con el todo interdependiente y siempre cambiante, y de ir con él en lugar de intentar controlarlo desde fuera. El "poder sobre" se convierte en la "conexión con". La acción hábil viene de saber, ver y captar el momento, más que de rutinas aprendidas o "trucos para llevar" acumulados en seminarios de empresa o fines de semana de meditación. Tanto si estamos en nuestro trabajo como en casa, en una guerra en el extranjero o en una pelea vecinal, la oportunidad de trabajar con el mundo fenoménico en un plano más profundo siempre está presente. El uso del shih puede ser la puerta a la magia cotidiana en nuestras vidas.

★ ★ ★

El difunto Seung Sahn, un maestro zen coreano que estableció una importante comunidad zen en los Estados Unidos, fue un activista estudiantil comprometido en su juventud. En 1982, con posterioridad a la masacre de manifestantes que el gobierno de Corea del Sur provocó en la ciudad de Kwangju, escribió esta carta a quien por aquel entonces era el dictador militar del país, el general Chun Du Hwan. Sin duda, el general, que era católico, se sintió sorprendido al recibir tal advertencia directa de un maestro zen sobre cómo debía gobernar su país, y cuando, más tarde, Seung Sahn visitó Corea del Sur, agentes de la CIA le interrogaron sobre la carta. Esta carta no sólo es extraordinaria por su valentía, sino por su profunda afirmación de que el único fundamento de un buen liderazgo consiste en ir más allá del pensamiento dualista y descubrir la propia verdadera naturaleza.

★ ★ ★

24. CARTA A UN DICTADOR

SEUNG SAHN

Centro Zen Providence
25 de agosto de 1982

Estimado presidente Chun,

Le saludo en nombre de las Tres Joyas: el Buddha, el Dharma y el Sangha.

El tiempo vuela como una flecha y ya hace más de dos años desde que se convirtió en presidente de Corea. Durante este tiempo ha estado trabajando duro en nombre de nuestro país y nuestro pueblo. Espero que ello no haya sido demasiado duro para su salud.

No le escribo para discutir si su gobierno ha sido "bueno" o "malo". En la actualidad vemos en la sociedad demasiadas disputas y querellas sobre lo "bueno" y lo "malo". En el mundo de los seres humanos, ésta es una antigua lucha sin fin. Sin embargo, si en lugar de entrar en este tipo de luchas, nos preguntásemos: «¿Cuál es la naturaleza del "bien" y cuál es la naturaleza del "mal"?», «¿cuál es la naturaleza de este "mundo" o cuál es la naturaleza del "tiempo" y el "espacio"?», «¿existen en realidad?», entonces estas discusiones nimias cesarían de inmediato y al instante empezaríamos a ver el mundo de la verdad.

En una ocasión, un célebre maestro dijo:

El bien y el mal no poseen naturaleza propia.
"Despierto" y "no despierto" son nombres vacíos.
Enfrente de las puertas [de los sentidos]
hay un mundo de completa quietud y luz:
la primavera llega y la hierba crece por sí misma.

Así pues, "bien" o "mal" no poseen ninguna naturaleza [autoexistente]. Es sólo nuestro *pensamiento* el que construye el "bien" o el "mal". Así pues, si cesamos todo pensamiento, ¿dónde existen el bien y el mal, la vida y la muerte o las clases altas y las clases bajas? Si hallamos nuestro rostro humano original, que está presente antes de que surja el pensamiento, seremos capaces de transformar este mundo en un reino de libertad e igualdad.

Es por este motivo por lo que no quiero discutir aquí si su gobierno ha sido justo o injusto. En cambio, escribo esta carta porque las lágrimas empañan mis ojos cuando veo nuestro querido país dividido en dos y el sufrimiento innecesario que ello está causando. [...]

No es mi deseo hacer de esto una larga historia, pero no puedo evitar señalarle una cosa: en nuestra mente no hay ni norte ni sur, ni vida ni muerte, ni tiempo ni espacio. Ya estamos perfectamente completos.

Sin embargo, cuando aparece el pensamiento, aparece la mente. Y cuando aparece la mente, aparece todo tipo de opiniones, aparece el apego egoísta, yo-mi-mío. Este es el motivo de que haya una "derecha" y una "izquierda" y de que consideremos a una como "buena" o "mala". El apego al pensamiento es la causa de todas estas discusiones y querellas sobre el "bien" y el "mal". Ésta es la causa de nuestro apego a la vida y la muerte. ¿Quién puede esperar que la paz mundial aparezca bajo estas condiciones?

La posibilidad de reunificar Corea del Norte y del Sur está

íntimamente ligada con la posibilidad de que pueda haber paz en el mundo. ¿Pero cómo podremos jamás esperar la paz mundial cuando políticos, eruditos y líderes religiosos sostienen que ellos y quienes piensen como ellos están en los cierto, mientras que todos los demás están equivocados? Sin embargo, le ruego que imagine un mundo en el que toda persona que aspire a ser un político, erudito o maestro espiritual primero se esfuerce por descubrir su Yo verdadero y, sólo entonces, ejerza sus funciones como político, erudito o maestro religioso. ¡La paz mundial brotaría instantáneamente! Éste es el objetivo al que dedico todos mis exiguos esfuerzos.

Así pues, le insto, como presidente de nuestro país, a liderar una campaña nacional para hallar nuestra naturaleza humana original, nuestro Yo verdadero. Cuando muchas personas realicen esta obra, las disputas cesarán y no sólo lograremos un mundo absoluto en el que lo "correcto" y lo "erróneo" y el "bien" y el "mal" ya no existirán, sino que además se podrá decir que su presidencia ha tenido algún valor, a pesar de los sufrimientos que ha acarreado.

Me siento obligado a escribirle con tanta urgencia porque, desde ahora hasta que florezcan las flores Sakura en la primavera de 1984, van a producirse grandes dificultades para todas las personas y países. A menos que alcance su verdadero Yo, usted también experimentará mayores sufrimientos personales.

Así pues, es importante que tenga presente esto, como dijo un célebre maestro en una ocasión:

Todas las formaciones son transitorias.
Ésta es la ley de la aparición y la desaparición.
Cuando tanto la aparición como la desaparición desaparecen,
entonces esta quietud es la felicidad.

[...] Todas las cosas de este mundo siempre están cambiando, cambiando, cambiando: ésta es la ley de la aparición y la desaparición. Pero cuando la mente desaparece, nuestras opiniones y nuestros apegos al yo-mi-mío desaparecen. Cuando experimentamos este estado de perfecta quietud, o de "no yo", entonces todo cuanto vemos y oímos es la verdad. El cielo es azul: esto es verdad. Los árboles son verdes: esto es verdad. El agua fluye: esto es verdad. Un perro ladra: «¡Guau! ¡Guau!». Los pájaros pían: «¡Pío! ¡Pío! ¡Pío!» La sal es salada y el azúcar es dulce: ésta es la verdad absoluta. Ahora mismo todos nosotros vivimos en un mundo verdadero, pero debido a que los seres humanos no conocen su verdadera naturaleza, no ven, ni oyen, ni huelen el mundo verdadero en el que viven.

Señor, no me interesa discutir el desempeño de su cargo. Tanto si está en lo cierto como si está equivocado en sus políticas y sus acciones, usted sigue siendo el presidente del país. Como presidente, tiene el deber de dirigir y gobernar correctamente al pueblo de Corea. Cualesquiera que sean las acciones pasadas de su gobierno, todo esto forma parte del pasado y ya está hecho. En cambio, ahora debería preguntarse cómo puede mejorar las vidas reales de sus compatriotas. [...]

En una ocasión un célebre maestro escribió:

> *El cielo es la tierra, la tierra es el cielo:*
> *el cielo y la tierra giran alrededor.*
> *El agua es la montaña, la montaña es el agua:*
> *el agua y la montaña están vacíos.*
> *El cielo es el cielo, la tierra es la tierra:*
> *¿cuándo giraron alrededor?*
> *La montaña es la montaña, el agua es el agua:*
> *cada uno está separado del otro.*

Este poema apunta directamente a la naturaleza humana y el principio universal del que le estoy hablando. Los seres humanos son muy necios, porque mientras afirman saber muchas, muchas cosas, ¡no tienen la menor idea de quiénes son en realidad!

Así pues, si alcanza su verdadera naturaleza propia, el "norte" y el "sur" desaparecerán de su mente y la reunificación de Corea ocurrirá mucho más pronto de lo que cree. Si todos los coreanos simplemente volvieran su atención hacia la obtención de su verdadera mente, entonces el camino a la reunificación sería muy fácil.

> *El Gran Camino no tiene puerta,*
> *la lengua no tiene hueso.*
> *La luz de la primavera lo inunda todo.*
> *El sauce es verde y las flores son rojas.*

[...] Presidente Chun, querría preguntarle cuál es su filosofía. ¡Me resulta muy, pero que muy difícil imaginármelo! Debería vivir según una filosofía que enfatizara el deber filial y la ética. Éste es el único modo de que los coreanos puedan sobrevivir. Nuestra gente sólo podrá sobrevivir si cada uno de nosotros recupera su naturaleza propia.

Así pues, presidente Chun, si alguien le preguntara: «¿Quién eres tú?», ¿cómo respondería?

Cuando Sócrates enseñaba a los atenienses a encontrarse a sí mismos, alguien le preguntó si sabía quién era él y Sócrates respondió: «No lo sé, pero sé que no lo sé». Ésta es la famosa filosofía del "no sé" de Sócrates.

Señor, debería buscar una filosofía que le pueda guiar. Si gobierna el país sin una filosofía y sin tener una comprensión correcta de la dirección a seguir y, en cambio, confía en sus instintos egoístas y partidistas, entonces muchos coreanos deberán sufrir por ello. El presidente Jimmy Carter solía promover los derechos humanos, pero fracasó en su propósito principalmente porque no podía presentar ninguna acción que respaldara sus palabras. Que usted u otra persona diga simplemente que necesitamos derechos humanos y ética, no es suficiente. Hay un dicho antiguo que dice: «La virtud está en la acción y la paciencia en la virtud». Sólo cuando hay paciencia se puede alcanzar la dirección correcta y el universo sólo es tuyo cuando pones tus palabras sinceras en *acción*.

Pero el conocimiento intelectual solo no es el camino. Tener un conocimiento meramente intelectual es como los empleados del banco que manejan dinero: la cantidad de dinero puede ser muy grande, pero no les pertenece. ¡Manejan la riqueza de otras personas! El dinero les *pertenece* sólo cuando lo obtienen mediante su trabajo.

Del mismo modo, por todas partes la gente discute sin cesar sobre el conocimiento de otras personas y sin hacerse suyo ese conocimiento. Es por este motivo que nuestro mundo está dividido en "derecha" e "izquierda". Cuando cortas con el pensamiento y regresas a tu Yo verdadero, al alcanzar tu Yo verdadero, ya no hay ninguna "derecha" ni "izquierda", ni vida ni muerte, ni clase alta ni clase baja.

El buddhismo posee enseñanzas muy básicas sobre cómo creamos estas distinciones en nuestras mentes. Cuando el "yo" existe, entonces "ese" objeto existe; y cuando el "yo" no existe, "ese" objeto tampoco existe. Así pues, este "yo" ilusorio es el problema más importante. «¿Quién eres tú?» ¿Comprende este "yo" suyo, presidente Chun? ¿Qué es? ¡Responda! ¡Responda!

Ahora mismo no lo sabe, ¿verdad? Por esto le pregunto: ¿cómo se supone que va usted a gobernar un país cuando ni siquiera sabe qué es este "yo"? ¿Cómo puede gobernar correctamente un país de millones de personas cuando ni siquiera sabe quién es usted? [...]

Presidente Chun, se dice que hay tres puntas peligrosas: la punta de una espada, la punta de una lengua y la punta de una estilográfica, por lo que se explica que uno no debe rendirse ante la punta de una espada, uno no debe dejarse embaucar por la punta de una lengua y uno no debe dejarse engañar por la punta de una estilográfica.

Señor, ¿acaso no realizó usted un golpe de estado con la punta de una espada? Puesto que así fue, seguro que debe saber que le incumbe utilizar sabiamente este poder que ha conquistado. Si lo consigue, habrá alcanzado su Gran Función, lo que significa mantener una mente clara como el espacio y utilizarla meticulosamente para los demás. Aunque nuestra naturaleza verdadera es absoluta y vasta, cuando alcanzas tu Gran Función, entonces el cielo y la tierra, las montañas y la tierra, lo superior y lo inferior están separados y claros. Cuando estás hambriento, debes comer; cuando estás sediento, bebes: éstos son ejemplos de la Gran Función. Cuando una persona verdadera gana recibe un premio y a la persona que comete una acción equivocada se le da un castigo. Cuando consiga comprender completamente este Dharma, verá que en realidad la ley verdadera contiene el Gran Camino, la justicia, la compasión y la acción ética. Al conseguirlo, llegará a amar y cuidar a toda la nación como si sus gentes no fueran distintas de sus propios hijos.

Señor, ¿realmente cree saber en qué consiste la ética y la moral? Poseemos una reserva ilimitada de ellas en nuestra propia mente. Si no lo sabe, le sugiero que vaya y busque a un maestro realizado antes de pensar en gobernar un país. [...]

Debo decirle que debemos encontrar nuestra naturaleza verdadera para no rendirnos ante la punta de una espada, no dejarnos embaucar por la punta de una lengua y no dejarnos engañar por la punta de una estilográfica. ¿Acaso no fue el poder de estas "tres puntas" el que creó en un principio el "comunismo" y el "capitalismo" y, a continuación, arrojó a la humanidad a esta guerra que amenaza con destruir el mundo? Por esto debe quedar claro que debemos vencer el grave peligro que suponen estas "tres puntas" y, para lograrlo, debemos regresar a nuestra naturaleza verdadera.

Pero puesto que usted ni siquiera sabe qué es su "yo", señor presidente, le animo a que busque y le pregunte a una persona realizada sobre la naturaleza de la política ética.

Sin embargo, no debería dejarse engañar por un mero conocimiento intelectual sobre esta materia: el conocimiento conceptual todavía no es la sabiduría verdadera. Cuando estaba en la junta directiva de la Universidad de Dongguk, la mayor universidad buddhista del país, intenté encontrar para la universidad a una persona que tuviera tanto erudición como virtud auténtica. Encontré muchas, muchas personas que sobresalían en sus disciplinas académicas, pero no pude hallar a una sola persona en el mundo académico que combinara una gran erudición con una virtud y una moral auténticas. Lo que quiero decir es que no podemos esperar que los eruditos puedan guiar correctamente el país, puesto que el mero conocimiento y estudio no poseen ningún poder auténtico. La mayoría de los eruditos sólo están llenos de conocimientos secos y vacíos. Debe comprender que en el entorno universitario sólo acumulamos más y más conocimientos, mientras que la sabiduría verdadera viene de la comprensión directa de nuestra naturaleza propia. Este tipo de sabiduría conduce directamente a la conducta moral y la virtud.

El conocimiento libresco es como tener una grabadora: todo cuanto queda grabado pertenece a otra persona. Sólo se trata de las ideas de otra persona que uno ha coleccionado. Pero sólo podemos ver y vivir con claridad cuando tenemos sabiduría, que conduce a la compasión que salva a los seres del sufrimiento. [...]

No se da cuenta de que vive en un mundo en constante cambio, cambio, cambio, sin parar. Toda la existencia está repleta de cambios, es algo inaudito, por lo que debe alcanzar su raíz verdadera, debe alcanzar la naturaleza de la base sobre la que ahora mismo reposa. ¡Incluso un niño sabe que un árbol sin raíces no puede estar de pie! Pronto caerá al suelo.

Usted es el presidente, pero aun así debe percibir el estado de ánimo del pueblo y determinar qué es lo que realmente quiere. Ésta es su raíz, en tanto que presidente. Debe ver las circunstancias cambiantes en las que vive y trabaja su pueblo. Debe hacer uso de sus oídos para conocer las inclinaciones de sus mentes y escuchar sus quejas. Debe hacer uso de su olfato para percibir la dirección de su estado de ánimo, para percibir los vientos de cambio que soplan en nuestra sociedad y el mundo. Debe hacer uso de su gusto para conocer el sabor de lo que usted mismo está haciendo, a cada momento. Y debe hacer uso de su cuerpo para actuar para ellos.

Sólo podrá seguir durante largo tiempo como presidente si su cuerpo puede encontrar sus raíces y, entonces, conocer la base sobre la que reposa. Le pido por favor que busque estas raíces. Debe preguntarse a sí mismo: «¿Cuáles son mis raíces?», «¿cuándo fueron hechas mis raíces?», «¿quién hizo mis raíces?». Debe plantearse estas preguntas, muy profundamente. Sólo entonces será capaz de ver cuál es su dirección y cuál es la dirección correcta de toda la sociedad. Sólo a partir de este estudio Corea podrá sobrevivir y si, mediante su ejemplo, otros líderes mundiales también estudian de este modo, alcanzaremos realmente la paz mundial. El caso es que la paz mundial llegará cuando las personas en el poder tomen el camino correcto.

Señor presidente, suele decirse que la sangre es más espesa que el agua. Aunque en los últimos veinte años he vivido principalmente fuera de Corea, enseñando en Japón y en Occidente, el bienestar de Corea y su gente siempre ha sido primordial en mi mente. De hecho, si quiere que le diga la verdad, no me importa quién o qué partido esté en el poder. Mi deseo siempre ha sido y siempre será que mi patria, Corea, sea próspera y fuerte.

Señor [...] (p)or favor, recupere su naturaleza humana y conviértase en la luz que guíe al pueblo coreano. Si los coreanos tienen una luz que seguir, ¿podemos dudar que el alba de la reunificación esté lejos?

Deseándole salud ininterrumpida y la consecución de todos sus deseos,

> *Las aguas del río Han han fluido durante siglos*
> *y el monte Sam Gak Sahn* [destacada cima a las afueras de Seúl donde se encuentra el templo de Hwa Gye Sah] *nos ha observado desde tiempos inmemoriales.*

En el Dharma,
Seung Sahn Haeng Won

★ ★ ★

El buddhismo atribuye mucho del sufrimiento que nos causamos a nosotros mismos y a los demás al crédito que le damos a nuestras propias proyecciones mentales, al tomar como verdaderas las etiquetas que nuestra mente pone a las cosas y las personas. El racismo es uno de los ejemplos más evidentes de esto, puesto que juzgamos a las personas mediante la construcción mental de "raza". Pero el hecho de que el problema sea básicamente cognitivo no hace que sea más fácil de desarraigar. Escuchemos esta animada conversación telefónica en la que Gaylon Ferguson, conocido profesor de buddhismo y erudito afroamericano, habla con un amigo sobre las cuatro nobles verdades y la política racial.

★ ★ ★

25. NINGÚN COLOR,
TODOS LOS COLORES

GAYLON FERGUSON

Mi amigo más antiguo en el Dharma, Al, acaba de regresar de su retiro anual de meditación en solitario. Mantenemos un contacto esporádico y cuando me llama para saber cómo me van las cosas, me pregunta en qué he estado trabajando últimamente.

–En un artículo –le respondo–. Intento pensar en algo útil que decir sobre el buddhismo y la política racial.

–¿De verdad? –afirma, con manifiesta incredulidad–. ¿Qué tiene que ver el sagrado y prístino Dharma con algo tan sórdido como la política actual?

Se produce una larga pausa y un silencio atronador en nuestros teléfonos. Nos hemos dejado pasmados el uno al otro, al menos por el momento. Aquí volvemos de nuevo y pienso para mis adentros: el aire fresco del retiro en el monte se encuentra con las ráfagas de aire caliente del ajetreo de la ciudad.

–Siempre había creído que el buddhismo consistía básicamente en alcanzar el despertar –prosiguió Al–. Ya sabes, obtener un nuevo estado de conciencia y este tipo de cosas. Pero, "política del Dharma", ¡parece un oxímoron! Además, da un poco de miedo, con el auge actual de los fundamentalismos en todo el mundo.»

Se pueden encontrar numerosas sentencias del Buddha en los textos más antiguos sobre cómo los seres humanos pueden vivir juntos en comunidades sanas y armoniosas –le respondí–. Hay un estudio muy interesante de los años setenta, que se llama simplemente *The Buddha*, de Trevor Ling, un estudioso británico de la religión. Ling insiste en que el Buddha entendió sus enseñanzas principalmente como una revolución *social* y no como una religión en el sentido limitado de una espiritualidad. Este sentido limitado de la espiritualidad, por cierto, es una invención peculiar de la modernidad y va de la mano con el auge del materialismo.

–Simplemente siempre había creído que practicar la meditación sentada y conseguir cierto cambio en mi estado mental ya era suficiente para una vida. Por supuesto, voto cuando hay elecciones y, de vez en cuando, envío donaciones para causas justas. Pero nunca he relacionado el Dharma, la meditación y el despertar con cuestiones como mi vecindario, las personas sin hogar, el gobierno de la nación, la guerra, el consumismo, las políticas de inmigración o, ya puestos, la maraña de asuntos alrededor de la raza. Todo el mundo sabe que discutir sobre la noción de raza y el racismo es como atizar un nido de abejas, nadie sale incólume.

Tienes razón en esto, ¡qué imagen más ilustrativa de este tema! Hace unos años, alrededor del cambio de milenio, un grupo de corresponsales del *New York Times* participó en una serie de reportajes titulado "Cómo se vive la raza en los Estados Unidos". Tanto los periodistas de color como los escritores blancos reconocieron que, a diferencia de la mayoría de historias que solían cubrir, al tratar la cuestión de la raza tenían una sensación de incompetencia. Como uno de ellos admitió inocentemente: «Puedo escribir un artículo de economía, de ciencia o de derecho y distinguir lo cierto de lo falso, lo que está arriba y lo que está abajo. Pero con un artículo sobre cuestiones raciales es más difícil porque no hay verdades o falsedades absolutas».

—Cierto, todos hemos pasado por esto, pero también puede ser una forma de escaquearse. Como Katagiri Roshi solía decir: «¡Hay que *pronunciarse!*"».

Ambos nos reímos, recordando la compasión implacable de los rasgos severos del rostro japonés de Katagiri. Entonces, Al prosiguió:

—Entonces, ¿qué tienes que decir o, más bien, qué tiene que decir el Dharma del Buddha sobre la política racial?

—Bueno, analizar la política racial empieza por comprender el racismo, una enfermedad social que todavía infecta la clase política en su mayoría.

—Sí, estoy de acuerdo. Sólo hay que ver lo que pasó el año pasado con los disturbios en Francia: al principio los comentaristas decían que todo ello formaba parte del famoso "choque" entre el Islam y Occidente. Cuando regresé de mi retiro y vi las imágenes en Internet y las revistas, tuve que darle la razón a Fareed Zakaria: «Las fotos se parecían más a los disturbios raciales que tuvieron lugar en los Estados Unidos en los años sesenta que a Faluya o Ramala». Y no hay que buscar muy lejos para hallar algunas de las fuentes de tanta frustración reprimida: «Un estudio francés reciente mostraba que los candidatos a un puesto de trabajo con nombres franceses tenían cincuenta veces más posibilidades de ser entrevistados que aquellos con nombres árabes o africanos». ¡Cincuenta veces!

—Por esto éste es el punto de partida, la verdad del racismo. Es algo así como lo que se dice de las cuatro nobles verdades, las enseñanzas originales del Buddha: la verdad del sufrimiento, la verdad del origen del sufrimiento, la verdad del fin (o cese) del sufrimiento y la verdad del camino hacia este fin. Algunos autores han señalado que la estructura de estas enseñanzas se parece mucho a un diagnóstico médico tradicional.

La enfermedad se llama sufrimiento y existe una causa para esta enfermedad: el deseo, la codicia y la agresividad basada en la ignorancia. Pero también existe, y ésta es la proclamación liberadora de todo el Dharma, la tercera verdad de la posibilidad de regresar a la salud y el entendimiento fundamentales. Pero la superación de la enfermedad y el regreso a un estado de buena salud no sucede de forma automática, simplemente escuchando el diagnóstico. Debemos tomar una medicina, la cuarta verdad acerca de la marcha por el "óctuple camino", en el que la práctica de la meditación, la "atención correcta", es uno de los pasos principales.

–Sí, ya había oído antes esta forma de entender el camino. También se dice que debemos ver nuestras vidas dando vueltas en la existencia cíclica (*samsara*) como una enfermedad, al maestro como el médico, el Dharma como la medicina y la práctica como el hecho de tomar la medicina. Es algo parecido. ¿Pero qué tiene que ver todo esto con la política racial?

–Bueno, de hecho ya hemos empezado a acercarnos a ello. El primer paso, es decir la primera verdad, consiste en reconocer la existencia del racismo. Como con el sufrimiento, las cosas sólo empeoran cuando negamos este hecho, cuando hacemos ver que no ha pasado nada, que no continúa sucediendo: los prejuicios, la intolerancia, la discriminación racial, la violencia manifiesta y sutil basada en las diferencias étnicas,... En ciertas ocasiones se convierte en una presencia innombrable en la sala. De hecho, perpetuamos nuestro aprisionamiento en el sufrimiento neurótico al ignorarlo, al negarlo. Muchas personas expresan el gran alivio que sintieron cuando oyeron por primera vez la noble verdad del sufrimiento proclamada clara y llanamente. En efecto, esto es lo que yo sentí cuando oí por primera vez a mi maestro raíz, Trungpa Rinpoche, dar enseñanzas sobre el "sufrimiento omnipresente". Fue doloroso e hilarante al mismo tiempo. De repente dejó de ser este pequeño secreto odioso que todo el mundo conoce, pero que hacemos ver como si no estuviese con nosotros constantemente. Del mismo modo, con el racismo, el reconocimiento de su prevalencia y persistencia representa un paso hacia la salud. Un paso necesario, aunque no suficiente.

–Estoy de acuerdo con que es una cuestión difícil incluso de abordar, y todavía más si se quiere producir algún *cambio*. Pero, ¿por qué crees que es tan difícil simplemente reconocer la existencia del racismo?

–Por distintos motivos. En primer lugar, el tema nos hace sentir a todos incómodos porque nos sentimos indefensos, a la vez que tenemos sentimientos encontrados de culpabilidad propia y de culpar a los demás. «Yo no empecé esta situación. Así que, ¿qué quiere que haga? No puedo deshacer siglos de opresión. Lo siento mucho, de verdad que lo siento. La gente tiene que espabilarse por sí misma, es su propio karma, su propia falta por carecer de disciplina». La idea que se esconde detrás de estas emociones conflictivas es que el racismo escapa a la buena voluntad de una persona *individual*.

–En efecto, resulta desalentador afrontar una cuestión tan inmensa, con tanto peso y trasfondo histórico: desde el genocidio de las tribus indígenas, la Solución Final, los campos de exterminio de la II Guerra Mundial, la explotación de los campesinos, los linchamientos o la segregación racial en las escuelas en los Estados Unidos en la actualidad. ¿Cómo es ese dicho antiguo? «La historia es una pesadilla de la que intento despertar».

–Lo has pillado. Y el primer paso para "despertar", el objetivo del camino buddhista, consiste en darse cuenta de que uno está "dormido". Si no reconocemos la constancia de nuestro estado de "sonámbulos", ¿cómo podemos comenzar nuestro camino hacia el despertar? Piensa en esto: la psicóloga

Beverly Tatum afirma que cada vez que da una charla sobre «la realidad del racismo en nuestra sociedad (...) en casi todos los públicos a los que me dirijo, siempre hay alguien que dirá que el racismo forma parte del pasado. Siempre hay alguien que no se ha percatado de las imágenes estereotipadas de las gente de color en los medios de comunicación, que no se ha dado cuenta de la discriminación existente en las viviendas de su barrio, que no ha leído los artículos de prensa sobre los prejuicios raciales documentados de bancos conocidos a la hora de conceder préstamos, que no es consciente de las pautas de seguimiento racial en los institutos de educación secundaria, que no ha visto los informes sobre el aumento de los casos de crímenes violentos por motivos raciales,... en definitiva, alguien que no ha prestado atención a la cuestión racial. Pero si prestas atención, no resulta difícil ver el legado del racismo y es algo que nos afecta a todos». ¿Te acuerdas de aquel caso en el que, después de la catástrofe del huracán Katrina, los medios de comunicación se referían a los blancos que conseguían víveres y otras necesidades como valientes "supervivientes" y a los negros que hacían lo mismo como "saqueadores"?

–Por lo que, otra vez, se trata de prestar atención, darse cuenta y ser consciente, y no encerrarnos en un pequeño caparazón de negación.

–Sí, pero algunos aspectos de esta primera verdad puede que no sean visibles a simple vista. Debemos abrir el ojo de la comprensión para poderlos ver.

–¿A qué te refieres?

–A los privilegios de los que gozan los blancos, por ejemplo. Al sistema de ventajas que acumula cualquier persona de piel blanca. Tatum afirma que: «La mayoría de los blancos, si son realmente sinceros consigo mismos, pueden apreciar que es más ventajoso ser blanco en los Estados Unidos. A pesar del discurso actual sobre la discriminación positiva o el "racismo a la inversa", todos los indicadores sociales, desde los salarios hasta la esperanza de vida, muestran las ventajas [sociales] de ser blanco».

–Mmm. ¿Acaso Tatum tiene alguna muestra de esta autorreflexión sincera en la que los blancos toman *consciencia* de sus privilegios? Creo que tengo mis dudas al respecto.

–De hecho, sí. Cita un artículo de la feminista Peggy McIntosh titulado "White Privilege: Unpacking the Invisible Knapsack". En él, McIntosh identifica una larga lista de privilegios sociales de los que ha gozado por el simple hecho de ser blanca. Ella no los había pedido, y es importante señalar que no siempre había sido consciente que gozaba de ellos.

–Supongo que esto también vale por el sentimiento inocente y que tanto se oye en la actualidad de presuponer que «¿acaso no son todas las personas como nosotros?».

–Exacto. El crítico de teatro John Lahr escribió recientemente: «Como la respuesta del gobierno federal al huracán que tuvo lugar en Louisiana mostró al mundo, el racismo institucional es una noción que la América blanca todavía debe reconocer».

–Y no sólo la América blanca. Cuando la secretaria de estado Condoleezza Rice, una destacada afroamericana de hecho, visitó su ciudad natal de Birmingham, en Alabama, poco después del huracán, repitió con vehemencia a los periodistas locales que el presidente Bush no tenía, como dice el refrán, ni un hueso racista en su cuerpo. Esto precisamente no viene al caso. Es como las personas que insisten en decir que *personalmente* no son racistas. Pero ésta no es la cuestión. El racismo estructural, la supremacía blanca del sistema, no significa que a Bush le importe estrechar la mano a Colin Powell, a la secretaria Rice o al secretario general de las Naciones Unidas Kofi Annan. Significa que cuando nomina a alguien para la magistratura federal, el candidato presentará ciertos prejuicios, ciertas pautas de afinidades e indiferencias.»

—¿Cómo por ejemplo?

—Pues bien, fíjate en el juez Alito, una de las elecciones de George W. Bush para la Corte Suprema. Durante el proceso de nominación nadie cuestionó su experiencia e inteligencia en el ámbito judicial. Pero como señaló un editorial del *New York Times*: «El juez Alito ha favorecido y exagerado los criterios necesarios para probar casos de discriminación racial y sexual, de tal modo que resultaba muy difícil llevarlos a los tribunales y, todavía más, que pudieran ganar... Cuando los abogados de un preso negro en el corredor de la muerte intentaron señalar prejuicios en la selección del jurado mediante el uso de estadísticas, el juez Alito denegó el argumento diciendo que era como sostener que los norteamericanos favorecían a los zurdos porque de los últimos seis presidentes de los Estados Unidos cinco habían sido zurdos». Lo menos que se puede decir de esto es que está completamente desconectado de la dura realidad de los prejuicios históricos de género y de raza que continúan operando en nuestra sociedad hoy. Por cierto, ¿es verdad que cuando estuvo en Birmingham, la secretaria Rice comparó la invasión norteamericana de Iraq con la lucha por los derechos civiles?

—Sí, en efecto. Creo que debería empezar a preocuparnos de que pueda estar en dificultades.

—¿Qué quieres decir?

—Bien, después que el cantante de rap Kanye West comentara en la televisión nacional que a George W. Bush no le importan los negros, el caricaturista Aaron McGruder dijo: «Si eres negro y a estas alturas todavía no sabes que estás en dificultades —a lo que añadía—, creo que ya es hora de que los blancos pobres empiecen a darse cuenta de que a George Bush tampoco les importa y que también les dejara morir».

Pero tenemos que pasar a la segunda verdad: el racismo tiene una causa. Es decir, que los prejuicios raciales y este sistema que privilegia a los blancos surgen debido a causas y condiciones. No han sido decretados por un ser sobrenatural, ni tampoco son cuestión del destino. ¡El racismo es un modelo mental aprendido!

–¿Éstas son las malas o las buenas noticias?

–Bien, ambas cosas, amigo mío. Porque el racismo es una serie de actitudes y conductas aprendidas: al igual que ningún niño nace hablando italiano, ningún niño nace racista. Esto significa que puede "desaprenderse", deshacerse de forma sistemática e individual.

–¿Algo así como los doce "vínculos" del origen dependiente, los *nidanas*, donde vas hacia atrás desde los efectos hasta las causas y así deshaces la confusión? Retrocediendo desde el apego hasta el deseo, las sensaciones y la ignorancia fundamental. Y, entonces, de nuevo hacia delante: si eliminamos la ignorancia, ¿al final llegamos a no aferrarnos?

–Sí, es algo muy parecido. Tatum señala que, el crecer en barrios más o menos homogéneos y racialmente segregados, como nos ocurre a la mayoría, comporta que tengamos una escasa experiencia e información directa sobre aquellos que son distintos a nosotros, tanto si las diferencias son de tipo étnico como religioso o económico. Además, la información que nos llega a menudo es parcial y está distorsionada, exagera los aspectos negativos y omite los logros positivos, ¡o a la inversa! Esto sugiere que la ignorancia es una causa principal del racismo.

–¿Qué hay de la tercera verdad? ¿La verdad sobre la liberación, la verdad sobre el fin de esta locura? ¿Es realmente posible despertar de la pesadilla de la historia humana?

–Bien, esto es a lo que aspiramos. Como solía decir el maestro zen Suzuki Roshi, en el buddhismo Mahayana aspiramos a salvar a *todos* los seres vivos, no porque pensemos que esto vaya a ocurrir en un cierto momento que podamos prever, sino *porque* es algo que está más allá de todos nuestros conceptos acerca de lo que es posible y lo que es imposible. Nos proponemos ir *más allá* del dualismo propio de la mente estrecha que nos dice qué es posible y qué no. ¿Quién pensaba que vería caer el muro de Berlín? ¿Quién pensaba que cuando Rosa Parks rechazó levantarse, la era de los autobuses segregados llegaría a su fin?

–Entonces... es más bien una visión, una visión de una sociedad realmente igualitaria, no basada en la dominación de género, racial o de clase.

–Sí, la tercera verdad es como una visión auténtica que, como el calor radiante del sol, nos inspira a caminar hacia ella: *allí* es donde nos gustaría vivir, en una sociedad sana. Esto es lo que desearíamos para nuestros hijos y los hijos de nuestros hijos, para todos ellos. Cuando, en la meditación de la bondad, decimos: «Que todos los seres sean felices», hay una universalidad implícita: "*todos* los seres". No es: «Que todos las persona parecidas a mí sean felices». Desde el punto de vista de esta meditación, el racismo es un tipo de xenofobia. Nos han enseñado, nos han enseñado mal, a temer y desconfiar de aquellas personas que no son como nosotros. Me parece alentador que tantas personas hayan emprendido conversaciones serias y disciplinas transformadoras para contrarrestar este aprendizaje, para "desaprender el racismo", o para reconsiderar, como hombres, nuestro sexismo tan profundamente enraizado. En el documental *The Color of Fear* de Lee Mun Wah hay algunos momentos muy conmovedores en los que se ve a personas de distintos orígenes raciales manteniendo entre sí un diálogo sincero y revelador.

–Cierto, las enseñanzas contienen una visión más amplia de la compasión: «Que *todos* los seres pueden liberarse del sufrimiento». Esto me recuerda unas palabras de Sakyong Mipham: «El Dharma tiene todos los colores y ninguno de ellos. El Dharma es todas las verdades y ninguna de ellas».

–En efecto, ésta podría ser una descripción de la liberación: más allá de cualquier fijación, todos los colores y ninguno de ellos, aceptando a todas las personas sin fijarse en su color. Todavía hoy resuenan las palabras de Martin Luther King: aspiramos a un mundo en el que seamos juzgados por «el contenido de nuestro carácter y no por el color de nuestra piel».

–¿Describe esto este camino de sanación, del "colorismo" a ningún color y todos los colores?

–Seguramente, pero es algo engañoso. Algunas personas utilizan la idea de "ningún color" para referirse a "nuestro color": eres bienvenido mientras actúes, vistas y hagas como que te pareces a todos los demás, pero nosotros no tenemos ninguna "identidad racial", así que no debes sacar este tema, ¿de acuerdo? El factor de la piel blanca a menudo es invisible. El profesor de derecho Harlon Dalton compara este hecho al «tic-tac de un reloj al que estamos acosumbrados», del que no nos percatamos con facilidad: «En entornos en los que predominan los blancos, no importa ser blanco... Pero el reto para las personas blancas es darse cuenta de que, incluso cuando no están en minoría, *su* raza también cuenta, puesto que determina su posición en el escalafón social. Impregna sus relaciones con las personas de color».

–Es algo parecido a cuando la expresión "los hombres" se empleó para referirse a "la humanidad". Si le preguntas a alguien, especialmente de género masculino, sobre este sesgo de género no explícito, probablemente dirá: «¡No, no! Cuando decimos "él" significa "él" *y* "ella". Después de dejar de reír, quizás te hayas dado cuenta de que, de la misma manera, algunas personas piensan que "blanco" incluye a todas las personas. Es una forma algo curiosa de universalismo. Todos somos iguales, así que no sacudas el bote mencionando ninguna diferencia. A menudo he oído una pregunta relacionada con esto: ¿por qué son necesarios retiros para personas de color? ¿No es una forma de autosegregación? ¿No va en contra de las enseñanzas del Buddha tener retiros que excluyan a participantes blancos?

–Sí, yo formé parte de un retiro para personas de color en el centro de meditación Spirit Rock y con posterioridad oí esta misma pregunta varias veces por parte de algunos practicantes buddhistas euroamericanos bienintencionados. [Aquí estamos entrando en aspectos de la cuarta verdad, el camino.] Para el camino espiritual de personas que se han sentido heridas por la supremacía blanca, puede ser útil incluir ciertos momentos de retiro con otras personas con un pasado y experiencias similares. A día de hoy, al menos en algunos de los sanghas más progresistas, se han realizado retiros de Dharma para americanos asiáticos e isleños del Pacífico, retiros para afroamericanos, retiros para personas de color, retiros para gays y lesbianas. Al fin y al cabo, no es distinto de los retiros para mujeres y los retiros para hombres, ¿verdad? Todo esto puede servir para crear un "espacio seguro" temporalmente a salvo de cualquier acoso no deseado o irreflexivo. En estos entornos, a menudo los meditadores son capaces de abrirse a sí mismos de formas nuevas, libres por un momento de la necesidad crónica de defenderse y estar en guardia contra el siguiente ataque. Entonces, como en los retiros de tiempos inmemoriales, los practicantes pueden regresar fortalecidos a enfrentarse a los retos de la vida cotidiana con el trabajo y la familia.

–¿Estás sugiriendo que la práctica buddhista en sí misma nos libera del racismo y todas las demás enfermedades sociales, como el clasismo, el sexismo o la homofobia? ¿Es ésta la cuarta verdad, la verdad del camino buddhista?

–En ningún caso. Como suele decirse, terminantemente no. Resulta bastante evidente que, por muy brillantes que sean las enseñanzas del Buddhadharma, los practicante pueden mantener estos prejuicios intactos durante muchos años o vidas a pesar de su práctica de la meditación. Incluso uno puede llegar a aprender a utilizar conceptos dhármicos como "karma" para reforzar el separatismo y la indiferencia ante el sufrimiento que nos rodea. ¿Por qué esforzarnos por algo que escapa a nuestro alcance, puesto que si esas personas tuvieran una "conexión kármica" con el Dharma, ya estarían viviendo en los mismos barrios que nosotros?

–Es cierto. El pensamiento de la supremacía blanca en mi propio sangha y mi barrio está tan profundamente arraigado que no es consciente de sí mismo. «¿Qué dices, nosotros racistas? ¡Debes estar bromeando! Pero entonces, ¿qué es del camino, la cuarta verdad, o en este caso el modo de deshacer el racismo? ¿Qué es lo que recomiendas?»

–Bien, no existen recetas genéricas aquí. Todos entramos en este trabajo desde identidades, lugares e historias muy dispares. El camino a deshacer será muy distinto para los descendientes de inmigrantes y para aquéllos de nosotros cuyos ancestros llegaron aquí como esclavos, para aquellos de nosotros que crecimos con un confort material y aquellos que crecieron en la pobreza, para los WASP[1] del Upper East Side históricamente privilegiados que para una mujer hispana heterosexual del Harlem Latino, para alguien de clase media de los suburbios del Medio Oeste que para alguien de clase obrera o un irlandés católico gay de Dublín. Todos tenemos distintos puntos de entrada, distintas series de comprensiones y cegueras respecto a las opresiones y privilegiados que hemos interiorizado. Distintos caminos para distintas gentes. Según al-

---

1.   White Anglo Saxon Protestant = blancos anglosajones protestantes *(N. del T.)*.

gunas tradiciones, éstas fueran las últimas palabras del Buddha: «¡Llevad a cabo vuestra liberación con diligencia!» O como otro buddha más reciente dijo: «¡Que tengáis buena suerte!».

–¿Y el lado de la política? ¿Trabajamos con los demás para enfocar el Dharma de forma política y, en concreto, respecto a la política racial?

–Sí y ésta es la otra parte de la cuarta verdad del camino. Puesto que la "raza" es en gran medida una construcción *cultural*, una cuestión de definiciones *sociales*, no podemos deshacer el racismo por sí solo. La palabra "política" procede de la palabra griega *polis*, la ciudad-estado de la Grecia antigua. La política tiene que ver con nuestras vidas juntos, en ciudades, comunidades y sociedades. De aquí toma el inglés la palabra *polite*, es decir cómo podemos vivir juntos con bondad y amabilidad. Así pues, una política racial cultural requiere un trabajo en grupo, actividades comunitarias. No puede ser cuestión únicamente de la práctica y la búsqueda aislada de una persona. Tanto la servidumbre como la liberación colectiva surgen en la vida social, nuestra experiencia humana y vibrante, nuestra vivencia con los demás.

»Un ejemplo es Bhimrao Ambedkar, quien nació como un "intocable" o *dalit*, en el sistema de castas de la India. La lectura de las experiencias con las que creció, como cuando fue golpeado por beber agua de un pozo y con ello haberlo "contaminado", me recordaron las numerosas historias brutales de la segregación racial que se vivió en el Sur en el período anterior a los Derechos Civiles. Más tarde, Ambedkar estudiaría en la London School of Economics y la Universidad de Columbia, donde estudió con John Dewey. Ambedkar mantuvo numerosas conversaciones enérgicas con Gandhi y colaboró en la redacción de la constitución de la India moderna. En 1950 dimitió de su cargo como el primer ministro de justicia desde la independencia cuando el gabinete del presidente Nehru rechazó tramitar el proyecto de la ley de derechos de la mujer. En 1956 renunció al sistema de castas que le había oprimido durante décadas debido al color de su piel y "tomó el voto de refugio" en una ceremonia pública multitudinaria, en la que se encomendó a las "tres joyas" del Buddha, el Dharma y el Sangha. Junto a él, en un gran gesto de liberación colectiva, había 380.000 dalits, mujeres, hombres y niños, que también se hicieron buddhistas formalmente.

–¡Caray, es una historia asombrosa! Nunca había oído hablar de él. Aún así, por muy ejemplar que fuera la vida y el camino de Ambedkar, me pregunto: ¿qué tiene que ver conmigo y conmigo y las situaciones que afrontamos hoy?

–Sí, tienes razón. Igual que las "palabras no cuecen el arroz", todavía queda mucho trabajo por hacer. ¿Seguimos nuestra conversación otro día?

★ ★ ★

A menudo se considera que las personas espirituales son inocentes e "idealistas". Aquí,
Thich Nhat Hanh argumenta que en realidad
la espiritualidad es el enfoque más pragmático y efectivo para la política exterior y
de defensa. Thich Nhat Hanh combina una
profunda comprensión con un conocimiento serio de los asuntos internacionales y nos
muestra una gran compasión criticando el
pensamiento militarista convencional, pero
no a los soldados que también son sus víctimas.

★ ★ ★

26. LA COMPASIÓN ES NUESTRA MEJOR PROTECCIÓN

THICH NHAT HANH

La revelación de los abusos cometidos en Irak, Afganistán y Guantánamo sobre prisioneros de guerra nos ofrece la oportunidad de indagar profundamente en la naturaleza de la guerra. Es una oportunidad para que seamos más conscientes, puesto que estos abusos muestran la verdad acerca de lo que sucede realmente en los conflictos militares. No es nada nuevo, en todas partes donde hay guerra hay abusos y tortura de prisioneros.

Los soldados son instruidos para matar el mayor número posible de enemigos y lo más rápido posible. Se les dice que si no matan, les matarán a ellos. Les explican que matar es bueno porque las personas a las que deben matar son peligrosas para la sociedad, que los demás son como demonios y que nuestro país estará mejor sin ellos. Los soldados son instruidos para pensar que deben matar al otro grupo porque no se trata de seres humanos. Si los soldados vieran a sus "enemigos" como seres humanos iguales a ellos, no tendrían el valor para matarlos. Todos nosotros deberíamos ser conscientes del modo en que se instruye a los soldados, tanto si estamos de acuerdo con su lucha como si no. Es importante no acusar ni señalar a ningún país. La situación es más una consecuencia de nuestro modo de luchar, que algo concreto de los Estados Unidos. Durante la guerra de Vietnam, por ejemplo, ambas partes cometieron atrocidades.

Cuando los casos de tortura salieron a la luz, el presidente Bush respondió diciendo que los Estados Unidos habían mandado a Irak jóvenes soldados abnegados y no abusadores. Esta afirmación mostraba una falta de conocimiento de la guerra que me sorprendió, porque las torturas y los abusos que habían cometido aquellos soldados eran el resultado directo de la instrucción que habían recibido. La instrucción les había hecho perder su humanidad.

Los jóvenes que van a Irak llegan ahí ya completamente atemorizados, queriendo protegerse a toda costa, presionados por sus superiores para ser agresivos, actuar con rapidez y estar listos para matar en cualquier momento.

Cuando estás metido en el acto de matar, consciente de que cada día mueren soldados de tu mismo bando que son tus compañeros y que es posible que te maten en cualquier momento, te sientes lleno de miedo, ira y desesperanza. En este estado puedes volverte extremadamente cruel. Puedes llegar a saciar todo tu odio y tu ira en los prisioneros de guerra, torturándolos y abusando de ellos. El propósito de tu violencia no es, ante todo, obtener información de ellos, sino manifestar tu ira y tu miedo. Los prisioneros de guerra son víctimas, pero los abusadores, los torturadores, también son víctimas. Sus actos continuarán perturbándoles mucho tiempo después de que el abuso haya terminado.

Incluso si los superiores de los soldados en cuestión no les han ordenado maltratar, abusar o torturar, siguen siendo responsables de lo que pasó. Prepararse para la guerra y luchar en una guerra significa dejar morir nuestra naturaleza humana.

Existen muchos otros modos de defendernos: mediante la diplomacia de la política exterior, mediante el establecimiento de alianzas con otros países, con la ayuda humanitaria. Todos éstos son enfoques motivados por la sabiduría de la *interexistencia*. Cuando utilizamos estos enfoques para resolver los conflictos, el ejército no tiene mucho que hacer. Puede servir a la población construyendo puentes y carreteras, y mediando en pequeños conflictos. No se trata de un pensamiento idealista, los ejércitos ya han actuado así en el pasado. Con una buena política exterior el ejército no tendrá que luchar.

Por supuesto, cuando un país es invadido, el ejército debe resistir y proteger a la población. A veces también es necesario que otros países ayuden a un país que está siendo invadido. Pero esto es bastante distinto que atacar otros países por intereses nacionales. La única circunstancia en la que es realmente necesario y apropiado que un ejército recurra a la violencia es cuando debe protegerse a sí mismo o a un aliado de una invasión directa, aunque incluso en este caso, se producirá mucho sufrimiento.

La acción militar puede ser compasiva, pero la compasión debe ser compasión auténtica. Si la compasión sólo es una pantalla que oculta odio y miedo, entonces resulta inútil. Me preocupa que las generaciones pasadas hayan cometido los mismos errores y que, incluso así, no hayamos aprendido de ellos. No hemos aprendido lo suficiente de la guerra de Vietnam. Se cometieron demasiadas atrocidades. Muchas personas inocentes fueron torturadas y asesinadas porque eran percibidas como "comunistas" o "anticomunistas".

La consciencia tiene muchos niveles. Cuando matamos porque pensamos que la otra persona representa el mal y que matarla traerá la paz, no estamos practicando la Recta Consciencia. En cambio, si somos conscientes veremos, más allá de la situación actual, las raíces y las consecuencias futuras de nuestro acto en ese momento. Si somos realmente conscientes, también comprendemos otras cosas: «Esta persona a la que quiero matar es un ser vivo. ¿Hay alguna posibilidad de que su conducta sea mejor y cambie su actual actitud dañina? Quizás tenga una percepción equivocada y un día me dé cuenta de que sólo es una víctima de los malentendidos y no la mala persona que creo que es». La toma de consciencia puede ayudar a un soldado a ver que quizás sólo sea un instrumento para matar empleado por su gobierno.

Un general consciente de sus actos es capaz de mirar profundamente. Puede que no necesite utilizar armas. Verá que hay muchas formas de disuadir al bando opuesto y agotará todas las otras opciones antes de recurrir a la violencia. Cuando nada más funciona, utilizará la violencia, pero desde la compasión y no desde la ira.

Algunos soldados son capaces de seguir siendo compasivos, tratando a los prisioneros y a las demás personas con benevolencia, a pesar de su instrucción militar. Estas personas son lo suficientemente afortunadas como por haber recibido un bagaje espiritual de benevolencia y bondad que, al menos en parte, permanece intacto incluso después de su instrucción. Este bagaje se transmite a través de los padres, los maestros y la propia comunidad. En cierta medida han conservado su humanidad incluso habiendo sido dañados durante su instrucción militar, por lo que todavía son capaces de sentirse conmocionados por los actos de tortura cometidos por sus compañeros y, quizás, de practicar la Recta Acción y alertar al mundo sobre las torturas que se están cometiendo. Sin embargo, muchos soldados no tienen este bagaje espiritual. Proceden de familias con mucho sufrimiento y ya han sufrido violencia y opresión antes de entrar en el ejército. La mayoría de la gente pierde toda su humanidad en el proceso de la instrucción militar.

El asesinato por compasión sólo pueden hacerlo los bodhisattvas, seres despiertos y compasivos, pero en una situación de combate, la mayoría de nosotros matamos porque tenemos miedo de que nos maten. La mayoría de nosotros no somos capaces de matar desde el amor. Cuando nuestro perro o caballo que tanto queremos sufre una enfermedad terminal, somos capaces de matarlo para evitar que sufra más. Actuamos motivados por amor. Pero la mayoría de la gente en nuestros ejércitos no tiene esta motivación. Lo mejor es no matar jamás. Cuando matas por tu país, para defender a tus conciudadanos, no está bien, pero incluso en este caso es mejor que invadir otros países en nombre de la democracia y la libertad. La historia nos ha mostrado que los países que los Estados Unidos han invadido para "ayudarles" no se han vuelto más democráticos y libres. El primer ministro Tony Blair dijo que el Reino Unido está comprometido con la democracia y la libertad en Irak. Pero si utilizamos este tipo de justificación, podríamos invadir muchos países porque hay muchos que no gozan de suficiente libertad y democracia, ni siquiera el nuestro.

LA TORTURA JAMÁS ESTÁ JUSTIFICADA

No existe ninguna "buena causa" que justifique la tortura. Como torturador, tú mismo eres la primera víctima, porque te estás dañando a ti mismo en el acto de dañar a otra persona. Si al principio tenías una buena causa, la has perdido en el momento en que torturas a otro ser humano. Ninguna causa puede justificar este tipo de violencia.

Cuando imaginamos situaciones en las que podría justificarse la tortura, llegamos a una conclusión demasiado rápida y con demasiada facilidad, pero esto no es tan sencillo. Torturar a alguien no siempre nos dará el resultado que deseábamos. Si los soldados capturados no nos dan la información que queremos es porque no quieren que se asesine a su gente, a sus compañeros soldados, así que retienen la información por compasión, por su fe en su causa. A veces dan información falsa y otras veces realmente no saben nada. Y también están los que prefieren morir antes que rendirse cuando se les tortura.

Estoy totalmente en contra de la tortura. Pueden aceptarse otras formas de presión o firmeza, pero no la tortura. Cuando sentimos miedo e ira resulta muy fácil crear un pretexto para torturar a un prisionero, pero cuando tenemos compasión, siempre podemos encontrar otro camino. Cuando torturas a un ser vivo, mueres como ser humano porque su sufrimiento es tu propio sufrimiento. Cuando un cirujano hace un corte en el cuerpo de otra persona sabe que con ello le está ayudando, pero cuando uno hace un corte en el cuerpo y la mente de otra persona para obtener información, se está haciendo un corte en la propia vida, uno se mata a sí mismo. Debemos observar por qué estamos en guerra y cómo nos hemos visto envueltos en algo así, por lo que el problema es a largo plazo, no sólo considerar la situación inmediata de tortura.

Debemos aprender a prevenir que las situaciones lleguen a este punto. Cada día podemos hacer cosas para crear relaciones más pacíficas y armoniosas con otros países y otros pueblos. ¿Por qué esperamos hasta que la situación es tan grave y entonces decimos que tenemos que recurrir a los medios más atroces para detenerla? Podemos actuar mucho mejor si nos ocupamos del conflicto con compasión desde un principio.

La gente suele pensar en términos extremos de no violencia y violencia absolutas, pero hay muchos tonos de gris en medio. Nuestra forma de hablar, comer o andar puede ser violenta. Tampoco somos dogmáticos ni veneramos la idea de la no violencia, porque la no violencia absoluta es imposible. Sin embargo, siempre es posible ser menos violento. Cuando tenemos comprensión y compasión contamos con una buena oportunidad. Cuando estamos motivados por el miedo y la ira, ya somos víctimas. No existe ninguna causa suficientemente valiosa que merezca esta forma de ser. Una causa realmente buena siempre está motivada por la compasión.

Nuestro karma colectivo

Un acto de crueldad nace de la reunión de muchas condiciones y no por un factor aislado e individual. Cuando organizamos retiros para veteranos de guerra, les digo que ellos son la llama en la punta de la vela, pero toda la vela está encendida, no sólo la llama. Todos nosotros somos responsables.

Las mismas ideas del terrorismo y las armas de destrucción masiva imaginarias son el resultado de una mentalidad colectiva, de una forma colectiva de pensar y hablar. Los medios de comunicación ayudaron a que la guerra tuviera lugar, respaldando estas ideas mediante la palabra y la escritura. El pensamiento, la palabra y la acción, todos ellos son el karma colectivo.

Nadie puede decir que no es responsable de la situación actual, incluso si nos oponemos a las acciones de nuestro país. Incluso así, seguimos siendo miembros de nuestra comunidad, ciudadanos de nuestro país. Quizás todavía no hemos hecho lo suficiente. Debemos aliarnos con los bodhisattvas, los grandes seres despiertos, que se encuentran alrededor nuestro para transformar nuestra forma de pensar y la de la sociedad. Porque el pensamiento erróneo está en la base de nuestra situación actual, un pensamiento que carece de sabiduría y compasión. Cada día podemos hacer algo, a cada instante de nuestra vida cotidiana, para alimentar las semillas de la paz, la compasión y la comprensión en nosotros y aquellos que nos rodean. Podemos vivir de un modo que cure nuestro karma colectivo y que garantice que estas atrocidades no sucederán de nuevo en el futuro.

No caigáis en la tentación de utilizar los ejércitos para solucionar los conflictos. La única situación en la que utilizamos el ejército es para defender nuestro país durante una invasión. Pero incluso en este caso no deberíamos confiar demasiado en el ejército, debemos hallar otros modos de protegernos. En el pasado, muchas personas de todo el mundo amábamos los Estados Unidos porque representaban la libertad, la democracia, la paz y la protección de otros países. Pero los Estados Unidos han perdido esta imagen y deben reconstruirla. En el pasado, cuando iba a la embajada norteamericana para pedir un visado, no estaba fuertemente vigilada. Pero ahora, por todo el mundo, las embajadas norteamericanas están rodeadas por estrictas medidas de seguridad y guardias fuertemente armados. El miedo se ha apoderado de nosotros y ésta es la motivación principal de muchas de las acciones del gobierno de los Estados Unidos, porque no sabemos cómo protegernos con compasión. Los estudiantes de ciencias políticas deben aprender esto en la universidad para que puedan traer sabiduría a la política. La compasión no es inocente o estúpida, sino que va de la mano con nuestra inteligencia.

Sucede lo mismo con el amor, el amor verdadero surge de la comprensión.

Un cuchillo para matar o cortar verduras

Soldados de ejércitos de todo el mundo me han preguntado cómo pueden reconciliar su deseo de ganar consciencia y paz con su ocupación como soldados. Si, en tanto que soldado, tienes comprensión y compasión, entonces la fuerza militar puede ayudar a prevenir o lograr algo. Sin embargo, esto no debe impedirnos ver que existen otros tipos de fuerza que pueden ser incluso más poderosos. Como no sabemos cómo reconocer y utilizar estos métodos siempre acabamos haciendo uso de la fuerza militar. ¡Pero la fuerza espiritual también es muy poderosa! Es mucho más seguro utilizar las poderosas fuerzas espirituales, sociales y educativas, pero como no hemos aprendido a utilizarlas, sólo pensamos en utilizar la fuerza militar.

Imaginemos que hay dos personas, ambas llenas de ira, desavenencias y odio. Estas dos personas, ¿cómo pueden hablar entre sí y cómo pueden negociar hacer las paces? Éste es el problema principal: no puedes reunir a la gente a sentarse alrededor de una mesa para lograr la paz entre ellos si no hay paz en su interior. Primero tienes que ayudarles a tranquilizarse y empezar a ver con claridad que ambas partes están sufriendo. Es necesario sentir compasión tanto por uno mismo como por los demás y sus hijos. Es posible hacerlo. En tanto que seres humanos tenemos experiencia del sufrimiento, por lo que tenemos la capacidad de comprender el sufrimiento de las demás personas.

La dimensión espiritual y educativa puede ser muy poderosa y deberíamos utilizarla como instrumento, como herramientas para la paz. Por ejemplo, imagina que vives en un barrio o un pueblo donde los palestinos y los israelíes viven en paz. No tienes ningún problema, compartes el mismo entorno, vas a comprar a los mismos lugares que ellos, montas en los mismos autobuses, etc. No ves vuestras diferencias como obstáculos, sino como algo enriquecedor. Pongamos que tú eres un hombre israelí y que te encuentras con una mujer palestina en el mercado. Os sonreís el uno al otro. ¡Qué bonito, qué maravilloso! Tú la ayudas a ella y ella te ayuda a ti. Estos lugares existen y este tipo de imágenes deberían verlas otros palestinos e israelíes. Lo mismo ocurre con los iraquíes y los norteamericanos, con los paquistaníes y los indios, etc.

Si eres escritor, puedes llevar esta imagen a mucha gente fuera de tu grupo. Si eres un cineasta, ¿por qué no ofreces una imagen de coexistencia pacífica en el mundo? Puedes retransmitirlo para demostrar que es posible que dos grupos que han estado en lucha vivan pacífica y felizmente juntos. Ésta es la tarea de la educación. Hay mucha gente en los medios de comunicación que están dispuestos a ayudarte a enviar esta imagen, este mensaje al mundo. Es algo muy poderoso, mucho más que una bomba, un misil o una pistola, y hace que la gente crea que la paz es posible.

Si uno tiene la suficiente energía de comprensión y paz en su interior, entonces este tipo de trabajo educativo puede ser muy poderoso y uno ya no tiene por qué pensar más en el ejército y las armas. Si un ejército sabe cómo practicar, sabrá qué hacer para no causar daño. Un ejército puede rescatar a personas, un ejército puede garantizar la paz y el orden. Es como un cuchillo, puedes utilizarlo para matar o para cortar verduras. Los soldados pueden practicar la no violencia y la comprensión. Nosotros no los excluimos de nuestra práctica ni de nuestro sangha. Nosotros no decimos: «Tú eres un soldado, no puedes entrar en nuestra sala de meditación». De hecho, un soldado debe venir a la sala de meditación para saber cómo hacer un mejor uso del ejército, cómo estar mejor en el ejército. Así que, por favor, no limitemos la cuestión a un espacio reducido. Ampliemos la cuestión hasta abarcar toda la situación, porque todo está relacionado con todo.

Cada trocito de nuestra comprensión, compasión, paz, es útil, es oro. Hay muchas cosas que podemos hacer hoy para incrementar estas capacidades en nosotros. Cuando das un paso, si puedes disfrutar de ese paso, si tu paso puede darte más estabilidad y libertad, entonces estás sirviendo al mundo. Y es con este tipo de paz y estabilidad como podemos ser útiles. Si no posees las cualidades de la estabilidad, la paz y la libertad en tu interior, entonces no importa lo que hagas porque no podrás ayudar al mundo. No se trata de "hacer" algo, sino de "ser" algo: ser paz, ser esperanza, ser sólido. Entonces todas las acciones surgirán de ahí, porque la paz, la estabilidad y la libertad siempre buscan un modo de expresarse en la acción.

Ésta es la dimensión espiritual de la realidad. Necesitamos esta dimensión espiritual para rescatarnos y no pensar sólo en términos de la fuerza militar como el medio para solucionar el problema y extirpar el terrorismo. ¿Cómo se puede extirpar el terrorismo con la fuerza militar? Los militares no saben dónde está el terrorismo, no pueden localizarlo, porque el terrorismo está en el corazón. Cuanta más fuerza militar empleéis, más terrorismo crearéis, en vuestro propio país y en otros países también.

La cuestión fundamental es nuestra práctica de la paz, nuestra práctica de mirar profundamente. En primer lugar, tenemos que permitirnos que nos calmemos. Sin tranquilidad ni serenidad, nuestras emociones, nuestra ira y desesperanza no se irán, y no seremos capaces de mirar y ver la naturaleza de la realidad. Calmarse, serenarse, es el primer paso de la meditación. El segundo paso consiste en mirar profundamente para comprender. De la comprensión surge la compasión y desde esta base de comprensión y compasión uno es capaz de ver qué es lo que puede hacer y qué es lo que debería evitar hacer. Esto es la meditación. Todos debemos practicar la meditación: los políticos, los militares, los ejecutivos. Todos debemos practicar cómo calmarnos y mirar profundamente. Contáis con el apoyo de todos nosotros para hacerlo.

Por supuesto, resulta muy difícil no enfadarse cuando están matando a tu mujer, tu marido o tus hijos. Es muy difícil no enfurecerse. Esa persona está actuando desde la ira, y nosotros nos vengamos también desde la ira, por lo que no hay una gran diferencia entre los dos. Éste es el primer elemento.

El segundo elemento es: ¿por qué tenemos que esperar hasta que la situación se manifieste como una emergencia para que tengamos que actuar y nos ocupemos sólo de la situación inmediata? Por supuesto, en una situación de emergencia hay que actuar rápido. ¿Pero qué sucede si no estamos en una situación de emergencia? Podemos esperar a que se produzca una emergencia o podemos hacer algo para prevenir que ello suceda. Pero nuestra tendencia es no hacer nada hasta que sucede lo peor. Mientras disponemos de tiempo, no sabemos cómo utilizar ese tiempo para practicar la paz y prevenir la guerra. Sólo nos dejamos caer en las distracciones y los placeres de los sentidos, y no hacemos aquello que tiene la capacidad de prevenir que suceda tal situación de emergencia.

El tercer elemento es que cuando algo así ocurre es porque existe una causa profundamente arraigada, no sólo en el momento presente sino también en el pasado. *Esto* es porque *aquello* es, nada ocurre sin una causa. Tú me haces daño, yo te hago daño. Sin embargo, el hecho de que tú me hagas daño y que yo te haga daño tiene sus raíces en el pasado y tendrá un efecto en el futuro. Nuestros hijos dirán: «Vosotros matasteis a mi abuelo, ahora yo voy a mataros a vosotros». Esto puede continuar durante mucho tiempo. Cuando te enfadas, cuando sientes tanto odio hacia la persona que te ha hecho sufrir y cuando deseas emplear cualquier medio para destruirlo, actúas desde la ira al igual que él. Pero el odio no es la única causa. También hay malentendidos, percepciones erróneas entre los dos y también hay personas que nos apremian a matar al otro bando porque si no no estaremos a salvo. Hay muchas causas.

En el pasado, nuestros padres y abuelos puede que no hayan sido muy conscientes y puede que hayan dicho y hecho cosas que hayan sembrado semillas de guerra. También sus abuelos dijeron e hicieron cosas que sembraban semillas de guerra. Pero ahora nuestra generación tiene una oportunidad. ¿Queremos hacerlo mejor que nuestros abuelos o queremos repetir exactamente lo mismo que ellos hicieron? Éste es el legado que dejaremos a nuestros hijos y nietos.

Por supuesto, en una situación de gran emergencia hay que hacer todo lo posible por evitar tener que matar. E, incluso en este caso, hay modos de hacerlo que causarán menos daño. Si tienes cierta compasión y comprensión, el modo de hacerlo puede ser muy distinto. Hazlo desde la dimensión del corazón humano, ayuda a los estrategas militares a tener un corazón humano. Es lo menos que podemos hacer. ¿Acaso enseñamos a los militares a realizar una operación militar con un corazón humano? ¿Es esto así en el ejército, en las escuelas militares?

En una de sus vidas pasadas, al parecer el Buddha era un pasajero de un barco que fue abordado por unos piratas y mató a uno de ellos mientras intentaba proteger a las demás personas del barco. Pero esto sucedió en una vida pasada del Buddha, antes de que fuera un ser despierto. Si el Buddha hubiese alcanzado el despertar por aquel entonces habría utilizado otros medios. Habría tenido suficiente sabiduría como para encontrar una mejor solución en la que la vida del pirata pudiera ser salvada. Al igual que el Buddha que progresó vida tras vida, tú eres la vida siguiente de tu abuelo, así que debes haber aprendido alguna cosa de tus últimas tres generaciones. Si no tienes más compasión y comprensión de la que tuvo él, entonces es que no has sucedido correctamente a tu abuelo. Porque con la compasión y la comprensión podemos hacer mejor las cosas, podemos causar menos daño y crear más paz.

No podemos esperar alcanzar la paz al cien por cien ahora mismo, nuestro grado de comprensión y amor todavía no es lo suficientemente profundo. Pero en cada situación, tanto si es una emergencia como si no, los componentes de la comprensión y la compasión pueden tener un papel importante. Cuando un delincuente está intentando atacar y matar a la gente, por supuesto hay que encarcelarlo para que no pueda causar más daño. Pero podemos encerrarlo con ira, con un gran odio, o podemos encarcelarlo con compasión y con la idea de que deberíamos hacer algo para ayudarle. En este caso, la prisión se vuelve un lugar donde hay amor y ayuda. Hay que enseñar a los funcionarios de prisiones a mirar a los prisioneros con ojos compasivos. Hay que enseñar a los guardias a tratar a los prisioneros con ternura para que sufran menos en prisión y podamos ayudarles mejor.

Pero ¿acaso les formamos para que miren a los prisioneros con ojos de compasión? Quizás un prisionero haya cometido un asesinato o haya causado algún tipo de destrucción. Quizás haya crecido en un entorno en el que matar y destruir fuera normal para él, por lo que entonces es una víctima de la sociedad, su familia y su educación. Si, como guardia de prisiones, le miras y le ves de este modo, entonces tendrás compasión y comprensión, y tratarás a tu prisionero con más ternura. Cuando ayudas a esta persona a ser mejor persona, te estás ayudando a ti a ser feliz.

No deberíamos centrarnos en las acciones a corto plazo. De nuevo debemos mirar con los ojos del Buddha. Debemos ejercitarnos en considerar las cosas con una perspectiva más amplia y no concentrarnos únicamente en la inmediatez del problema. Para esto sirven nuestras vidas y las de nuestros hijos. Somos una continuación los unos de los otros. Construimos sinagogas, iglesias y mezquitas para tener un lugar donde sentarnos y hacer esto: mirar profundamente, para que nuestras acciones no estén únicamente motivadas por el deseo, la codicia y la ira. Tenemos la oportunidad de sentarnos en una mezquita, iglesia o sinagoga durante mucho tiempo, y en ese tiempo deberían crecer nuestra compasión y nuestra comprensión. Y entonces sabremos cómo actuar en el mundo de un mejor modo, para la causa de la paz.

Como soldado se puede ser compasivo. Puedes tener amor y tu pistola puede ser útil. Hay ocasiones en las que no tengas que utilizarla. Es como el cuchillo que se utiliza para cortar verduras. Se puede ser un bodhisattva siendo un soldado o el comandante de un ejército. La cuestión es si tienes comprensión y compasión en el corazón.

★ ★ ★

Sulak Sivaraksa, una de las voces progresistas más importantes del continente asiático, observa con preocupación los efectos del capitalismo sin restricciones en los países en vías de desarrollo. Como respuesta a la destrucción medioambiental y cultural causada por la globalización y el fomento del materialismo en el que se sustenta, Sulak Sivaraksa ofrece las prácticas de la toma de consciencia y la interdependencia. Sólo éstas son el antídoto para el individualismo salvaje.

★ ★ ★

27. UNA RESPUESTA BUDDHISTA A LA GLOBALIZACIÓN

SULAK SIVARAKSA

A veces creo que la palabra *globalización* no es una definición muy precisa de la época que se dice que estamos viviendo. En el mejor de los casos, se trata de una palabra demasiado neutra socialmente y, en el peor de los casos, una palabra muy confusa y engañosa. A veces prefiero los términos de *fundamentalismo de libre mercado* o *modernidad extrema* a *globalización*.

Fundamentalismo de libre mercado es un descriptor más preciso porque la globalización, que predica la interdependencia entre los países, la correspondencia en sus intereses y el reparto de los beneficios de sus interacciones, ha provocado precisamente las consecuencias opuestas, es decir el aumento de la dependencia de los países "en vías de desarrollo" respecto a los países "desarrollados", el aumento de las desigualdades entre el Norte y el Sur, los inversores y los trabajadores, los terratenientes y los campesinos, así como el ensanchamiento de las desigualdades de ingresos en el interior de los países y entre estados. Como resultado del sistema de libre mercado, en muchas partes del mundo el entorno natural se halla en un estado de destrucción sin reparo, que amenaza el equilibrio ecológico y la supervivencia humana en general. Pero a pesar de estas consecuencias evidentes, se nos dice que el sistema de libre mercado todavía no es lo *suficientemente* libre: todavía existen barreras al comercio, las economías deben liberalizarse más o reestructurarse a toda costa, etc. Todo esto debe hacerse en nombre del progreso, la prosperidad y el desarrollo. ¡Sin duda, esta fe en la fuerza liberadora del sistema de libre mercado es similar a cualquier otro tipo de fundamentalismo!

Modernidad extrema también es un descriptor más preciso porque vivimos en un mundo caracterizado por la intensificación, la radicalización y la difusión universal de la "modernidad". Un estudioso tailandés ha dicho que ésta es una época en la que «la modernidad ahora simplemente se sustenta en su propia justificación y devora todas las demás formas de realización de los seres humanos». Otras formas de aspiraciones humanas son degradadas como inferiores, como el producto de mentes débiles y anormales, y la implicación es clara: sólo existe un modo de ser sano y normal. Esto es comprensible si tenemos en cuenta que el concepto de desarrollo de la modernización está codificado racialmente. Su precursor intelectual no es otro que la "europeización". El columnista del *New York Times* Thomas Friedman ha llegado a tachar a los críticos de la globalización como "defensores de una Tierra plana". Según Friedman, estas críticas están ancladas en un pasado anormal y rechazan aceptar la unilateralidad del tiempo.

Si mis críticas a la globalización me convierten en un defensor de una Tierra plana, que así sea. Todos aquellos que estamos interesados en la libertad, la justicia, la no violencia, la democracia y la sostenibilidad medioambiental deberíamos intensificar nuestro activismo, nuestras críticas y análisis, y no cerrar nuestras bocas, negarnos a pensar, ni desvincularnos del sufrimiento en el mundo. Por suerte, y aquí puede que sea demasiado optimista, el término *globalización* puede que exagere su causa y acabe invitando a la resignación y el fatalismo. Estamos en un mundo *globalizándose*, en lugar de en un mundo *globalizado*. Así pues, todavía tenemos la oportunidad de definir sus contornos y contenidos antes de que el "centro" sea ocupado sin nuestra participación. De hecho es alentador pensar que todavía podemos marcar la diferencia.

Me dirijo a las enseñanzas del Buddha con el fin de comprometerme con responsabilidad con el sufrimiento en el mundo. A lo largo de décadas de activismo, me he apoyado y me he sentido rejuvenecido por algo muy sencillo y mágico que el Buddha nos ofrece. Voy a compartirlo con vosotros y espero que vosotros también os sintáis enriquecidos.

Dejad que empiece con la historia de un monje que fue a ver al Buddha y le dijo al Despierto que había meditado durante años antes de obtener un poder mágico por el que podía caminar sobre las aguas de un río. El Buddha expresó cuán necio era aquel monje por haber desperdiciado tanto tiempo en conseguir algo que no sirve para nada. Si el monje quería cruzar un río, el mejor modo de hacerlo era encontrar un barquero y pagarle para que le llevara al otro lado.

En el buddhismo, la magia no consiste en caminar sobre el agua o volar por el aire. Lo que es milagroso es caminar por el suelo de forma consciente y apreciar cuanto la madre tierra aporta al bienestar de todos. Cuando miramos una flor de forma consciente, nos damos cuenta de que en realidad se trata de una magia muy sencilla: la flor también está formada por elementos que no son la flor. Ahora mismo está fresca y es bella, pero pronto se marchitará y morirá. Sin embargo, se convertirá en abono y renacerá como una planta, que producirá flores otra vez para todos aquellos que aprecian la belleza y la bondad.

Del mismo modo, todos nosotros moriremos un día y nuestros cuerpos muertos se unirán con la tierra y el renacimiento tendrá lugar milagrosa o mágicamente para todos aquellos que deseen comprender la interconexión de todas las cosas o la interexistencia de todo.

Sin ti, no podría ser yo. Tú y yo *intersomos*, como dice Thich Nhat Hanh. En cada uno de nosotros también hay elementos no humanos. Somos el sol, la luna, la tierra, los ríos, los océanos, los árboles y todo el resto. Sin árboles, los seres humanos no podemos sobrevivir.

El conocimiento científico condiciona a los seres humanos a ser como máquinas y a percibir el mundo y el universo compuesto únicamente de materia. La materia sólo son cosas y las cosas no tienen vida ni sensaciones. De este modo destruimos a la Madre Tierra y talamos árboles por meras ganancias financieras o en nombre del desarrollo económico.

Si adoptamos el principio cartesiano del "pienso luego existo", entonces se considera que cualquier ser que no pueda pensar es inferior y, por lo tanto, puede ser explotado por aquellos que sí pueden pensar. Incluso entre los seres pensantes, los más listos que pueden pensar mejor tienen derecho a explotar a los más débiles, según la noción darviniana de la supervivencia de los más aptos.

Cuanto más nos concentramos en pensar, nuestro pensamiento se vuelve más compartimentado. Cuanto más profundamente pensamos, más sepultamos nuestros pensamientos y nos sepultamos a nosotros mismos. Los árboles no nos dejan ver el bosque. Nos somos capaces de ver el mundo de forma holística. De este modo, no somos capaces de cuestionar los productos de este pensamiento y nuestros experimentos con la materia, el cientificismo y la tecnología.

Un problema todavía mayor es que cuando alcanzamos la era del mercado y el consumismo, que lleva el nombre de "globalización", cambiamos la frase "pienso luego existo" por *"compro* luego existo". Así pues, los seres humanos en conjunto sólo tienen dos aspectos en su vida: ganar dinero para consumir cuanto los anunciantes nos lavan el cerebro para que compremos. Los anunciantes están completamente controlados por compañías multinacionales, que han llegado a ser más influyentes que cualquier nación-estado, y cuyo objetivo principal es explotar los recursos naturales y los seres humanos en una búsqueda inexorable de ganancias económicas.

El corazón de las enseñanzas buddhistas tiene mucho que ver con los males sociales. El quid de las enseñanzas del Buddha trasciende la noción de salvación individual y tiene que ver con todo el reino de los seres vivos. La conclusión inevitable es que el buddhismo requiere un compromiso con las cuestiones sociales, económicas y políticas. No se pueden superar los límites del yo individual de un modo egoísta y herméticamente sellado.

Las cuatro nobles verdades (el sufrimiento, las causas del sufrimiento, el cese del sufrimiento y el camino que conduce a este cese) pueden aplicarse hábilmente al activismo social. Esto es en realidad algo muy sencillo y mágico. Además, mediante la respiración profunda uno puede ver las raíces del sufrimiento social a partir de las tres causas fundamentales del mal según el buddhismo: la codicia, el odio y la ignorancia.

En sentido estricto, la comprensión de estas tres causas fundamentales puede ayudarnos a liberarnos de los sufrimientos y perturbaciones en nuestras vidas personales. Pero en un sentido más amplio, o en un contexto social, pueden ayudarnos realmente a concebir las causas y darnos indicios de cómo podemos poner fin a estas causas.

Según mi punto de vista, el consumismo y el capitalismo pueden explicarse como las principales formas más modernas y dañinas de la codicia. Con ellos, nuestros valores se ven orientados a la satisfacción de los vacíos existentes en nuestra vida mediante el consumo y la acumulación siempre en aumento.

Si no somos capaces de comprender la magia de la publicidad estaremos a su merced y ello conduce inevitablemente a conflictos de intereses y, lo que es más importante, entonces la explotación se justifica con la noción de la "mano invisible".

El militarismo encarna el odio como su base fundamental. El ansia de poder, que conduce a los abusos generalizados de los derechos humanos, es uno de los principales ejemplos de cómo el odio puede manipular las mentes humanas y seducirlas a instaurar estructuras sociales injustas con el fin de preservar su poder.

La última de las causas principales, la ignorancia, está causada principalmente por la educación centralizada. A los alumnos se les enseña a no pensar holísticamente, sino a compartimentar su pensamiento, a memorizar y a seguir las normas establecidas. Esto puede explicar en gran medida el debilitamiento de la movilización de los movimientos estudiantiles, así como de otros movimientos sociales. Muchas veces, se forma y equipa a los estudiantes para que sean empleados de compañías multinacionales y exploten a sus propios conciudadanos y su entorno natural. Los niños también se ven expuestos a valores perjudiciales a través de la televisión, los juegos de ordenador, etc. que han ido reemplazando, hasta un grado incierto, el papel que tradicionalmente desempeñaban los profesores.

El buddhismo es único porque su enfoque no se ve reforzado por la fe, sino más bien por la práctica. Así pues, para poder comprender, uno tiene que experimentar con las verdades mismas. El aislamiento nunca es un valor que elogien los buddhistas, porque el buddhismo nos da una noción de interpertenencia y, desde esta perspectiva, experimentamos la interrelación de todos los seres. Nos ayuda a afirmar interiormente el dicho común entre los buddhistas de que todos somos «amigos en el sufrimiento común».

Así pues, el modelo buddhista de desarrollo debe empezar por que todo el mundo practique realmente para comprenderse a sí mismo. En la tradición buddhista esto se conoce como *citta sikkhâ* o contemplación de la mente. La meditación es importante para nosotros para tener una comprensión interior, lo que incluye las cualidades de la atención y el criticismo. El autoconocimiento crítico es importante para nosotros, porque desde la comprensión crítica de nosotros mismos podemos empezar a comprender críticamente nuestra comunidad, sociedad, país y hasta el mundo. Desde la crítica a nosotros mismos, mantenemos la conciencia crítica y la dirigimos a la sociedad, el gobierno y todas las instituciones, con el fin de comprender cómo funcionan los mecanismos de la codicia, el odio y la ignorancia, y cómo manipulan a la gente a nivel estructural. Si tenemos en cuenta las soluciones, podremos utilizar medios totalmente no violentos para alcanzar un fin pacífico.

Las doctrinas buddhistas también nos ayudan a sentirnos más próximos y, finalmente, más unidos con la gente. En nuestra tradición se considera que cada ser encarna la naturaleza búddhica, esto es el potencial de alcanzar la comprensión más alta. Al pensar de este modo sentimos una igualdad entre todos nosotros, sin distinción de estatus o posición social. Creemos que el pobre tiene el mismo derecho que nosotros a luchar por lo que se merece.

Para mí, el activismo surge de algo muy sencillo y mágico que nos ofrece el Buddha. Nuestra formulación de ello podría ser algo así:

> *Roguemos por la paz mundial, la justicia social y el equilibrio medioambiental, que comienza por nuestra propia respiración.*
> *Inspiro tranquilamente y espiro conscientemente.*

Una vez tengo las semillas de la paz y la felicidad en mí, intento reducir mi deseo egoísta y reconstituir mi consciencia.

Con menos apego hacia mí, intento comprender la violencia estructural en el mundo.

Conectando mi corazón con mi cabeza, percibo el mundo de forma holística, como una esfera llena de seres vivos relacionados conmigo.

Intento expandir mi comprensión con amor para ayudar a construir un mundo no tan violento.

Prometo vivir de forma sencilla y estar al servicio de los oprimidos.

Por la gracia de los Seres Compasivos y con la ayuda de los buenos amigos, pueda yo ser copartícipe en la disminución del sufrimiento en el mundo para que sea un hábitat apropiado en el que todos los seres vivos puedan vivir en armonía a lo largo de este milenio.

★ ★ ★

El polémico libro de Sam Harris *El fin de la fe: la religión, el terror y el futuro de la razón* es una apasionada crítica a la amenaza de la lectura literal de las religiones en un mundo fuertemente armado. Harris cree profundamente que la sabiduría, la ética y las prácticas del buddhismo son precisamente lo que necesita el mundo, aunque él considera que serían más efectivas en un contexto universal y laico. Harris argumenta que presentar el buddhismo como una religión limita su beneficio y legitima las divisiones religiosas que son el mayor peligro del siglo veintiuno.

★ ★ ★

28. MATAR AL BUDDHA

SAM HARRIS

Al maestro buddhista del siglo IX Linji se le atribuye haber dicho: «Si os encontráis con el Buddha en el camino, matadlo». Como muchas de las enseñanzas del zen, este dicho parece irreverente, pero nos señala un punto muy valioso: convertir al Buddha en un fetiche religioso es perder la esencia de lo que enseñó. Si pensamos qué puede ofrecer el buddhismo al mundo en el siglo veintiuno, propongo que nos tomemos el consejo de Linji en serio: como estudiantes de las enseñanzas del Buddha, deberíamos prescindir del buddhismo.

Esto no significa que el buddhismo no tenga nada que ofrecer al mundo. Podemos afirmar con certeza que la tradición buddhista, en su conjunto, representa la fuente más rica de sabiduría meditativa que cualquier otra civilización haya producido. En un mundo que hace tiempo que vive aterrorizado por el fundamentalismo religioso, la preeminencia del buddhismo sería sin duda un grato desarrollo. Pero esto no va a ocurrir. No hay ningún motivo para pensar que el buddhismo pueda competir satisfactoriamente con la imparable evangelización del cristianismo y el islam. Ni tampoco debería intentarlo.

La sabiduría del Buddha se encuentra actualmente atrapada en el interior de la religión buddhista. Incluso en Occidente, donde ahora los científicos y los meditadores buddhistas colaboran para estudiar los efectos de la meditación en el cerebro, el buddhismo no deja de ser una cuestión parroquial. Aunque es correcto afirmar, como muchos practicantes buddhistas sostienen, que «el buddhismo no es una religión», el hecho es que la mayoría de los buddhistas de todo el mundo lo practican como tal, de muchas de las formas inocentes, rogatorias y supersticiosas en que se practican todas las religiones. Y, no hace falta decirlo, todos los no buddhistas creen que el buddhismo es una religión y, todavía más, están bastante seguros de que es una religión *equivocada*.

Así pues, hablar de "buddhismo" inevitablemente da una impresión falsa a los demás sobre las enseñanzas del Buddha. Así pues, mientras mantengamos un discurso en tanto que "buddhistas", estaremos garantizando que la sabiduría del Buddha contribuirá poco al desarrollo de la civilización en el siglo veintiuno.

Pero lo que todavía es peor, la continua identificación de los buddhistas con el buddhismo ofrece un apoyo tácito a las diferencias religiosas de nuestro mundo. Y en este punto de la historia, esto resulta tanto moral como intelectualmente injustificable, especialmente entre los occidentales acomodados y con un alto nivel educativo que tienen en sus manos la gran responsabilidad de la difusión de las ideas. No es una exageración decir que si estás leyendo este artículo, estás en mejor posición para influir en el curso de la historia que casi cualquier otra persona *en* la historia. Dado el grado en el que la religión todavía alimenta los conflictos humanos e impide una búsqueda genuina, considero que el simple hecho de definirse uno mismo como "buddhista" es ser cómplice de la violencia y la ignorancia del mundo en un grado inaceptable.

Es cierto que muchos representantes del buddhismo, en especial el Dalai Lama, han estado especialmente dispuestos a enriquecer (e incluso a modificar) su visión del mundo a través del diálogo con la ciencia moderna. Pero el hecho de que el Dalai Lama se encuentre con regularidad con científicos occidentales para discutir sobre la naturaleza de la mente no significa que el buddhismo, el buddhismo tibetano o el propio linaje del Dalai Lama estén desprovistos de dogmatismo religioso. De hecho, en el buddhismo existen ideas tan increíbles que equivaldrían, por comparación, a hacer del dogma de la inmaculada concepción algo plausible. Una forma de discurso que considera este tipo de nociones analfabetas como parte integral de nuestro discurso en constante evolución sobre la naturaleza de la mente no resulta beneficioso para nadie. Entre los buddhistas occidentales hay personas con titulaciones universitarias que al parecer creen que Guru Rinpoche nació realmente de una *flor de loto*. Sin duda, éste no es el tipo de adelanto espiritual que la civilización ha estado esperando durante siglos.

Pero el hecho es que una persona puede adoptar las enseñanzas del Buddha y hasta convertirse en un meditador buddhista auténtico (y hay que suponer que un Buddha) sin creer en nada de lo que no se tengan evidencias suficientes. En cambio, no puede decirse lo mismo de las enseñanzas de las religiones fundamentadas en la fe. En muchos aspectos, el buddhismo se parece mucho más a la ciencia. Uno comienza con la hipótesis de que si se utiliza la atención de la forma prescrita (meditación) y adopta o evita ciertos comportamientos (ética), entonces alcanzará el resultado prometido (sabiduría y bienestar psicológico). Este espíritu empírico dirige el buddhismo en un grado único. Por este motivo, la metodología del buddhismo, si la despojamos de sus impedimentos religiosos, podría ser uno de nuestros mayores recursos en nuestro empeño por desarrollar nuestra comprensión científica de la subjetividad humana.

EL PROBLEMA DE LA RELIGIÓN

Distintas doctrinas religiosas incompatibles entre sí han balcanizado nuestro mundo en distintas comunidades morales, y estas divisiones han sido una fuente continua de matanzas. De hecho, la religión sigue siendo hoy una fuente viva de violencia, del mismo modo que lo ha sido en cualquier época del pasado. Los recientes conflictos en Palestina (judíos contra musulmanes), en los Balcanes (serbios ortodoxos contra croatas católicos; serbios ortodoxos contra bosnios y albaneses musulmanes), en Irlanda del Norte (protestantes contra católicos), en Cachemira (musulmanes contra hindúes) en Sudán (musulmanes contra cristianos y animistas), en Nigeria (musulmanes contra cristianos), en Etiopía y Eritrea (musulmanes contra cristianos), en Sri Lanka (cingaleses buddhistas contra tamiles hindúes), en Indonesia (musulmanes contra timorenses cristianos), en Irán e Irak (chiítas contra sunnitas) o el Cáucaso (rusos ortodoxos contra chechenos musulmanes; azerbayanos musulmanes contra armenios católicos y ortodoxos), no son más que algunos de los casos más conocidos. Se trata de lugares en los que la religión ha sido la causa *explícita* de literalmente millones de muertos en las últimas décadas.

Si crees que los conflictos religiosos pueden reducirse a la falta de educación, la pobreza o a la política, vale la pena reflexionar sobre el hecho de que los secuestradores del 11-S eran titulados universitarios, de clase media y sin reclamaciones políticas manifiestas. Nuestra situación, por muy sorprendente que sea, es la siguiente: una persona puede tener una formación tan elevada que puede construir una bomba atómica, mientras sigue creyendo que obtendrá setenta y dos vírgenes en el Paraíso después de su martirio. Con esta facilidad la fe puede llegar a dividir la mente en dos y éste es el modo en que nuestro discurso intelectual todavía acoge pacientemente las fantasías religiosas. Pero si queremos erradicar las causas de la violencia religiosa debemos erradicar las falsas certezas de la religión.

¿POR QUÉ LA RELIGIÓN ES UNA FUENTE TAN PODEROSA DE VIOLENCIA?

En primer lugar, nuestras religiones son intrínsecamente incompatibles entre sí. O Jesús se levantó de entre los muertos y regresará al mundo como un superhéroe o no; o el Corán es la palabra infalible de Dios o no. Cada religión realiza afirmaciones explícitas sobre cómo es el mundo, y la mera profusión de estas afirmaciones incompatibles crea una base permanente de conflictos.

En segundo lugar, no existe ninguna otra esfera del discurso en la que los seres humanos muestren de un modo tan completo las diferencias que les separan entre sí o en el que se lancen estas diferencias a modo de recompensas o castigos eternos. La religión es la empresa en la que el pensamiento nosotros-ellos alcanza la mayor trascendencia. Si realmente crees que llamar a Dios por su nombre verdadero puede significar la diferencia entre la felicidad eterna y el sufrimiento eterno, entonces parece bastante razonable tratar más bien mal a los heréticos y a los no creyentes. Incluso puede parecer bastante razonable matarlos, si realmente crees que éste el modo en que se estructura el universo. Si crees que tu vecino puede decirles algo a tus hijos que pueda poner en peligro sus almas por toda la eternidad, entonces el herético que vive en la puerta de al lado es mucho más peligroso que un pederasta. El alcance de nuestras diferencias religiosas es incalculablemente más alto que el de las diferencias tribales, raciales o políticas.

En tercer lugar, la fe religiosa es un obstáculo para el diálogo. ¿Cuándo fue la última vez que alguien fue exhortado a respetar las creencias sobre física o medicina de otra persona? La religión es el único campo de nuestro discurso en el que la gente está sistemáticamente protegida ante la petición de aportar pruebas en favor de las creencias que sostiene con tanta fuerza. E incluso cuando estas creencias a menudo determinan el motivo por el que viven, por el que mueren y, demasiado a menudo, el motivo por el que matan.

Esto es un problema, porque cuando hay mucho en juego, los seres humanos tienen que hacer una simple elección entre el diálogo o la violencia. En el plano de las sociedades esta elección es entre el diálogo y la guerra. No existe nada, a parte de la voluntad básica de ser razonables, de revisar las propias creencias sobre el mundo a la luz de nuevas pruebas y argumentos, que pueda garantizar que seguiremos hablándonos los unos a los otros. Por esto, la certitud sin pruebas es necesariamente divisiva y deshumanizadora.

Uno de los retos a los que se enfrenta la civilización en el siglo veintiuno es que los seres humanos aprendan a hablar de sus preocupaciones personales más profundas, como la ética, la experiencia espiritual o la inevitabilidad del sufrimiento humano, de formas que no sean flagrantemente irracionales. Y no hay nada que se interponga más en el camino de este proyecto que el respeto que otorgamos a la fe religiosa. Mientras que no hay garantías de que las personas racionales estén siempre de acuerdo, las irracionales es seguro que estarán divididas por sus dogmas.

Finalmente, parece altamente improbable que vayamos a curar las divisiones existentes en nuestro mundo simplemente multiplicando los actos de diálogo interreligioso. La última partida de la civilización no puede ser la tolerancia mutua de la irracionalidad manifiesta. Por lo general, las reuniones de diálogo ecuménico acuerdan tratar por encima aquellos puntos en los que sus concepciones del mundo chocarían, mientras que estos mismos puntos permanecen siendo fuentes continuas de fascinación y violencia para sus correligionarios. Este tipo de corrección política no ofrece unos cimientos duraderos para la cooperación humana.

Si jamás las guerras religiosas han de llegar a resultarnos algo inconcebible, del mismo que la esclavitud o el canibalismo, es cuestión de que prescindamos del dogma de fe, esto es de la idea de que las creencias pueden santificarse de otro modo que mediante la demostración y la argumentación racional. Si nuestro tribalismo tiene que dar paso jamás a una identidad moral general, nuestras creencias religiosas no pueden seguir al abrigo de las mareas de la investigación y el criticismo auténticos. Cuando tenemos razones para nuestras creencias, no necesitamos más la fe, y cuando no tenemos razones es que hemos perdido nuestra conexión con el mundo y entre nosotros. Ha llegado la hora de que nos demos cuenta de que lo único que debemos respetar en la fe de alguien es su deseo de una vida mejor en *este* mundo. No necesitamos respetar su certitud de que le espera una vida mejor en la siguiente vida.

Una ciencia meditativa

Lo que el mundo necesita más en este momento es un modo de convencer a los seres humanos de que integren a todas las especies como su comunidad moral. Para ello necesitamos desarrollar un modo de hablar sobre todo el espectro de la experiencia y las aspiraciones humanas que sea completamente no sectario. Necesitamos un discurso sobre la ética y la espiritualidad que se halle tan libre de dogmas y prejuicios culturales como el discurso científico. De hecho, lo que necesitamos es una *ciencia meditativa*, un enfoque moderno para la búsqueda de los últimos confines del bienestar psicológico. No hace falta decir que no desarrollaremos esta ciencia intentando difundir un "buddhismo americano", un "buddhismo occidental" o un "buddhismo comprometido".

Si la metodología del buddhismo (los preceptos éticos y la meditación) desvela verdades genuinas sobre la mente y el mundo fenoménico, verdades como la vacuidad, la no individualidad y la transitoriedad, entonces estas verdades no son en lo más mínimo "buddhistas". Sin duda, la mayoría de los practicantes serios de meditación comprenden este hecho, pero no sucede así con la mayoría de buddhistas. Como consecuencia, incluso si una persona es consciente de la naturaleza atemporal y no contingente de las comprensiones meditativas descritas en los textos buddhistas, su identidad como buddhista tiende a que los demás confundan las cosas.

Hay una razón por la que no hablamos de "física cristiana" o de "álgebra musulmana", aunque los cristianos inventaron la física tal como la conocemos hoy y los musulmanes inventaron el álgebra. Si hoy alguien enfatizara las raíces cristianas de la física o las raíces musulmanas del álgebra quedaría condenado a no comprender estas disciplinas en absoluto. Del mismo modo, una vez desarrollamos una explicación científica del camino meditativo, ésta trascenderá completamente todos sus vínculos religiosos. Una vez que esta revolución conceptual haya tenido lugar, hablar de meditación "buddhista" será sinónimo de no ser capaces de asimilar los cambios que hemos experimentado en nuestra comprensión de la mente humana.

Hasta ahora sigue siendo algo indeterminado qué significa ser humano, puesto que cada aspecto de nuestra cultura, e incluso nuestra propia biología, está abierto a la innovación y la comprensión interior. No sabemos qué seremos dentro de mil años, ni siquiera *si* existiremos dada la absurdidad letal de muchas de nuestras creencias pero, sean cuales sean los cambios que nos aguarden, hay algo que parece improbable que vaya a cambiar: mientras perdure la experiencia, la diferencia entre la felicidad y el sufrimiento seguirá siendo nuestra preocupación principal. Así pues, querremos comprender los procesos bioquímicos, conductuales, éticos, políticos, económicos y espirituales que expliquen esta diferencia. Todavía no poseemos una comprensión definitiva de estos procesos, pero sabemos lo suficiente como para descartar muchas falsas creencias.

Nos queda mucho por descubrir sobre la naturaleza de la mente humana. En concreto, nos queda mucho por comprender sobre cómo puede transformarse la mente a sí misma, de un mero depósito de codicia, odio y engaño, en un instrumento de sabiduría y compasión. Los estudiantes de las enseñanzas del Buddha se encuentran en muy buena posición para proseguir nuestra comprensión en este campo pero, por el momento, la religión del buddhismo se interpone en su camino.

★ ★ ★

Para terminar, el maestro zen, traductor y renombrado calígrafo Kazuaki Tanahashi nos ofrece una serie de principios esenciales sobre el civismo con conciencia y las estrategias para alcanzar los avances que nuestro mundo tanto necesita.

★ ★ ★

29. CUATRO VERDADES
Y DIEZ LEYES

KAZUAKI TANAHASHI

CUATRO VERDADES CORRIENTES

1. No hay ninguna situación que sea imposible cambiar.
2. Una visión común, una estrategia excepcional y un esfuerzo continuado pueden producir cambios positivos.
3. Todo el mundo puede contribuir a marcar la diferencia.
4. Nadie está libre de responsabilidad.

DIEZ LEYES DE LOS AVANCES

1. Un avance puede ocurrir o no. El resultado es impredecible y cómo sucede es un misterio. Todo cuanto podemos hacer es trabajar para avanzar.
2. Algunos avances muestran los aspectos positivos de la vida mientras que otros son destructivos.
3. Las posibilidades de que se produzca un avance aumentan cuando el objetivo y el proceso están claramente formulados.
4. La posibilidad de que se produzca un avance aumenta cuando los obstáculos han sido claramente identificados.

5. Cuanto más pequeño es el objetivo, mayor es la posibilidad de que se produzca un avance.

6. Un esfuerzo efectivo, intenso y continuado construye una base para que se produzca un avance.

7. Cuantas más fuerzas se combinen mayores son las posibilidades de que se produzca un avance.

8. Cuanto mayor es el objetivo, más fácil es reunir fuerzas para que se produzca un avance.

9. Las posibilidades de que se produzca un avance aumentan cuando se dirige más atención al proceso que al objetivo.

10. El no apego es un elemento crucial para que se produzca un avance.

COLABORADORES

EZRA BAYDA enseña zen en el Centro Zen de San Diego. Es autor de *Como pez en el agua: una guía zen para encontrar la paz en el caos cotidiano* y, más recientemente, de *Saying Yes to Life (Even the Hard Parts)*, junto a Josh Bartok.

JERRY BROWN es alcalde de Oakland, California. Ocupó el cargo de gobernador de California durante ocho años y fue candidato presidencial en tres ocasiones. Tiene gran experiencia como estudiante de zen y como antiguo seminarista jesuita.

PEMA CHÖDROM es una monja buddhista americana y profesora permanente en la Abadía de Gampo en Cap Breton, Nueva Escocia. Entre sus múltiples best-sellers destacan *Los lugares que te asustan: convertir el miedo en fortaleza en tiempos difíciles, Cuando todo se derrumba: palabras sabias para momentos difíciles* o *La sabiduría de la no evasión: la senda del amor compasivo que lleva a la liberación*.

GAYLON FERGUSON es un *acharya* (profesor senior) en la tradición Shambhala y ha enseñado estudios buddhistas en la Universidad Naropa. Posee un doctorado en antropología cultural de la Universidad de Stanford y participó en la obra *Dharma, Color, and Culture: New Voices in Western Buddhism*.

GEHLEK RINPOCHE es el fundador y el presidente de Jewel Heart, situado en Ann Arbor (Michigan) y sedes en distintos lugares de los Estados Unidos, Singapur, Malaysia y los Países Bajos. Es autor de *Good Life, Good Death: Tibetan Wisdom on Reincarnation.*

JAMES GIMIAN ha estudiado y enseñado el *Arte de la Guerra* durante más de veinticinco años. Trabajó como editor jefe de la edición *The Art of War: The Denma Translation* y dirige seminarios sobre las estrategias y prácticas del libro. Es editor de la revista *Shambhala Sun.*

ROSHI BERNIE GLASSMAN es maestro zen y fue el primer sucesor de Taizan Maezumi Roshi. Fundó la red de organizaciones de desarrollo comunitario Greyston Mandala en Yonkers (Nueva York) y fue cofundador de la Zen Peacemaker Order. Recientemente estableció el Instituto Maezumi en Montague, Massachusetts.

JOSEPH GOLDSTEIN es cofundador de la Insight Meditation Society en Barre (Massachusetts) donde es uno de los profesores permanentes. También es fundador del Forest Refuge, un centro para retiros de meditación. Goldstein es autor de varios libros, entre los que destaca el influyente *Un único Dharma.*

RITA M. GROSS es una estudiosa y practicante que ha escrito extensamente sobre el buddhismo y las cuestiones de género. Enseña buddhismo en una gran variedad de contextos académicos y buddhistas. Su libro más conocido es el influyente *El budismo después del patriarcado.*

TENZIN GYATSO, el XIV Dalai Lama, es el líder espiritual y temporal del pueblo tibetano y ganador del Premio Nobel de la Paz. Figura única en el mundo actual, es un hombre de estado, un líder nacional, un maestro espiritual y un teólogo con una gran formación. Defiende una "religión de la bondad humana" universal y más allá de las diferencias sectarias.

THICH NHAT HANH es un maestro zen, poeta y fundador del movimiento del Buddhismo Comprometido. Conocido activista antimilitarista en su nativo Vietnam, fue nominado al Premio Nobel de la Paz por Martin Luther King. En 2005 regresó a Vietnam por primera vez después de su exilio en 1966. Entre sus libros más recientes sobre cuestiones políticas están *Aplacar el miedo: la respuesta zen al terrorismo* y *Peace Begins Here: Palestinians and Israelis Listen to Each Other*.

SAM HARRIS es autor del polémico best-seller *El fin de la fe: la religión, el terror y el futuro de la razón*. Actualmente está terminando su doctorado en neurociencia y está graduado en filosofía por la Universidad de Stanford. Pasó muchos años practicando meditación Vipassana y posteriormente estudió el Dzogchen con Tulku Urgyen Rinpoche y Nyoshul Khen Rinpoche.

BELL HOOKS es una de las voces sociales más versátiles y críticas de los Estados Unidos. Conocida por su innovador libro sobre feminismo y raza: *Ain't I a Woman?*, es una pensadora prominente en la búsqueda del amor y la comunión en la sociedad marcada por desequilibrios de poder de todo tipo. Actualmente es profesora en el Berea College, en Berea (Kentucky).

CHARLES R. JOHNSON es un novelista, estudioso y ensayista que combina su estudio del buddhismo con un profundo conocimiento de la lucha afroamericana por las libertades. Johnson ocupa la cátedra S. Wilson y Grace M. Pollock para la excelencia en lengua inglesa en la Universidad de Washington (Seattle). Ha recibido varios premios de gran prestigio, como la Guggenheim Fellowship y la beca de la Fundación MacArthur. Entre sus novelas destacan *Dreamer* y *La trata (Middle Passage)*, por la que ganó un National Book Award.

KEN JONES es secretario de la UK Network of Engaged Buddhists y autor de *The New Social Face of Buddhism: An Alternative Sociopolitical Perspective.*

STEPHANIE KAZA es profesora asociada de estudios medioambientales en la Universidad de Vermont, donde imparte clases sobre religión y ecología, ecofeminismo y desaprendizaje del consumismo. Antigua estudiante de zen, ha coeditado *Dharma Rain: Sources of Buddhist Environmentalism* y editado *Hooked: Buddhist Writings on Greed, Desire and the Urge to Consume.*

DAVID LOY ocupa la cátedra Besl de religión y ética en la Universidad Xavier en Cincinnati. Sus libros incluyen *No-dualidad*, *El gran despertar: una teoría social budista* y *Dinero, sexo, guerra y karma: ideas para una revolución buddhista*. Ha sido estudiante de zen durante muchos años.

MELVIN MCLEOD estudió en el Instituto de la Defensa Nacional de Canadá, la más alta institución canadiense para el estudio de la política nacional e internacional. Es editor en jefe de las revistas *Shambhala Sun* y *Buddhadharma: The Practitioner's Journal*. Es también editor de la colección *Best Buddhist Writing*. Ha dedicado su vida al estudio de la política: se graduó en ciencias políticas, período en el que estudió también en Washington, y ha cubierto numerosos sucesos políticos en calidad de periodista. Actualmente vive en Halifax, Nueva Escocia (Canadá).

FABRICE MIDAL es profesor de filosofía en la Universidad de París. Es autor de *Trungpa biografía: el nacimiento del budismo occidental*.

REGINALD A. RAY es profesor de estudios buddhistas en la Universidad Naropa y preside la Fundación Dharma Ocean en Crestone (Colorado) donde enseña programas buddhistas. Sus libros incluyen *Verdad indestructible: la espiritualidad viviente del budismo tibetano*, *Secret of the Vajra World* y *In the Presence of Masters*.

SEUNG SAHN fue el primer maestro zen coreano en vivir y enseñar en Occidente. Fue profesor fundador de la Escuela de zen Kwan Um, una organización internacional con más de cien centros y grupos. Seung Sahn murió en 2005. Entre sus libros destacan *La brújula del Zen*, *Cartas de un maestro Zen* y *Tirando cenizas en el Buda*.

SULAK SIVARAKSA es fundador de la Red Internacional de Buddhistas Comprometidos. Activista franco y crítico social en Tailandia, su país natal, ha publicado más de cien libros, incluyendo *Seeds of Peace* y *Socially Engaged Buddhism*. En 1995 ganó el Right Livelihood Award, también conocido como el Premio Nobel Alternativo.

KAZUAKI TANAHASHI es maestro, escritor, traductor y renombrado calígrafo zen. Entre sus libros destacan *Brush Mind, Endless Vow* y *Enlightenment Unfolds*. Recientemente colaboró con John Daido Loori en *The True Dharma Eye: Zen Master Dogen's Three Hundred Koans*.

THANISSARO BHIKKHU (Geoffrey DeGraff) es abad del Monasterio Metta Forest en Valley Center (California). También enseña en el Barre Center for Buddhist Studies y en el Sati Center for Buddhist Studies en Palo Alto. Ha traducido una antología en cuatro volúmenes de los sutras en lengua pali titulado *Handful of Leaves*. Muchos de sus escritos y enseñanzas son accesibles en www.accesstoinsight.org.

JIGMI THINLEY es Ministro de Interior y Cultura de Bután, donde también ha ejercido de Primer Ministro. Es presidente del consejo del Centro de Estudios Butaneses.

CHÖGYAM TRUNGPA RINPOCHE (1937-87) fue una figura clave en la transmisión del buddhismo en Occidente. Sus libros más conocidos son *Más allá del materialismo espiritual* y *Shambhala: la senda sagrada del guerrero*. En 2003 se publicaron sus obras completas en ocho volúmenes bajo el título de *Collected Works of Chögyam Trungpa*.

MARGARET WHEATLEY es presidenta del Instituto Berkana y una autoridad internacionalmente reconocida en liderazgo y organizaciones. Es autora del innovador libro *El liderazgo y la nueva ciencia*. Su libro más reciente se titula *Finding Our Way: Leadership for an Uncertain Time*.

CRÉDITOS

"Los cuatro ilimitados" (*Brahmaviharas*): Traducción © 1976 Chögyam Trungpa y el Nalanda Translation Committee. Todos los derechos reservados.

"Primero surge la mente": de los *Discursos Numéricos del Buddha*, "Capítulo de los unos", traducido y editado por Nyanaponika Thera y Bhikkhu Bodhi. Publicado por AltaMira Press, una división de Rowman & Littlefield Publishers, Inc. © 1999 por la Buddhist Publication Society, Kandy, Sri Lanka.

"Llamadme por mis verdaderos nombres": de *Love in Action: Writings on Nonviolent Social Change* por Thich Nhat Hanh. © 1993 por Thich Nhat Hanh. Con permiso de Parallax Press, www.parallax.org.

"Responsabilidad Universal": adaptado de *The Global Community and the Need for Universal Responsibility* por Tenzin Gyatso XIV Dalai Lama. Publicado por Wisdom Publications © 1992 por Tenzin Gyatso XIV Dalai Lama.

"Unir cielo y tierra": del número de julio de 2004 de *Shambhala Sun*.

"El descubrimiento de la bondad fundamental": de *Shambhala: The Sacred Path of the Warrior* por Chögyam Trungpa. © 1984. Reimpreso con permiso de Shambhala Publications, Inc., www.shambhala.com.

"Sin un lugar donde escupir: ocho visiones sobre la práctica de la política": del número de julio de 2004 de *Shambhala Sun*.

"Una verdad infinita": del *Dhammapada*, capítulo de los "Pares", traducción de Thanissaro Bhikkhu, accesible en www.accesstoinsight.org.

"Tenemos la compasión y el entendimiento necesarios para curar el mundo": adaptado del discurso de Thich Nhat Hanh a los miembros del Congreso de los Estados Unidos el 10 de septiembre de 2003, patrocinado por el Instituto Fe y Política. © 2003 por la Iglesia Buddhista Unificada.

ÍNDICE

editorial **K**airós

Numancia, 117-121 • 08029 Barcelona • España
tel. 93 494 9490 • e-mail: info@editorialkairos.com

Puede recibir información sobre nuestros libros
y colecciones o hacer comentarios acerca
de nuestras temáticas en:

www.editorialkairos.com